Rudolf Lause

Bewegen im Wasser

Konkrete Praxisvorschläge für den Schwimmunterricht in der Primarstufe

Rudolf Lause

Bewegen im Wasser

Konkrete Praxisvorschläge für den Schwimmunterricht in der Primarstufe

borgmann

Wichtiger Sicherheitshinweis: *Alle hier vorgeschlagenen Übungen und Spielideen wurden von Autor und Verlag sorgfältig erwogen und geprüft. Dennoch erfolgt ihre Durchführung auf eigene Gefahr und entbindet die/den Übungsleiter/in nicht von der Beachtung individueller Gefahrenmomente und der Planung entsprechender Sicherungsmaßnahmen.*
Eine Haftung des Autors bzw. des Verlages und seiner Beauftragten ist ausgeschlossen.

Gesamtherstellung: Löer Druck GmbH, Dortmund

Fotos: Matthias von Detten, Thomas Jäger

Bestell-Nr. 8306 ISBN 3-86145-185-9

Inhalt

1. Vorwort

Darum geht es in diesem Buch:

Die Bedingungen, unter denen Sie Ihren Schwimmunterricht heute leisten, sind alles andere als einfach! Ihre Klassen werden immer größer und auch Ihre Schülergruppen werden bezüglich ihrer Leistungsfähigkeit immer heterogener.
Einerseits haben auch heute noch viele Eltern den Anspruch, dass ihre Kinder in der Schule das Schwimmen erlernen und zwar einen korrekten olympischen Schwimmstil. Andererseits findet der Schwimmunterricht unter sehr ungünstigen Bedingungen statt:

Die organisatorischen Umstände sind häufig nicht ideal!
Die Schwimmzeiten in den Bädern werden immer kürzer! Längst kann in vielen Klassen kein durchgängiger Schwimmunterricht über ein ganzes Schuljahr gewährleistet werden. Die Folge ist, dass die Klassen im Wechsel zum Schwimmunterricht gehen. Kinder, die ihre Wassererfahrungen ausschließlich im Schulsport machen, haben so gut wie keine Gelegenheit mehr, ihre Leistungsfortschritte zu festigen.
Viele Schulen erreichen das Schwimmbad erst nach einer längeren Busfahrt. Die verbleibende Schwimmzeit wird dadurch drastisch reduziert. 15 bis 20 Minuten reine Schwimmzeit sind für viele Klassen Normalität!

Die Schülerinnen und Schüler stellen höhere Anforderungen an die Lehrkräfte!
Das liegt zum einen schon daran, dass sich die Schülerzahlen in den letzten Jahren wieder erhöht haben. *Schwimmkurse von privaten Schwimmschulen bzw. der DLRG würden sich auf solche Gruppengrößen niemals einlassen!* Zudem sind diese großen Lerngruppen in ihrem Leistungsprofil sehr heterogen. Einige Schüler benötigen immer noch Hilfe beim Umziehen (!) oder sind zumindest sehr langsam. Andere Schüler sind mit ihren Eltern nur sehr selten in einem Schwimmbad gewesen und haben noch sehr große Angst. Wieder andere Schüler haben schon Schwimmabzeichen bei der DLRG erworben und sind vor Ungeduld kaum zu bremsen. Die Folge ist, dass die Gruppen getrennt werden müs-

sen und somit eine 2. Lehrkraft mitfahren muss. Das wiederum schlägt sich auf den Stundenplan der Schule nieder und bedarf der Unterstützung von Seiten der Schulleitung.

Aber auch die Situation der Lehrkräfte hat sich verändert!
Die Diskussion um die Rettungsfähigkeit (vgl. Rechtslage in den einzelnen Bundesländern) hat dazu geführt, dass sehr viele ältere Kolleginnen und Kollegen, die lange Jahre guten Schwimmunterricht geleitet haben, auf einmal sehr verunsichert sind. Sie fragen sich, ob sie unter den oben beschriebenen Bedingungen tatsächlich noch physisch in der Lage sind, ein Kind aus einer lebensbedrohlichen Situation retten zu können. Wenn diese Kolleginnen und Kollegen die Rettungsfähigkeit – die m.E. regelmäßig zu wiederholen ist – nicht erfüllen können, hat die Schulleitung ein Problem. Es stehen für den Schwimmunterricht plötzlich nicht mehr genügend Kolleginnen und Kollegen zur Verfügung. Eine Lösung ist häufig, die „jüngste aktive Lehrkraft" auszusuchen und sie zu mehr Schwimmunterricht zu verpflichten. Da dieser Unterricht anerkanntermaßen eine schwierige Arbeitsbelastung darstellt, spielt die Schulleitung mit der Motivation der betroffenen Lehrkraft. Eine weitere Möglichkeit besteht im Einsatz jüngerer Kollegen, die – vorzugsweise gleich bei der Einstellung durch eine schulscharfe Ausschreibung – sich dann als Berufsanfänger und zudem meistens auch fachfremd auf dieses Abenteuer einlassen.

Letztendlich aber muss der Schwimmunterricht trotz aller widrigen Bedingungen garantiert bleiben. Dabei soll dieses Buch helfen, indem es vor allem den Berufsanfängern und/oder fachfremd unterrichtenden Lehrkräften die notwendige Sicherheit gibt und schnelle und konkrete Praxishilfen für einen guten Schwimmunterricht bietet.

Was ist ein guter Schwimmunterricht? ....

Ein guter Schwimmunterricht ist gekennzeichnet durch so viele offene Lernsituationen wie möglich, die es den Schülern ermöglichen, sich experimentierend mit dem Element Wasser auseinanderzusetzen und so vielen geschlossenen (lehrgangsartigen) Lernsituationen wie nötig, um den Ausbau komplexer (Schwimm-) Fertigkeiten zu unterstützen. Die geschlossenen Lernsituationen sollten trotz aller notwendigen Tendenz zum Üben immer spielerisch gestaltet werden.

Ein guter Schwimmunterricht dient nicht ausschließlich dem Ziel des Schwimmenlernens, sondern vielmehr einer Handlungsfelderweiterung der Schüler im Element Wasser!

Ein guter Schwimmunterricht orientiert sich an den individuellen Lernvoraussetzungen der Schüler.

- Das kann dazu führen, dass die unterrichtende Lehrkraft erkennt, dass einzelne Schüler das Schwimmen nicht – unter den herrschenden Unterrichtsbedingungen – erlernen können (zu hohe Ängste, Behinderungen, ...) und verantwortungsbewusst von diesem Lehrziel abweicht. Stattdessen wird sich die Lehrkraft um die „Erweiterung der Handlungsfähigkeit im Wasser" des Schülers bemühen.
- Eine Orientierung an den Lernvoraussetzungen bringt die Lehrkraft bei bestimmten Schülern unter Umständen zu der Einsicht, dass diese Schüler ihr Leben lang auf Hilfsmittel beim Schwimmen angewiesen sind (z.B. Flossen).
- Eine Orientierung an den Lernvoraussetzungen der Schüler soll die Lehrkraft veranlassen, nach Wegen zu suchen, wie ein Kind mit seinen individuellen Fähigkeiten zielgerichtet von Punkt A nach Punkt B schwimmen kann, anstatt ihm als ersten Schwimmstil das Kraul- oder das Brustschwimmen vorzuschreiben!
- Eine Orientierung an den Lernvoraussetzungen gibt natürlich begabten Schülern auch die Gelegenheit, olympische Schwimmstile zu erlernen und sich in Wettkämpfen zu messen, wenn sie es möchten!

Ein guter Schwimmunterricht muss allen Schülern Spaß machen! Nur wer sich als Erwachsener später noch gerne an den Schwimmunterricht (das gilt natürlich auch für den Sportunterricht!) erinnert, wird auch weiter gerne Wassersport betreiben. Es ist also weniger wichtig, wie vielen Kindern das Schwimmen im Schwimmunterricht beigebracht wird, sondern wie viel Freude der Schwimmunterricht den Schülern macht. Kinder können unter Drillbedingungen das Schwimmen erlernen. Es ist jedoch fraglich, ob sie es nach ihrer Schulzeit als Erwachsener noch weiter – mit Freude – ausüben werden.

Da sich diese Thesen zum guten Schwimmunterricht zum Teil weit von denen des traditionellen Schwimmunterrichtes entfernen, sollte sich auch die Bezeichnung des Unterrichts ändern in

.... **Bewegungserziehung im Wasser**!

P.S.
Zur Zeit gibt es eine Vielzahl von guten Veröffentlichungen zu offenen Formen des Sportunterrichtes bzw. auch des Schwimmunterrichtes. Diese Entwicklung halte ich für sehr wünschenswert, da sie den Menschen in seiner Ganzheit anspricht und möchte sie auch mit diesem Buch unterstützen. Allerdings ist mir bei Gesprächen mit Kolleginnen und Kollegen in Schwimmfortbildungsveranstaltungen immer wieder aufgefallen, wie sehr sie erst einmal an *schnellen Rezepten* interessiert sind, um so schnell und so sicher wie möglich Nutzen für ihren laufenden Schwimmunterricht zu haben. Ich persönlich finde das eigentlich schade. Andererseits hat mich die Argumentation, dass eine Lehrkraft erst einmal Erfahrungen mit dem „Handwerkszeug Schwimmunterricht" machen muss, um auch selbst sicherer zu werden, doch beeindruckt. In der Hoffnung, dass sich die sicher gewordenen Lehrkräfte dann auch für die offenen Formen des Schwimmunterrichts interessieren, komme ich auch ihren Wünschen bezüglich der zusätzlichen Darstellung einer eher geschlossenen Methodik in den Verlaufsplänen der Unterrichtseinheiten nach.

Trotzdem möchte ich betonen, dass nicht jeder Schwimmbadbesuch der Fortführung der Unterrichtsreihe „Schwimmenlernen" gelten muß. Vielmehr sollten zwischendurch immer wieder Unterrichtsstunden mit offeneren Spielformen angeboten werden.

2. Bewegen im Wasser – Inhalte eines Sportunterrichtes im Wasser

Bewegen im Wasser unter sportwissenschaftlichem Aspekt

Hier nur das Wesentlichste in Kürze:

Bewegen im Wasser – hier in seiner Endform Schwimmen – dient der Entwicklung folgender motorischer Grundeigenschaften:

- der Entwicklung der Grundlagenausdauer,
- der Entwicklung der Kraftausdauer,
- der Entwicklung der Kraft,
- der Entwicklung der Beweglichkeit,
- der Entwicklung der Gewandtheit,
- der Entwicklung der Koordination.

Autoren, die aus der Sichtrichtung der Psychomotorik und der Sonderpädagogik argumentieren, setzen im Bereich der Koordinationsentwicklung einen zusätzlichen Schwerpunkt, indem sie durch die Schulung koordinativer Fähigkeiten eine Entwicklung psychomotorischer Funktionen anstreben. Sie sehen Wasser als ein Medium an, in dem an Land gemachte Erfahrungen nicht ohne weiteres übertragbar sind. Es ist daher gut geeignet als ein weiteres Umfeld für psychomotorische Übungen. Folgende koordinative Fähigkeiten können durch Übungen im Wasser und durch das Schwimmen entwickelt und geschult werden:

- die Fortbewegung,
- die Wahrnehmung,
- das Gleichgewicht,
- die psychomotorische Verbindung von Schauen und Greifen,
- die Orientierung,
- die Reaktion und Bewegungsanpassung,
- die Rhythmik,
- die motorische Lernfähigkeit.

Die Schulung dieser motorischen Grundeigenschaften dient aus medizinisch-biologischer Sicht einer Erhöhung der Lebensqualität.

Bewegen im Wasser unter dem Aspekt der Gesundheit

In den Medien ist immer wieder zu hören, wie weit sich die Gesundheit eines ganzen Volkes verschlechtert hat und dies obwohl Mediziner wie Heilpraktiker immer bessere Behandlungserfolge aufweisen und immer mehr aufklären. Neben Veränderungen in der Umwelt (Umweltverschmutzung Luft und Wasser, Nahrungsmittelbelastungen) haben sich auch die Gewohnheiten der Menschen drastisch verändert: Eine Vielzahl von Schülern (und oft auch deren Eltern) ernähren sich falsch und bewegen sich zu wenig!

Das Schwimmen oder zum Teil auch schon der Aufenthalt im Wasser hat eine Reihe von positiven Auswirkungen: Der Körper wird von seinem Gewicht durch die Auftriebswirkung des Wassers entlastet. Das kommt vor allem den an Land besonders beanspruchten Stütz- und Bewegungsapparaten übergewichtiger Personen zugute. Auch schützt die Bremswirkung des Wassers (Wasserwiderstand) den behinderten, aber auch den alten Menschen vor Verletzungen an Muskeln, Sehnen und Bändern. Außerdem wird der menschliche Körper im Wasser fortwährend kutan und kinästhetisch stimuliert.
Auch der Druck und die Temperatur des Wassers (=Physiologische Reize) fordern Anpassungsreaktionen des Körpers, die vom medizinischen Standpunkt aus als positiv zu beurteilen sind:
Der Blutdruck wird in Verbindung mit einer Verringerung der Herzschlagfrequenz und einer Erhöhung des Auswurfvolumens erhöht.
Die Atemhilfsmuskulatur arbeitet gegen den Wasserdruck und wird so trainiert.
Die Steuermechanismen der Hautgefäße führen zu einer Wärmeregulation, die von der Temperatur des Wassers abhängig ist. Eine gut funktionierende Wärmeregulation wird als Grundstein für die Abhärtung angesehen. Durch die Produktion von Wärme kommt es zu einer Erhöhung der Stoffwechselfunktionen, die besonders den adipösen Schülern unter den o.g. Entlastungsbedingungen nutzt. Bewegungen im Wasser werden gegen den Wasserwiderstand ausgeführt und erhöhen die Stoffwechselfunktionen noch weiter.
Das Nervensystem wird ebenfalls positiv beeinflusst. Einerseits

wird bei den Vorgängen der Wärmeregulation vor allem das vegetative Nervensystem beansprucht. Andererseits wird das zentrale Nervensystem durch das Erlernen und Ausüben der Schwimmbewegungen angesprochen. Es antwortet auf die spezifischen Reize mit der Herausbildung neuer bedingt-reflektorischer Reaktionen und der Vergrößerung der Variationsbreite. Die aus den zuvor genannten Punkten hervorgehenden Bedingungen helfen bei der Prävention von Bewegungsmangelkrankheiten. Aber neben der Erhaltung der physischen Gesundheit hilft der Aufenthalt und die Bewegung im Wasser auch bei der Rehabilitation der Gesundheit.

Zudem erhöht die Aktivität im Wasser die Leistungsfähigkeit (vgl. zuvor). Dies kann beim Schwimmtraining aber auch durch Spiele und Gymnastik im Wasser (bei genügender Belastungsintensität und Belastungszeit) zu einer Zunahme der maximal möglichen Sauerstoffaufnahme führen, die durch eine Vergrößerung der Vitalkapazität, des Herzminutenvolumens und/oder durch eine optimale Kreislaufanpassung erreicht wird. Letzteres ist am wahrscheinlichsten und wird vor allem durch eine zunehmende Ökonomisierung des Zusammenspiels der Muskeln bei schwimmtypischen Bewegungen bedingt. Die so häufig gerade mit Schwimmern in Verbindung gebrachten organischen Veränderungen (Herzvergrößerungen) sind nur bei Leistungssportlern zu erwarten.

Kaum eine andere Sportart wird so als „gesunde Sportart“ bewertet wie das Schwimmen. Dennoch verdeutlichen gezielte sportmedizinische Untersuchungen, dass auch beim Schwimmen Kontraindikationen angezeigt sind. So wird zum Beispiel eine zu tiefe Beinhaltung beim Brustschwimmen, die mit einer zu weiten Überstreckung des Nackens einhergeht, als schädlich für die Wirbelsäule betrachtet. Aber gerade diese Schwimmhaltung zeigen besonders Anfänger beim Erlernen dieser Schwimmtechnik. *Wechselschlagschwimmarten wie Kraul und Rückenkraul führen im Gegensatz dazu zu einer entspannten Kopf- und Wirbelsäulenhaltung!!!*

Auch führt eine zu konsequente Ausführung einer sportlich orientierten Stoßgrätsche zu Verschleißerscheinungen an den Knieinnenbändern und an den Menisken.

Außerdem tritt bei Schwimmern häufiger das schädigende Gleiten von Wirbeln auf als bei anderen Sportlern. Schultergelenksentzündungen und degenerative (arthrotische) Veränderungen der Fußgelenke (durch Flossenschwimmen) gehören wie die zuvor genannten Schädigungen zum Bereich der Dauerbelastungserscheinungen (Taucher bzw. Flossenschwimmsportler).

Obwohl diese Belastungserscheinungen bei den Schülern nicht zu erwarten sind, sollte sich der Lehrer beim Arzt nach eventuellen Vorerkrankungen bzw. Schädigungen der Schüler erkundigen, deren Verlauf durch das Schwimmen negativen Einfluss nehmen kann.

Bewegen im Wasser unter dem Aspekt der persönlichen Entwicklung des Schülers

Die Erschließung eines zunächst fremden Bewegungsraumes, seine Bewältigung und vor allen Dingen das Erlernen des Schwimmens sind elementar wichtige Schlüsselerlebnisse in der Entwicklung des Menschen. Das Schwimmen geht als motorische Grundfertigkeit erstmalig über die eigentliche ontogenetische Entwicklung des Menschen (wälzen, rollen, kriechen, stehen, gehen, laufen, springen) hinaus und ist daher für jeden Menschen eine besondere Qualifikation. Für Kinder, die das Schwimmen erlernen, hat dies eine vergleichbar hohe emotionale Bedeutung wie das Erlernen des Fahrradfahrens oder für Jugendliche der Erwerb des Führerscheins. In jedem Fall werden die Handlungskompetenzen erweitert. Neben der Beruhigung der Eltern im nächsten gemeinsamen Urlaub (Swimmingpool, See, Meer) bildet es außerdem die Grundlage für den Besuch von Freizeitbädern und alle Wassersportarten. Aber auch im hohen Alter ist Schwimmen noch eine besonders geeignete Sportart.

Bewegungserziehung im Wasser – Was alles zu unserem Unterricht in der Schwimmhalle gehört

Der Bereich Bewegungserziehung im Wasser geht weit über das bloße

- „Erlernen des Brust- oder Kraulschwimmens“

hinaus und bietet außerdem die gleichberechtigten inhaltlichen Schwerpunkte

- „Handlungsfelderweiterung im Wasser“,
- „prozessorientierter Bewegungsunterricht im Wasser“ und
- „Individueller Schwimmstil“ an.

Diese Erweiterung der inhaltlichen Schwerpunkte ermöglicht es auch leistungsschwächeren Schülern gewinnbringende Erfahrungen im Unterrichtsfach „Bewegungserziehung im Wasser“ zu machen. Das schließt auch die Förderung von behinderten Kindern im Gemeinsamen Unterricht mit ein.

So kann von sehr ängstlichen Schülern und von Schülern mit schweren Behinderungen eventuell nicht erwartet werden, dass sie jemals das Schwimmen erlernen werden. Daher dient diesen Schülern der Besuch im Schwimmbad unter Umständen nicht dem Ziel des Schwimmenlernens. Es handelt sich vielmehr um eine *Handlungsfelderweiterung im Element Wasser*, in dem sensorische und psychomotorische Erlebnisse im Vordergrund stehen. Alle – später dargestellten – Spiele aus dem Bereich der Wassergewöhnung und Wasserbewältigung haben somit für diese Schüler einen anderen Sinn als die Vorbereitung des Schwimmenlernens. Die angebotenen Inhalte dienen dem Erleben und Erfahren der eigenen Person unter veränderten Umweltbedingungen. Und auch dabei darf der Spaß nicht zu kurz kommen.

Aufgabe der Lehrkräfte ist es, Erlebnismöglichkeiten anzubieten, die sich an den Lernvoraussetzungen orientieren (Ängste der Schüler, Art der Behinderung), sie dem Schüler bewusster zu machen, damit aus Erlebnissen Erfahrungen werden können. Zielbereiche dieser Erlebnisse fangen z.B. bei einigen behinderten Kindern schon an mit dem Erleben der Akustik, Optik und Temperatur einer Schwimmhalle! Es geht weiter über die Auseinandersetzung mit dem Element Wasser (Dusche, Planschbecken in der Schwimmhalle) bis zum Erleben des „großen Wassers“ (mit den Füßen auf der Treppe, sitzend spielen auf der Treppe, Aufenthalt am Beckenrand, mit Hilfe einer Bezugsperson im freien Wasser, Teilnahme an den Spielen der anderen). Das kann unter Umständen ein langer und kleinschrittiger Weg sein. Aber wie so oft ist auch hier der Weg das Ziel. Abhängig vom Grad ihrer Behinderung haben behinderte Kinder eine erwachsene Bezugsperson an ihrer Seite. Außerdem überprüfen die Kollegen aus der

Sonderpädagogik fortlaufend den Sinn der einzelnen Fördermaßnahmen für das Kind. Die Förderung von *schwerstkörperbehinderten Schülern* im Wasser verlangt spezifische Kenntnisse und eventuell auch besondere räumliche Voraussetzungen.

Die Bewegungserziehung im Wasser ist somit immer der Förderung der Gesamtpersönlichkeit verpflichtet, auch wenn schwerpunktmäßig eine motorische Fertigkeit angebahnt wird. Insbesondere die Förderung der Emotionalität durch die Bewältigung eines anderen – zunächst oft bedrohlich wirkenden – Lebensraumes kann hier nicht hoch genug herausgestellt werden. Aus der Erweiterung ihres Handlungsfeldes ergeben sich nach positiver Auseinandersetzung mit dem Element Wasser neue *Handlungskompetenzen*. Mit dem dem Erwerb jeder neuen Kompetenz wächst das Selbstvertrauen unserer Schüler! *Gemeint sind hierbei ganz sicher nicht nur die Kompetenzen des Schwimmenlernens!*

Abb. 1: Entspannen im Wasser mit Hilfe einer Luftpolsterfolie

Ein Bewegungsunterricht im Wasser sollte möglichst immer *prozessorientiert* sein. Prozessorientierter Unterricht bedeutet das Anbieten von Unterrichtssituationen, in denen die Schüler experimentierend mit selbst entwickelten Handlungsplänen nach eigenen Bewältigungsstrategien für (von Lehrkräften zuvor geplante) Handlungssituationen suchen und auch entdecken. Hierbei kann – aber muss nicht zwangsläufig – eine Problemstellung durch die Lehrkraft vorgegeben sein.

Das setzt allerdings ein hohes Maß an Erfahrung und auch Kenntnisse der Lehrer voraus. Alleine durch das Bereitstellen von bestimmten Materialien bei Vorgabe einer Spielidee kann eine Lehrkraft eine an sich für die Schüler offene Situation beeinflussen.
Manche Materialien eignen sich gut zum Tauchen (z.B. Tauchringe, Tauchsteine, ...), andere treiben prima auf (z.B. Schwimmnudel, Schwimmbrett, Pullbuoys,...), weitere reizen die Kinder zum Blasen (z.B. kleine Segelboote, Papierschiffchen, Luftballons, ...), usw.
Auch die Vorgabe einer Spielidee beeinflusst zum Material die Experimentierbereiche der Schüler:

Spielidee: *„Schatztaucher sind beim Tauchen in einem Wrack von herabstürzenden Teilen eingeklemmt worden. Sie harren in einer Luftblase aus und hoffen auf ihre Rettung“.*
Die Rettungsmannschaft an Land hat nur ein langes Seil als Rettungsgerät. Erschwerend kommt hinzu, dass die Schatztaucher nur noch durch ein Bullauge (senkrecht stehender Reifen, durch Gewicht am Boden gehalten) gerettet werden können. – Wie sich die Taucher später am Seil festhalten, welche Körperlage sie dabei einnehmen, ob sie ihr Gesicht unter Wasser halten, wie sie Luft holen, ... alles bleibt den Schülern überlassen. Aber ein Vergleich mit den Lernzielen aus dem – noch folgenden – Lernzielkatalog macht deutlich, dass mehrere Lernzielbereiche angesprochen werden.

Für Berufsanfänger oder fachunkundige Kollegen stellt es allerdings zunächst eine Überforderung dar, alle offenen Spielsituationen für mehrere Schuljahre so zu „planen“, dass alle Lernzielbereiche berücksichtigt werden, dass die Hierachie bzw. die Vernetzung einzelner Lernziele bedacht werden und dass diese Spiele dann auch noch zu der Fertigkeit des Schwimmens führen! Meistens müssen die Lehrkräfte schnell an Informationen kommen, wie sie ihren bereits laufenden Unterricht gestalten können und haben deshalb auch nicht die Zeit, sich lange mit theoretischen Hintergründen zu beschäftigen.

Deshalb bietet dieses Buch außerdem einen geschlossenen methodischen Weg zum Erlernen des Schwimmens an. Er dient der Ökonomisierung des Gesamtprozesses. Aber auch in diesen Unterrichtseinheiten finden sich immer offene Spielphasen. Und schließlich muss – wie gesagt – nicht jede Stunde im Schwimmbad für die Weiterführung des Schwimmlehrganges genutzt werden!

Bei der Beschreibung des methodischen Weges kommt den Spielen eine besondere Bedeutung zu. Sie orientieren sich an den Lernzielen, die im Lernzielkatalog dargestellt sind. Sie bieten daher in ihrer konkreten Formulierung eine sehr gute Orientierungshilfe für noch unsichere Lehrkräfte und halten „als roter Faden" die Elemente der Bewegungserziehung im Wasser zusammen. Mit zunehmender Unterrichtserfahrung sollten Sie dann mutiger werden und versuchen, die Spielvorschläge als offene Situationen anzubieten, ohne immer gleich das Lernziel für die Schüler vorzugeben. Lernen in offenen Situationen dauert zwar länger, aber die Lernerfahrungen sind dafür oft intensiver. *Voraussetzung ist jedoch das Vorhandensein von genügend Schwimmzeit und die Bereitschaft aller Lehrkräfte im Schwimmbad, anstatt der Organisationsform „Bahnenschwimmen" die Organisationsform „Aktivitätszonen" zu verwenden.* Der Lernzielkatalog ist dann eher die Grundlage für Schülerbeobachtungen und kann im Sinne einer Prozessorientierung beim einzelnen Schüler auch schnell zur konkreten Formulierung für Zeugnisse benutzt werden.

Aber auch ängstliche, leistungsschwächere und behinderte Schüler können das Schwimmen erlernen. Allerdings fällt es vielen von ihnen schwer, dies nach den gesellschaftsnormorientierten Lehrverfahren und den damit verbundenen olympischen Schwimmstilen zu tun. Die Bewegungserziehung im Wasser ist daher von Grund auf darauf ausgelegt, die gelungenen Leistungen von potentiell schwimmfähigen Schülern zu beobachten und unter biomechanischen Gesichtspunkten für die Findung eines *Individuellen Schwimmstils* auszunutzen. Vorrangiges Ziel ist: Jeder Schüler soll mit Lehrerhilfe seinen Weg finden, mit viel Freude und möglichst schnell die größtmögliche Strecke im Schwimmbad zu schwimmen. Erst nach diesem sehr wichtigen Erfolgserlebnis soll die Ausdauer ausgebaut werden und – eventuell – ein olympischer Schwimmstil erlernt werden. Der Individuelle Schwimmstil ist eine hervorragende Möglichkeit, auch leistungsschwächeren und behinderten Schülern unter unseren ungünstigen Lehrbedingungen das Schwimmen beizubringen.

Der Individuelle Schwimmstil hat auch eine Berechtigung für sich (!)
... und nicht nur als Fundament für die olympischen Schwimmstile oder als Einsatzmöglichkeit in anderen Wassersportarten wie Wasserball oder Kunstschwimmen. Das Ablegen von Übungen für den Erwerb von Schwimmabzeichen ist auch im Individuellen Schwimmstil erlaubt!

Genügend leistungsstarke Schüler können und sollen natürlich die olympischen Schwimmstile erlernen!

P.S. Damit Sie eine Vorstellung von den Individuellen Schwimmstilen bekommen, schauen Sie sich erst einmal die Fotos auf den Seite 128-130 an......

....trauen Sie sich nach Betrachtung dieser Fotos zu, den Kindern das „Hundepaddeln“, das „leise Rückenschwimmen“, das „altdeutsche Rückenschwimmen“ oder das „Brustschwimmen mit Kraulbeinschlag“ zu vermitteln?

Biomechanische Fachliteratur bzw. Fachwissen dazu werden Sie nicht finden. Ihr Gefühl im Bauch für die richtige Bewegungsausführung und ihre allgemeine Erfahrung im Umgang mit Kindern reicht auch völlig aus!

Sie werden erstaunt sein, wie schnell die Schüler das Schwimmen erlernen.

3. Safety first – notwendige Organisationshinweise

Eine erfahrene Kollegin hat ihre Besorgnis auf einer Fortbildungsveranstaltung einmal sehr deutlich formuliert: „Wenn ich mit meinen Schülern Schwimmen gehe, stehe ich immer mit einem Bein im Gefängnis. Die Schüler, deren Eltern und die Schulleitung wollen unbedingt, dass der Schwimmunterricht stattfindet. Aber wenn ich an die Gefahrenmomente während des Schwimmbadbesuches denke, habe ich immer das Gefühl, dass ich ruhig an alles denken kann, aber dann passiert doch noch etwas und ich werde dafür zur Verantwortung gezogen!"

Berufsanfänger und fachunkundige Lehrpersonen werden durch solche Schilderungen natürlich sehr verunsichert und empfinden das Erteilen des Schwimmunterrichtes als besondere Unterrichtsbelastung.

Richtig ist, dass Kinder bei Unfällen im Schwimmbad ums Leben kommen können.
Richtig ist, dass es sehr anstrengend ist, im Schwimmbad zu unterrichten (ständiges Aufrechterhalten von Sicherheitsnormen, sehr hohe Stimmbelastung durch Nebengeräusche, unruhige und hochmotivierte Kinder, ängstliche Kinder, ...).
Richtig ist aber auch, dass Unterricht selten so eine Faszination bei Schülern aufbaut, wie der Schwimmunterricht. Alles in die Waagschale geworfen wäre es aus meiner Sicht eine Katastrophe, wenn die Bewegungserziehung im Wasser nicht mehr Bestandteil einer Bewegungserziehung in der Schule wäre.

100 %-ige Sicherheit gibt es nicht!

Die Verantwortung der Unterrichtenden liegt darin, den Schwimmunterricht so sicher wie nur irgend möglich zu gestalten!

Es trifft tatsächlich zu, dass kaum ein anderer Unterricht so viele „Sollbruchstellen" bezüglich guter Aufsichtsführung aufweist wie der Schwimmunterricht. Aber wenn Schüler wie Lehrer die notwendigen Sicherheitsorganisationsformen und – regeln beachten, gehen diese schnell in Routine über und behindern den Ablauf nicht mehr so stark wie zu Beginn eines Erstschwimmunterrichtes. Solange diese Routine keine falsche Sicherheit vorgaukelt, können die Lehrkräfte, wenn sie die folgenden Hinweise immer beachten, ein hohes Maß an Sicherheit für ihre Schüler erreichen. Sollte es doch einmal zu einem Unfall kommen – in den meisten Fällen sind dies nicht die tragischen – muss jede Lehrkraft natürlich eruieren, ob und wie dieser Unfall zu vermeiden gewesen wäre und seine Sicherheitsorganisationsformen erneut einer Überprüfung unterziehen.

Ein deutliches Wort vorweg:

Lehrer und Schüler haben gemeinsam Anteil an der Erhaltung eines Sicherheitsstandards beim Schwimmunterricht!

Für den Schwimmunterricht gelten sowohl für Schüler als auch für Lehrer eine Vielzahl zu beachtender Regeln, die unbedingt befolgt werden müssen, um ein größtmögliches Maß an Sicherheit zu gewährleisten. Der Sinn aller Regeln sollte in der ersten Unterrichtsstunde allen Schülern im Klassenraum erläutert werden. Eine zukünftige Teilnahme am Schwimmunterricht setzt die Anerkennung dieser Regeln voraus.

Ein Brechen der Regeln bedeutet sofort und ohne Ausnahme – zumindest kurzzeitigen – Ausschluss vom Unterricht! Diese Kinder sitzen auf der Bank und schauen den anderen beim Schwimmen zu!

Das hat nichts mit autoritärem Unterrichtsstil zu tun, sondern dient voll und ganz zur Aufrechterhaltung der Sicherheit der Schüler. Im Übrigen hat der Lehrer auch keine Zeit, über diese Bestrafung zu diskutieren, da er sonst von seinen Aufsichtspflichten den anderen Kindern gegenüber abgelenkt würde. Schließlich sind die Regeln den Schülern vorher bekannt gegeben worden und der Lehrer bleibt in seinen Erziehungsmethoden berechenbar. Alle Gespräche und alle Konsequenzen werden natürlich trotzdem nicht bewirken, dass es zu gar keinen Regelverletzungen mehr kommt. Bedenken Sie dies von vornherein bei der Planung und Durchführung Ihres Unterrichts.

Inhalte einer ersten Besprechung im Klassenraum vor dem ersten Schwimmunterricht sind:

1. Kennenlernen des Schwimmbades über Fotos oder Dias
2. Bekanntgabe der benötigten Schwimmutensilien
3. Richtige Nutzung der Umkleidekabine
4. Richtige Nutzung der Duschräume
5. Kennenlernen der Schülersicherheitsregeln (s.u.)
6. Kennenlernen der Konsequenzen bei Nichtbeachtung von Regeln.

Allgemeine Sicherheitsmaßnahmen (zutreffend für jede Schwimmstunde) – geordnet nach ihrer chronologischen Folge beim Schwimmbadbesuch

Lehrkraftsicherheitsmaßnahme Nr. 1:
Die Lehrkräfte kennen alle benötigten Räume des Schwimmbades. Sie haben schon vor dem Unterricht eine konkrete Vorstellung davon, wie dieser unter den gegebenen örtlichen Umständen verlaufen wird.

Sie kennen alle Wassertiefen, einen geeigneten Versammlungsort (s.u.), den Bademeister (falls dieser während des Schwimmunterrichtes im Bad anwesend ist).

Lehrkraftsicherheitsmaßnahme Nr. 2:
Wenn zwei Lehrkräfte zusammen Aufsicht führen, sprechen sie sich detailliert über ihre Aufgabenverteilung – insbesondere bei der Aufsichtsführung – ab.

Lehrkraftsicherheitsmaßnahme Nr. 3:
Die Lehrkräfte haben grundsätzlich sicherzustellen, dass sie die Schüler so lückenlos wie möglich beaufsichtigen!

Das gilt von dem Zeitpunkt des Verlassens der Schule bis zur Wiederkehr dorthin und schließt alle Räumlichkeiten mit ein, die die Schüler zwischendurch betreten. Wenn nötig/möglich sollten Türen zur Schwimmhalle abgeschlossen werden, um Gefahrenmomente auszuschließen (vgl. auch Lehrkraftsicherheitsmaßnahme Nr. 10). Für die Beaufsichtigung sollten die Lehrkräfte sich Klarheit über den jeweils geeignetsten Standort hierfür machen.

Schülersicherheitsregel Nr. 1:
Alle Schüler bringen warme Kleidung (Mantel, Mütze, Schal) für die kalte Jahreszeit mit in Schule und ziehen diese auch an, wenn sie zum Schwimmbad gehen.

Einerseits ist die Erkältungsgefahr einleuchtend, andererseits kommt die Gruppe gegen Ende des Unterrichts (trotz vorausschauender Planung und Durchführung des Unterrichts) nicht selten in Zeitnot, so dass sich nicht mehr alle Kinder die Haare föhnen können.

Schülersicherheitsregel Nr. 2:
Jeder Schüler bringt die zuvor vereinbarten Utensilien für den Schwimmunterricht mit in die Schule. Vor der Abfahrt / dem Gang zum Schwimmbad überprüft er seine Sachen und klärt gegebenenfalls, wer ihm etwas leihen wird.

Diese Regel gilt der Minderung des Konfliktpotentials in den Dusch- und Umkleideräumen.

Lehrkraftsicherheitsmaßnahme Nr. 4:
Die Lehrkräfte teilen die (Leistungs-)Gruppen schon im Vorraum (Kassenraum) des Schwimmbades ein. Sie benennen den Schülern die zuständige Aufsichtsperson für den späteren Schwimmunterricht. Sie zählen danach die Schüler ab.

Obwohl es ja erst bei Betreten des Schwimmbades zu dieser Gruppenzuordnung kommt, weil die Schülerinnen und Schüler ja zunächst in den Umkleide- und Duschräumen noch nach Geschlecht getrennt werden, ist diese Prozedur in der Vorhalle weitaus ungefährlicher als unter den Rahmenbedingungen von engen Gehwegen neben dem Schwimmbecken. Die Schüler wissen bei Betreten des Schwimmbades sofort, wer für sie zuständig sein wird.
Beim Abzählen muss auf jeden Fall die Gesamtzahl der Schüler abgezählt werden, da sonst wenig entscheidungsfreudige Schüler nicht erfasst werden! Erst danach die Anzahl der Gruppenmitglieder ermitteln.

Ein Wechsel während des Schwimmunterrichtes von einer Gruppe zur anderen darf nur nach eindeutiger Verständigung der Kollegen untereinander geschehen.

Das frühe Abzählen hat den Sinn, sicherzustellen, dass wirklich alle Schüler die Räumlichkeiten des Bades betreten. Stellt sich erst in der Schwimmhalle heraus, dass ein Schüler fehlt, ist der Unterricht so gut wie gelaufen, da nur noch eine Aufsichtsperson für alle Schüler zur Verfügung steht.

Schülersicherheitsregel Nr. 3:
Erst wenn alle Kinder umgezogen sind, geht die Gruppe in den Duschraum.

Schülersicherheitsregel Nr. 4:
Alle Schüler benutzen vor dem Duschen die Toilette.

Der Wasserdruck hat eine große Auswirkung auf die Blase. Daher sollte sie vor dem Betreten des Schwimmbeckens entleert sein. Falls ein Schüler während des Unterrichts auf die Toilette muss, kann die Lehrkraft ihn während dieser Zeit nicht mehr beaufsichtigen. Diese Situation sollte während des Unterrichts so selten wie möglich aufteten.

Schülersicherheitsregel Nr. 5:
Erst wenn alle Kinder geduscht haben, gehen sie gemeinsam mit der Lehrkraft um das Becken zu einem zuvor besprochenen Versammlungsort. Erst dort findet die zuvor besprochene Gruppenaufteilung statt.

Wenn nötig/möglich sollte die Zwischentür zwischen Schwimmbad und Dusche abgeschlossen werden. Auf keinen Fall dürfen Schüler ohne Aufsicht die Schwimmhalle betreten!
Unter Umständen kann es sinnvoll sein, dass sich zunächst alle Kinder am Versammlungsort treffen und sich erst nach der Besprechung duschen (wegen erhöhter Auskühlungsgefahr).

Lehrkraftsicherheitsmaßnahme Nr. 5:
Die Versammlung zu Beginn der Schwimmstunde geschieht an einem geeigneten Ort.

Bei der Besprechung steht die Lehrkraft mit dem Rücken zum Becken. Der Ort ist geräumig genug für alle Schüler, so dass die Lehrkraft alle Schüler im Blick hat und sich kein Schüler hinter ihr aufhalten kann. Der Ort ist so weit wie möglich vom Beckenrand entfernt.

Schülersicherheitsregel Nr. 6:
Niemand läuft im Schwimmbad!

Schülersicherheitsregel Nr. 7:
Niemand geht oder springt ohne Erlaubnis ins Wasser!

Lehrkraftsicherheitsmaßnahme Nr. 6:
Die Lehrkraft weist auf die Besonderheiten und die sich daraus eventuell ergebenden Gefahren des Schwimmbades hin.

Sie demonstriert die evtl. verschiedenen Wassertiefen im Schwimmbecken mit der Rettungsstange im Nichtschwimmer – und Schwimmerbereich. Die *Lehrschwimmbecken* sind für kleine Kinder oft zu tief (im Übergangsbereich zum Schwimmerbecken, noch vor der offiziellen Trennleine). Hier bietet sich eine verstellbare Leine mit Saugnäpfen an. Falls diese im Bad nicht vorhanden ist, sollte dies die erste Anschaffung sein, die entweder der Träger des Bades oder die Schule selbst tätigen soll.

Schülersicherheitsregel Nr. 8:
Streit und nicht diszipliniertes Verhalten ist nicht erlaubt!

Wenn es um Einhaltung von Reihenfolgen, Wartezeiten, überhöhten Wettkampfeifer, Aufenthalt auf zu engem Raum, Übermut usw. geht, kommt es erfahrungsgemäß zu Streitigkeiten, die leicht in Rangeleien münden. Was auf dem Schulhof meist folgenlos bleibt, gefährdet im Schwimmbad oft die Sicherheit – nicht nur der streitenden – Schüler. **Ringen und Raufen in der Schwimmhalle ist verboten!**

Schülersicherheitsregel Nr. 9:
Falls ein Kind während des Unterrichtes auf die Toilette muss, meldet es sich ab und meldet sich danach erst wieder bei der Lehrkraft an, bevor es sich wieder ins Wasser begibt! Das Kind geht auf direktem Weg zur Toilette und kommt auf demselben Weg zurück!

Immer, wenn ein Schüler seine Lerngruppe verlässt – egal aus welchen Gründen – muss er sich abmelden und bei der Wiederkehr erneut anmelden!

In dieser Phase ist das Kind nicht beaufsichtigt. Das bedeutet für den Lehrer, dass er wissen muss, dass ein Kind seine Gruppe verlässt und für den Schüler, dass er weiß, dass seine Rückkehr erwartet wird. So soll sichergestellt werden, dass die Schüler nicht auf „Umwegen" andere Einrichtungen des Bades ausprobieren, wie zum Beispiel andere Becken, die vom Standort der aufsichtsführenden Lehrperson nicht eingesehen werden können.

Lehrkraftsicherheitsmaßnahme Nr. 7:
Die Lehrkraft sucht für den Unterricht den geeignetsten Standort für die Beaufsichtigung der Schüler!

Sie soll versuchen, einen Platz zu finden, von dem aus sie die gesamte Wasseroberfläche und den Beckenboden des Beckens (Beckenbereiches) einsehen kann. Der Standort sollte wenn möglich auch Gehwege einzelner Schüler (Beschaffung von Geräten, Toilettengang) miteinbeziehen. Wasserspiegelungen beeinträchtigen die Wahrnehmung erheblich! Schüler, die Informationen zu ihrer Bewegungsausführung erhalten sollen, kommen wenn möglich zur Lehrkraft, damit die Lehrkraft ihren günstigen Standort nicht wechseln muss.

Lehrkraftsicherheitsmaßnahme Nr. 8:
Bei Aufgabenstellungen und Gruppeneinteilungen innerhalb der Nichtschwimmer- bzw. Schwimmergruppe muss die Lehreranweisung klar und eindeutig formuliert sein (zur Vermeidung von Auskühlungen, Diskussionen, Ungeduld, Disziplinlosigkeit)

Lehrkraftsicherheitsmaßnahme Nr. 9:
Falls eine Lehrkraft der Ausübung ihrer Aufsicht nicht nachkommen kann (z.B. wegen der Versorgung eines verletzten Schülers), ist der Schwimmunterricht nur dann durchführbar, wenn die andere Lehrkraft sicher ist, dass sie alle Schüler in einer Organisationsform für die entstandene heterogene Gesamtgruppe alleine beaufsichtigen kann – ansonsten kann eine Teilgruppe zeitweise nicht am Schwimmunterricht teilnehmen und muss – beaufsichtigt – auf der Bank warten.

Lehrkraftsicherheitsmaßnahme Nr. 10:
Am Ende des Schwimmunterrichts treffen sich alle Schüler wieder am vereinbarten Versammlungsort. Die Schüler werden abgezählt und zur Dusche gebracht. Wenn nötig/möglich wird die Zwischentür zwischen Schwimmbad und Duschraum abgeschlossen. Danach umrundet eine Lehrkraft noch einmal das Schwimm-

becken und kontrolliert den Beckenboden. Falls ein Bademeister vor Ort ist, teilt die Lehrperson ihm mit, dass sie ihren Unterricht beendet hat und kein Schüler mehr die Schwimmhalle betreten darf. Erst dann geht sie selbst duschen und verlässt den Duschraum als Letzte.

Schülersicherheitsregel Nr. 10:
Niemand darf den Schwimmhallenbereich nach dem Abzählen mehr betreten!

Lehrkraftsicherheitsmaßnahme Nr. 11:
In der Vorhalle des Schwimmbades werden die Schüler noch einmal abgezählt, bevor sie den Heimweg zur Schule antreten.

Spezielle Sicherheitsmaßnahmen

Beim ersten Schwimmbadbesuch

- teilen die Lehrkräfte die Schüler *erst nach genauer und persönlicher Ermittlung ihrer Lernvoraussetzungen* in die Differenzierungsgruppen ein.
- zeigen sie den Teilnehmern der Gruppe den Bereich des Beckens und seine Abgrenzungen, in dem sich die jeweilige Gruppe aufhalten soll.
- zeigen die Lehrkräfte den Schülern die möglichen Gefahrenbereiche (Trennleine, Beckenschräge im Übergangsbereich zum Schwimmerbereich).
- erläutern sie den Schülern, dass sie das Becken verlassen müssen, wenn der Hubboden (falls vorhanden) bewegt wird.

Vor neuen Unterrichtsinhalten

- erläutern die Lehrkräfte den Schülern die Schwimmwege (im Wassergewöhnungsbereich „Fortbewegungswege“) einschließlich eventueller Ein- und Ausstiegspunkte an den Beckenrändern, die die Schüler zur Ökonomisierung des Gesamtablaufes benutzen sollen.
- erläutern die Lehrkräfte neues Material und den regelgerechten Umgang damit. Sie weisen gegebenenfalls auf damit verbundene Gefahrenpunkte hin.
- wie dem Bereich „Sprünge ins Wasser“ erläutern die Lehrkräfte den Schülern, dass immer nur eine Person das Brett oder

den Turm betreten darf und dass erst dann gesprungen werden darf, wenn der Landebereich frei ist. Sie greifen regulierend ein, wenn Schüler ihre Leistungsfähigkeit überschätzen.

- wie beim Bereich „Tauchen“, verbieten sie den Schülern das Hyperventilieren (mehrfaches tiefes und schnelles Einatmen mit dem Ziel der Leistungssteigerung), um eine Bewusstlosigkeit zu vermeiden. Sie beobachten die Schüler vor und nach dem Tauchen, bis sie das Wasser verlassen haben, genau! Sie erkundigen sich nach dem Gesundheitszustand (Erkältung!) und verbieten gegebenenfalls das Tauchen. Sie demonstrieren gesunden Schülern das Prinzip des Druckausgleiches. Sie verbieten Schwimm-(Chlor-)brillen als Sichthilfe beim Tauchen, da diese durch den steigenden Druck zur Verletzung des Augapfels führen! Sie erlauben nur richtige Tauchermasken.

Eine wesentlich umfangreichere Darstellung dieser und weiterer Sicherheitshinweise kann folgender – unbedingt empfehlenswerten – Veröffentlichung entnommen werden, an der ich mich orientiert habe:

Landesinstitut für Schule und Weiterbildung (NRW) und Träger der gesetzlichen Unfallversicherung in Nordrhein-Westfalen (Hrsg.): Handreichungen für den Schulsport – Mehr Sicherheit im Schulsport, Teil IV: Ergänzungshandreichung – Sportbereich SCHWIMMEN, Soest 1993

Im Anhang finden Sie einen vorgefertigten Elternbrief, in dem die Schülersicherheitsregeln noch einmal zusammengefasst sind.

4. Vielseitige Wassergewöhnung und -bewältigung mit lernzielorientierten Spielen

Die nächsten beiden Kapitel sind aus Gründen der besseren Übersicht eher lehrgangsartig organisiert und zeigen vorrangig Mittel zur Ökonomisierung aller Unterrichtsmaßnahmen auf. Im Gegensatz zum eher prozessorientierten Vorgehen (siehe Kapitel 6) dienen alle Spiele dem konkreten Erlernen eines Lernzieles, dessen Erfüllung eine von vielen Lernvoraussetzungen zum Erlernen des Schwimmens bietet. Die Schülerinnen haben zu Gunsten des Lernfortschrittes eindeutig weniger Einfluss auf Selbstbestimmung beim Erfahren des Mediums Wasser.

Auf keinen Fall bedeutet das aber, dass jeder Schwimmbadbesuch vorrangig dem Erlernen des Schwimmens gewidmet sein soll. Vielmehr ist es sinnvoll, zwischendurch immer wieder offenere Lernangebote im Schwimmbad anzubieten. Grundsätzlich sollte jede Schwimmstunde innerhalb des Lehrgangs auch genügend Zeit für freies Spiel der Schüler bereitstellen.

Der inhaltliche Schwerpunkt dieses Kapitels liegt also engumrissen darin, eine Möglichkeit darzustellen, wie Schüler das Medium Wasser für sich erschließen können, mit ihm vertraut werden, sich gewandt darin bewegen können und letztlich alle Voraussetzungen zum Erlernen des Schwimmens erfüllen. Das heißt, dass ein methodischer Weg aufgezeigt wird, der den Schülern zielgerichtet *sportmotorische Fertigkeiten* nahebringt, die *zum* späteren *Erlernen eines Schwimmstils* benötigt werden.

Beim Erwerb der sportmotorischen Fertigkeiten soll in diesem Lehrgang – wann immer möglich – auf langweilige und langwierige technische Übungen verzichtet werden. Stattdessen werden abwechslungsreiche, alters- und personengerechte Spielmöglichkeiten aufgezeigt, die als methodisches Mittel zum Erlernen der Fertigkeit dienen und deren Themen einem besseren Lernverhalten in konkreten Handlungsituationen näherkommen. Zum einen Teil war es möglich, Spiele aus der Fachliteratur zu übernehmen und sie (wenn nötig) den jeweiligen Zielschwerpunkten durch Änderungen in der Art der Durchführungen unterzuordnen. Zum anderen Teil wurden notwendige technische Übungen, die zum

Erreichen eines Lernzieles erforderlich sind, in eine Spielhandlung eingebettet.

Insgesamt soll den Unterrichtenden durch diesen Lehrgang ein Instrument gegeben werden, mit dem sie ihren „Sportunterricht im Wasser“ so zielgerichtet planen und durchführen können, dass am Ende des Weges den potentiell schwimmfähigen Schülern alle Lernvoraussetzungen zum Erlernen eines Individuellen Schwimmstils gegeben sind.

Aber auch den vielen Schülern, die dieses Ziel nicht erreichen werden, gibt er die Möglichkeit einer sinnvollen und gewinnbringenden Auseinandersetzung mit dem Handlungsfeld Wasser. Sie werden

- ihre Wahrnehmungen bezüglich des Mediums intensivieren,
- sich aktiv mit den Grundeigenschaften des Wassers auseinandersetzen,
- sich im Wasser zunehmend wohler fühlen,
- mit dem Wasser vertraut werden,
- sich sicherer darin bewegen können,
- und vielfach auch eine handlungsfelderweiternde Gewandtheit im Wasser erlangen.

Letztlich ist die Freude beim Spiel im Wasser das Ausschlaggebendste und es versteht sich von selbst, dass kein Schüler gegen seinen Willen zu etwas gezwungen werden darf. Darüber hinaus müssen sich die Unterrichtenden vor Augen halten, dass sie sowohl die Schüler, als auch sich selbst nicht unter den Leistungsdruck stellen sollten, so viele Schüler *so schnell wie möglich* schwimmfähig zu machen. Im Rahmen der neuen Inhalte einer Bewegungserziehung im Wasser haben nämlich auch die gerade genannten Lernerfolge der Schüler, die das Schwimmen nach einem Schwimmunterricht nicht erlernt haben, ihren berechtigten Stellenwert für sich!

4.1 Die Angst der Schüler und ihre Auswirkung auf den Schwimmunterricht

Sich an den Lernvoraussetzungen der Schüler zu orientieren, bedeutet im Schwimmunterricht sehr häufig: sich an den Ängsten der einzelnen (!) Schüler orientieren!

Von sehr großer Bedeutung für die Wassergewöhnung und -bewältigung ist die nicht selten übergroße *Ängstlichkeit* einzelner Schüler. Leistungsschwächere und sehr ängstliche Schüler sind sogar häufig noch nicht einmal als Mitglieder einer Gruppe ansprechbar. Es lohnt sich, einmal genauer zu hinterfragen, wovor die Schüler genau Angst haben. Sehr oft werden die Unterrichtenden erst die Ursachen eines sich eher allgemein ausdrückenden Angstgefühls herausfinden müssen. Danach müssen sie die Auswirkungen auf den geplanten Unterricht bedenken und geeignete methodische Maßnahmen ergreifen, die beim Abbau der Furcht hilfreich sind.

– Einige (wenige) Schüler haben Angst, die Schwimmhalle zu betreten!
Für einige behinderte Kinder und selten auch für Kinder aus anderen Kulturkreisen ist dies zunächst erst einmal ein neuer Raum mit ungewöhnlicher Temperatur, Akustik und Luftfeuchtigkeit. Andere Schüler können sich bereits beim Anblick des Schwimmbeckens auf Grund von Vorerfahrungen oder beängstigenden Vorstellungen fürchten. Ein häufiger Besuch des Schwimmbades ohne weitergehende Anforderungen könnte diese Situation eventuell verbessern.
TIP: Die spezielle Beauftragung dieser Schüler mit Hilfsaufgaben außerhalb des Beckens kann diese extreme Situation vorübergehend entschärfen.

– Einige Schüler haben Angst davor, das Schwimmbecken zu betreten!
Irgendwann sollten aber auch diese Schüler vorsichtig an diese Anforderung herangeführt werden.
TIP: Befreien Sie sich von der Vorstellung eines zielgleichen Unterrichts und verringern Sie einfach die Anforderungen und passen Sie sie den besonderen Lernvoraussetzungen dieser Schüler an. Diese Schüler erhalten von Ihnen das Recht, zunächst nur die Füße, dann die Hände und schließlich immer mehr Körperteile mit dem Wasser in direkten Kontakt zu bringen. Lassen Sie sich nicht auf Diskussionen mit den anderen leistungsstärkeren Schülern ein, die gleiche Lernanforderungen für alle fordern. Wenn diese sich über die ängstlichen Schüler lustig machen, erläutern Sie ihnen, dass die Aufgabe des Schwimmunterrichtes ist, dass alle Schüler Spaß am Element Wasser haben sollen. Für

einige Schüler bedeutet dies unter Umständen, dass sie das Schwimmen erlernen. Für andere Schüler kann es aber auch bedeuten, dass sie Freude am Spielen im brusttiefen Wasser haben.

– Die Schüler haben Angst vor der Weite des Wassers!
Nach anfänglichem Aufenthalt am Beckenrand sollen sich die Schüler zunächst mit und danach ohne Hilfestellung im flachen Wasser in der Beckenmitte aufhalten.
TIP: Nehmen Sie sich persönlich Zeit für diese Kinder und gehen Sie gemeinsam mit ihnen ins Wasser. Der Körperkontakt ist die sicherste Möglichkeit zum Angstabbau. Gehen Sie mit ihnen immer weiter vom Beckenrand weg (begleitend bekannte Lieder dabei singen) und benutzen Sie später auftreibende Gegenstände (Schwimmbretter, -sprossen, usw.), die den direkten Körperkontakt zwischen Ihnen und den Schülern ersetzen sollen. Letztlich sollen die Schüler sich alleine (Sie bleiben noch in der Nähe) mit den Auftriebsgegenständen in die Beckenmitte trauen. Im letzten Schritt verlassen sich die Schüler so sehr auf die Auftriebswirkung der Gegenstände, dass Sie am Beckenrand bleiben können. Mit Hilfe des Schwimmbrettes (o.ä.) ist das Handlungsfeld dieser Schüler nun so erweitert, dass sie an vielen Spielen mit den anderen Schülern (wenn auch nicht zielgleich!) teilnehmen können. Demnächst sollten die Gegenstände durch solche abgelöst werden, die immer weniger Auftrieb erzeugen (Pullbuoys). Grundsätzlich werden diese Gegenstände von den Schülern festgehalten. Sie sollten keine Auftriebsschwimmhilfen umgebunden bekommen (Schwimmgürtel, Schwimmeier, Schwimmärmel,...).
Sie müssen allerdings nach geeigneten organisatorischen Voraussetzungen suchen, um die Aufsichtspflicht den anderen Schülern gegenüber nicht zu vernachlässigen:

- Treffen Sie genaue Absprachen mit Ihrer Kollegin/ Ihrem Kollegen, der dann eine Möglichkeit finden muss, die übrigen Schüler zielgleich zu unterrichten. Wenn dies nicht möglich ist:
- Beginnen Sie den Schwimmunterricht mit diesen Schülern und widmen ihnen 10 Minuten der Gesamtzeit. Die anderen Schüler müssen solange – noch nicht geduscht – auf der Bank sitzen (!!!) und zuschauen. Wenn dies nicht möglich ist:

- Lassen Sie über einen gewissen Zeitraum die leistungsstärkeren Schüler unter Aufsicht 10 Minuten eher aus dem Wasser gehen, während Sie mit den anderen Kindern üben. Wenn dies nicht möglich ist:
- Kümmern Sie sich um Personen, die für eine gewisse Zeit unter Ihrer Verantwortung(!) und nach genauer Absprache diese Kinder übernehmen können (Praktikanten, LAA's, Eltern, ...). Wenn dies nicht möglich ist:
- Schreiben Sie den Eltern der betreffenden Kinder einen Kurzbrief, in dem Sie Ihnen genau mitteilen, was sie mit ihren Kindern üben sollen.
- Wenn alle Maßnahmen nicht greifen, gehen Sie im Notfall ein- bis zweimal nur mit den leistungsschwächeren Schülern der Nichtschwimmergruppe ins Bad, um den Lernrückstand aufzuholen. Bitten Sie die Schulleitung schon frühzeitig um Hilfe bei der Erfüllung der organisatorischen Voraussetzungen. Lassen Sie sich hierbei von der Schulleitung nicht die Bedingungen für den Schwimmunterricht bestimmen, den Sie letztlich zu verantworten haben. Das gilt insbesondere für die Aufrechterhaltung Ihres Sicherheitsstandards.

– Die Schüler haben Angst davor, dass ihr Gesicht nass wird!
Die Schüler haben Angst vor Wasserspritzern im Gesicht. Sie verschlucken sich leicht und das Wasser brennt in den Augen. Wenn die Schüler ihr Gesicht auf die Wasseroberfläche legen sollen, sind ihre Atemwege blockiert.
TIP: Der methodische Weg sollte daher sehr behutsame Fortschritte verlangen: Zuerst sollte nur der Hals, dann das Kinn, dann die Stirn und der Hinterkopf die Wasseroberfläche berühren. Mund und Nase sollten immer neben dem – eventuell mit Händen – geschlossenen Zustand auch im Zustand der Ausatmung mit der Wasseroberfläche in Kontakt treten. Der unangenehme Reiz des Wassers auf die geöffneten Augen wirkt ebenfalls zunächst sehr hemmend. Bei allzustarker Reizung der Bindehäute kann vorübergehend mit Tauchermasken oder Chlorbrillen gearbeitet werden. Vorsicht: Chlorbrillen später nie zum Tauchen verwenden, da durch den steigenden Wasserdruck in zunehmender Tiefe Augenverletzungen möglich sind! Im weiteren Verlauf des Kapitels finden Sie Spiele zu einer möglichen Bewältigung dieses Angstengpasses.

– Die Schüler haben Angst vor einem Aufenthalt unter Wasser!
Die Furcht vor dem längeren Öffnen der Augen unter Wasser, der spürbar steigende Wasserdruck und die Unfähigkeit, die Atemwege zu schließen bzw. auszuatmen, führen zu einer Orientierungslosigkeit verbunden mit großem Unbehagen gegenüber allem, was sich unterhalb der Wasseroberfläche abspielt. Im weiteren Verlauf des Kapitels finden Sie Spiele zu einer möglichen Bewältigung dieses Angstengpasses.

– Die Schüler haben Angst davor, auszurutschen und sich danach nicht wieder hinstellen zu können!
Die Fähigkeit, im Falle eines Ausrutschens seine Standposition wiederfinden zu können, ist ein ungemein wichtiges Lernziel in der Wasserbewältigung. Verbunden mit der bisherigen Unerfahrenheit der Schüler und ihrer durch den Schock eintretenden Orientierungslosigkeit können solche Unfälle tragische Folgen haben. Es sind schon Kinder im aufblasbaren Planschbecken ertrunken. Die Planung und Durchführung des Schwimmunterrichtes sollte immer wieder Übungsspiele bereithalten, die diesen Bereich thematisieren. Im weiteren Verlauf des Kapitels finden Sie Spiele zu einer möglichen Bewältigung dieses Angstengpasses.

– Die Schüler haben Angst davor, dass sie ohne Schwimmbewegungen untergehen und ertrinken!
Auch unter uns erwachsenen Schwimmern finden sich immer noch viele, die meinen, dass man, um nicht unterzugehen, Schwimmbewegungen machen muss. Das ist jedoch eine nur bedingt richtige Annahme, welche nur in sehr seltenen Fällen für Personen mit einem sehr ungünstigen spezifischen Körpergewicht zutrifft. In den meisten Fällen hat der menschliche Körper genügend Auftrieb, um an der Wasseroberfläche, zumindest jedoch in ihrer Nähe, zu treiben. Im weiteren Verlauf des Kapitels finden Sie Spiele zu einer möglichen Bewältigung dieses Angstengpasses.

Es gibt keine Kollektivvorschläge für Maßnahmen zur Begegnung des allgemeinen Angstgefühls oder der Furcht vor bestimmten Situationen. Vielmehr muss der Lehrer auf jeden Schüler mit seinen individuellen Ängsten eingehen. Neben den zuvor genannten Möglichkeiten sollte die Furcht vor dem Lehrer und die Furcht

vor einer Blamage (vor den Eltern, den Mitschülern, den Lehrern) von vornherein durch die Persönlichkeit des Lehrers und sein entsprechendes Verhalten während des Unterrichts erst gar nicht auftreten können.
Alle Lernziele im noch folgenden Lernzielkatalog für die Wassergewöhnung und Wasserbewältigung sollten sich bei der Auswahl durch den Unterrichtenden in ihrer Reihenfolge an diesen obengenannten „Furchtengpässen" orientieren, die erfahrungsgemäß den meisten Schülern Schwierigkeiten bereiten.

4.2 Inhalte der Spielerischen Wassergewöhnung und -bewältigung:

Unter diesem Punkt soll eine kurze Übersicht über die Inhalte der beiden Bereiche gegeben werden.

Wassergewöhnung = Kennenlernen, Erleben und Gewöhnung an die Eigenschaften des Wassers:

- Wahrnehmung der Reize, die das Wasser schon beim bloßen Aufenthalt in diesem Medium auf den menschlichen Körper ausübt.
- Überwindung des Wasserwiderstandes durch die Fortbewegung im Wasser.

Wasserbewältigung = Ausnutzung der in der Wassergewöhnung gesammelten Erfahrungen für eine positive Entwicklung der Handlungs- und Fortbewegungsfähigkeit im Wasser:

- Auftrieb
- Tauchen
- Atmen
- Gleiten
- Springen

Die Aufgaben der Wasserbewältigung umfassen innerhalb ihrer einzelnen Bereiche noch eine weite inhaltliche und nach zunehmender Schwierigkeit geordnete Spanne. Innerhalb eines Bereiches können daher gegen Ende so hohe Anforderungen an die

Schüler gestellt werden, die zunächst andere Bereiche als Lernvoraussetzungen verlangen. Es ist also nicht möglich, alle Bereiche nacheinander „abzuhaken“. Vielmehr muss eine Orientierung an den individuellen Lernvorausetzungen der Schüler erfolgen. Das bedeutet in der Regel, dass das Lernangebot häufig einen Lernbereich zunächst verlassen muss, um in einem anderen Lernbereich für die Erfüllung der Lernvoraussetzungen zu sorgen, die im ersten Bereich zur Aufgabenbewältigung benötigt werden. Beispiel: Bevor ein Schüler lernen soll, frei im Wasser aufzutreiben (Lernzielbereich Auftrieb: „Hockqualle“), muss er angstfrei in der Lage sein, sein Gesicht unter die Wasseroberfläche zu halten (Lernzielbereich Tauchen).

Insgesamt ist es sinnvoll, so früh wie möglich im Lernzielbereich Tauchen zu arbeiten, da dieser Lernzielbereich am häufigsten als Lernvoraussetzung für andere Bereiche benötigt wird!
(siehe auch Lernzielkatalog am Ende des Kapitels)

Neben dieser selbstverständlichen Orientierung an den Lernvoraussetzungen der Schüler orientiert sich der Lehrer auch an den zu erwartenden „Angstengpässen“ der Schüler (s.o.).

Allgemeine Anmerkungen zu den Spielen

Alle Spiele sind lernzielorientiert, das heißt, sie haben nicht vorrangig Eigenwert, sondern dienen als methodisches Mittel zum Erreichen des jeweiligen Lernziels. Bekannte Spiele sind deshalb unter dieser Prämisse verändert worden. Nicht selten sind Spiele wie auch Medien unter verschiedenen Lernzielen gleichermaßen einzusetzen. Entscheidend bleibt jedoch immer der Lernzielschwerpunkt der Unterrichtsstunde, dem sie untergeordnet sind. Falls Ihnen die Spiele als zu aufwendig erscheinen und / oder Sie der Meinung sind, dass Sie sie bei der großen Anzahl Ihrer Schüler nicht alle so durchführen können, orientieren Sie sich auf jeden Fall am besten an den LERNZIELEN am Ende des Kapitels!

Die meisten Spiele bieten eine kleine Rahmenhandlung, die von den Schülern relativ leicht nachvollziehbar ist. Aus diesen Rahmenhandlungen ergibt sich für die Schüler in den meisten Fällen schon von alleine ein Handlungswunsch, der dann auch unter

Erfüllung des Lernziels in die Tat umgesetzt werden soll. Da nicht alle Schwimmanfänger im gleichen Alter sind, bleibt die Auswahl der Spiele bezüglich des Inhalts den Unterrichtenden vorbehalten. Dass die Handlungsgeschichten für den Unterrichtseinsatz noch verbal, gestisch und eventuell auch noch mit Bildern aufgefrischt werden können, versteht sich aus pädagogischer Sicht von selbst.

4.3 Lernzielorientierte Spiele

Die folgenden lernzielorientierten Spiele sollen Ihnen helfen, Ihren Schwimmunterricht zu planen und durchzuführen. Orientieren Sie sich zu Beginn an den leistungsschwächeren Schülern und bieten Sie den Schülern je nach erwünschten Lernzielen die entsprechenden Spiele an. Bitte beachten Sie, dass die Lernziele (und somit auch die Spiele) nach steigendem Anforderungsgrad hierarchisiert sind. Abhängig von Ihrer reinen Schwimmzeit können Sie wenige oder viele Spiele anbieten. In jedem Fall sollten Sie darauf achten, dass auf ein bewegungsarmes Spiel sofort ein bewegungsintensives Spiel folgt, damit die Schüler nicht auskühlen. Vermeiden Sie daher auch langwierige Spielerläuterungen, wenn die Schüler sich im Wasser befinden. Einige Spiele können ja auch schon in der Turnhalle eingeführt werden. Innerhalb einer Stunde ist es durchaus möglich, Spiele aus verschiedenen Lernzielbereichen anzubieten. Vergessen Sie bitte nicht, den Schülern noch genügend Zeit zum Freien Spiel zu lassen. Es ist zu erwarten, dass alle Schüler bald ein relativ gleiches Lernniveau erreichen und die gesamte Lerngruppe bald schnelle Fortschritte machen wird.

Wassergewöhnung

Kennenlernen des Schwimmbades und damit verbundene Verhaltensregeln (bzw. damit verbundene lebenspraktische Fertigkeiten):

- Die Schüler sollen die Verhaltensregeln für die Fahrt zu einem auswärtigen Schwimmbad kennen.
- Sie sollen den Umkleideraum kennenlernen und damit in Verbindung stehende Handlungen ihren Fähigkeiten entsprechend ausführen:

- Umgang mit dem Kleiderbügel, Kleiderhaken, bzw. ordentliches Ablegen der Kleidung auf der Bank.
- Umgang mit dem Föhn.
- Eventuell Umgang mit der Umkleidekabine.
- Eventuell Umgang mit dem Thermostatregler der Heizung und den Hebeln zum Lüften durch die Fenster.
- Kennenlernen des Sinns und Zwecks von Anti-Rutsch-Matten und der Gullis.
- Die Schüler sollen den Duschraum kennenlernen und damit in Verbindung stehende Handlungen ihren Fähigkeiten entsprechend ausführen:
- Bedienung der Duschen, Einstellung der Temperatur und eventuell des Duschstrahls.
- Kennenlernen der Handlungsschritte zur Reinigung des Körpers.
- Kennenlernen der Bedeutung der Pilzdesinfektionsanlage und ihre Benutzung.
- Kennenlernen des Sinns von Badeschlappen zur Infektionsprophylaxe
- Kennenlernen des Sinns von Waschvorrichtungen zur Säuberung der Badewäsche vom Chlor.
- Kennenlernen des Sinns von Ablagen und Handtuchhaltern.
- Sie sollen vor Betreten der Schwimmhalle die Toilette aufsuchen.
- Die Schüler sollen die Schwimmhalle kennenlernen:
- Sie sollen die Gefahr, die sich aus einem rutschigen Fußboden ergibt, kennenlernen.
- Sie sollen den Sinn der beheizten Bänke kennenlernen.
- Sie sollen die Wasserein- bzw. -ausstiege kennenlernen.
- Sie sollen die Gefahren eines achtlosen Aufenthalts am Beckenrand und die richtigen Verhaltensregeln am Beckenrand kennenlernen.
- Eventuell: Sie sollen wissen, dass das Wasser bei einem Schwimmbad mit Hubboden nicht immer gleich tief (flach!) ist.
- Sie sollen die Gefahren am Trennseil zwischen Nichtschwimmer- und Schwimmerbereich kennenlernen.
- Eventuell: Sie sollen den Einstieg zum flachen Teil des Beckens kennenlernen.

- Sie sollen den Treffpunkt kennenlernen, an dem sich alle Schüler und Lehrer zuerst versammeln, bevor die Schwimmstunde beginnt.
- Sie sollen den Geräteraum des Schwimmbades kennenlernen und erfahren, welche Geräte an welchem Ort aufbewahrt werden. Sie sollen die Regeln zur Aufrechterhaltung der Ordnung des Geräteraumes kennenlernen und beachten.
- Sie sollen die wichtigsten Baderegeln kennenlernen.

Lernzielbereich Wahrnehmung der Eigenschaften des Wassers

Auswirkungen des Wassers auf den menschlichen Organismus:
Dass der bloße Aufenthalt im Wasser schon eine Reihe von gesundheitlich positiven Auswirkungen im Wasser hat, soll hier nur stichpunktartig am Rande erwähnt werden:

Die positiven Auswirkungen des Wassers auf den Stütz- und Bewegungsapparat, den Blutdruck, die Herzschlagfrequenz, die Atemhilfsmuskulatur, die Steuermechanismen der Hautgefäße, das Nervensystem und die Stoffwechselfunktionen wurden schon im Abschnitt Bewegen im Wasser unter dem Aspekt der Gesundheit erläutert.

Die Auseinandersetzung mit dem Element Wasser während der Phase der Wassergewöhnung ist in erster Linie eine sensorische. Die Schüler sammeln Erfahrungen, welche Auswirkungen das Element auf ihren Körper hat. Während sie die Aufgabenstellungen der Lehrer noch bewusst aufnehmen und sowohl emotional (Angst), als auch kognitiv (im Sinne von Verstehen der Aufgabe und Ausführen der Aufgabe) verarbeiten, werden im Gegensatz dazu die sensorischen Eindrücke noch unbewusst (INNENMOSER) aufgenommen. Ihre (unbewusste wie bewusste) Verarbeitung ist die Voraussetzung für eine sich anschließende aktive Auseinandersetzung mit den Auswirkungen des Wassers in der Phase der Wasserbewältigung.

Lernziele zum Bereich „Wahrnehmung der Reize, die das Wasser schon beim bloßen Aufenthalt in diesem Medium auf den menschlichen Körper ausübt“:

a. – Die Schüler sollen die Eigenschaft der Feuchtigkeit des Wassers empfinden.
b. – Sie sollen sich an den Kältereiz gewöhnen.
c. – Sie sollen sich an den Wasserdruck gewöhnen:
– Sie sollen lernen, ihre Einatmung dem verstärkten Druck des Wassers auf ihren Brustkorb anzupassen.
d. – Sie sollen Wasserspritzern gegenüber unempfindlich werden.
e. – Sie sollen ihren Körper immer tiefer in das Wasser eintauchen.
f. – Sie sollen ihr Gesicht und ihren Hinterkopf auf die Wasseroberfläche legen.

Anmerkungen zur Körperwahrnehmung im Wasser:
Das Wahrnehmen und Einordnen von Sinnesreizen wird im Unterricht der Primarstufe immer häufiger thematisiert. Auch der Aufenthalt im Wasser gibt eine gute Gelegenheit dazu. Gesammelte Erfahrungen lassen sich im Sachunterricht vertiefen.

Das beginnt schon bei der *Temperatur des Wassers*. Empfindet ein Mensch z.B. eine Lufttemperatur von unter 0 Grad Celsius als sehr kalt, bis 10 Grad als kalt, bis 15 Grad als frisch, bis 20 Grad als kühl, bis 25 Grad als warm und darüber hinaus als heiß, so wird er bei gleichen Wassertemperaturen seine Meinung schnell ändern. Wassertemperaturen unter 20 Grad werden von den meisten Menschen als ziemlich kalt beurteilt und erst ab einer Temperatur ab ca. 30 Grad fühlt man sich beim nicht sportlichen Aufenthalt im Wasser wohl. Auch in der Umkleidekabine werden unsere Schüler ähnliche Erfahrungen machen. Kommen sie beim Auskleiden in der warmen Kabine noch ins Schwitzen, so finden sie den Raum nach Verlassen der Duschen mit noch nasser Haut ziemlich kühl. Kann der einzelne Schüler sich in der Kabine durch das Abtrocknen noch schnell wieder aufwärmen, so hilft im Wasser nur die Bewegung. „Schuld“ daran ist die erhöhte Wärmeleitfähigkeit des Wassers gegenüber der Luft. Sie lässt den Körper (vor allem die Extremitäten) auskühlen, wenn man sich nicht rechtzeitig bewegt.

Steigt ein Schwimmanfänger ins Schwimmbecken und ist dann auch noch so mutig, sich auf den Beckenboden zu setzen, so dass nur noch sein Kopf herausschaut, so beschleicht ihn schnell ein drückendes Gefühl. Das ist nicht etwa die ohnehin schon vorhandene Angst, sondern vielmehr der *hydrostatische Wasserdruck*, der sich besonders beim Atmen unangenehm bemerkbar macht. Je tiefer ein Körper ins Wasser eintaucht, desto größer wirkt der hydrostatische Wasserdruck auf ihn ein. Wer einmal ca. 5 Meter tief getaucht ist und das Prinzip des Druckausgleichs der Ohren nicht kannte, wird die für die Ohren schmerzhafte Druckerfahrung nicht vergessen haben. Unsere Schüler müssen in der Phase der Wassergewöhnung lernen, trotz des Wasserdrucks auf die Lungen noch kontrolliert und unbefangen zu atmen.

Auch das Laufen im Wasser wird behindert. Es ist unmöglich, sich so schnell wie an Land fortzubewegen, da jede Bewegung durch den *Wasserwiderstand* gebremst wird.

Andererseits fallen den Schwimmanfängern Sprungbewegungen im etwa brusttiefen Wasser viel einfacher (auch wenn sie anfangs noch Furcht vor solchen Sprüngen haben, da sie meinen, sie könnten leicht dabei ausrutschen und ins Wasser fallen). Hier macht sich die *Auftriebswirkung des Wassers* auf den eingetauchten Körper positiv bemerkbar.

Lernzielorientierte Spielvorschläge (Die Reihenfolge der Spiele ist keine methodische):

Duschwandertag:
Alle Schüler befinden sich im Duschraum. Sie bereiten sich auf einen Wandertag vor. Doch plötzlich beginnt es zu regnen (duschen). Das ist jedoch kein Problem, da der Lehrer die verschiedensten Arten von Regenschutz mitgebracht hat. Leider ist nicht jeder Regenschutz gleich gut geeignet: Regenschirm, Regenmantel, Regenjacke, Regenkapuze, Plastiktüte, Eimer, Illustrierte. Wer schützt sich wie? Wer benutzt nur seine Hände zum Schutz oder geht sogar mutig so durch den Regen. Bei jedem neuen Durchgang kommt das regenschützendste Kleidungsstück abhanden. Variationsmöglichkeit: Warmer und kalter Regen.

Wellenbad:
Alle Schüler stehen am Beckenrand und halten sich an der Überlaufrinne fest. Durch aktives – aber gleichzeitiges – Abdrücken des Oberkörpers nach hinten und sich daran anschließendes – gleichzeitiges – Heranziehen des Oberkörpers zurück an den Beckenrand werden bei ständiger Wiederholung Wellen erzeugt. Die Schüler können hier auch schon den Wasserwiderstand spüren.

Es folgt nun eine Reihe von Singspielen, die so ausgewählt wurden, dass sie allesamt bekannt sein müssten und sofort ohne langes Text- und Melodienrätseln eingesetzt werden können. Selbstverständlich eignen sich auch Ihre eigenen Klassenlieder dazu. Die Hauptsache ist, dass zum Singen Bewegungen gemacht werden, die den o.g. Lernzielen entsprechen.

Singspiel: Häschen in der Grube
- Aufenthalt in der Beckenmitte, Hüpfen, immer tiefer im Wasser sitzen.

Singspiel: Alle meine Entchen
- Aufenthalt in der Beckenmitte, Gesicht(-steile) auf die Wasseroberfläche legen, immer tiefer im Wasser sitzen, spritzen (scharren).

Singspiel: Der Bibabutzemann
- Aufenthalt in der Beckenmitte, Wirft sein Säckchen hinter sich = Wasser nach hinten spritzen oder Abwandlung in: auf den Popo setzt er sich, das Gesicht das wäscht er sich...

Singspiel: Die fleißigen Handwerker
- Aufenthalt, verschiedene Bewegungsaufgaben und Fortbewegung in der Beckenmitte.

Singspiel: Die fleißigen Waschfrauen
- Aufenthalt in der Beckenmitte, Kopf der Wasseroberfläche nähern, Spritzen, verschiedene andere Bewegungsaufgaben und Fortbewegung in der Beckenmitte.

Gestikspiel: Aramsamsam
– Aufenthalt, verschiedene Bewegungsaufgaben in der Beckenmitte.

Singspiel: Die Zipfelmütz
– Aufenthalt, verschiedene Bewegungsaufgaben und Fortbewegung in der Beckenmitte.

Singspiel: 1, 2, 3 im Sauseschritt
– Fortbewegung in der Beckenmitte, Gesicht in die Nähe der Wasseroberfläche.

Singspiel: Wir wollen eine Reise machen
– Fortbewegung vom Beckenrand bis in die Beckenmitte, beim Durchqueren von Tunneln und Unterqueren von Brücken das Gesicht an die Wasseroberfläche bringen.

Abb. 2: „Wir wollen eine Reise machen..." und die geht im erst mal weg vom sicheren Beckenrand (integrative Sportgruppe).

Singspiel: Die Eisenbahn, die Eisenbahn
- Fortbewegung vom Beckenrand bis in die Beckenmitte, Gesicht in die Nähe der Wasseroberfläche bringen.

Alle Übungen sollen zunächst nur im knietiefen Wasser stattfinden. Ängstliche Schüler sollen auch die Erlaubnis erhalten, sich vom Beckenrand oder der Einstiegstreppe aus mit dem Wasser im Becken auseinanderzusetzen. Die übrigen Schüler sollen zunehmend versuchen, den „sicheren“ Bereich des Beckenrandes zu verlassen und sich immer weiter in die Beckenmitte zu wagen. Sie können dabei folgende Hilfestellungen erhalten:

- Führung durch einen Mitschüler (zunächst direkt, später indirekt durch ein dazwischengehaltenes Objekt, wie einen Gummireifen, ein Seil, Lieblingspuppe...).
- Führung durch die Gruppe (Polonaise).
- Selbständig, jedoch motiviert durch Spielsachen, die sich in der Beckenmitte befinden oder durch ein vorgeschlagenes und

Abb. 3: Wir haben keine Angst mehr vor Wasserspritzern und machen einen Springbrunnen.

bei den Schülern beliebtes Kreis-Singspiel, das in der Beckenmitte stattfinden soll. Die Schüler sollen sich durchaus im flachen Wasser hinsetzen. Mutige Schüler können sich sogar so tief ins Wasser legen, dass nur noch der Kopf aus dem Wasser herausschaut. Sobald sich die Schüler im knietiefen Wasser relativ sicher fühlen, kann die Wassertiefe verändert werden.

Im Folgenden werden die Wahrnehmungen schon etwas bewusster, da die Aufgabenstellung den Schülern die Möglichkeit zum Vergleich mit an Land gemachten Erfahrungen gibt.

Lernzielbereich zielgerichtete Fortbewegung im Wasser durch Überwindung des Wasserwiderstandes

Lernziele:

a. – Die Schüler sollen lernen, den Wasserwiderstand zu überwinden, indem sie im Wasser mit verschiedenen Tiefen (vorwärts, rückwärts und eventuell seitwärts) gehen, laufen, hüpfen, tanzen, kriechen, robben... (vom Lehrer festgelegte Fortbewegungsart).

b. – Sie sollen zur Unterstützung der festgelegten Fortbewegungsart ihre Arme zum Abstoßen vom Wasserwiderstand einsetzen.

Anmerkungen zum Wasserwiderstand in der Fortbewegung:
Dass Wasser eine sehr viel höhere Dichte hat als Luft, merkt der Schwimmanfänger recht schnell, wenn er versucht, sich flink im Wasser fortzubewegen. Alle ins Wasser eingetauchten Körperteile werden bei jeder Bewegung gebremst. Das ist für den Anfänger zunächst eine unangenehme Erfahrung, da er sich in den Ausführungen seiner Bewegungen behindert fühlt. Dazu kommt noch das beängstigende Gefühl, beim Laufen im Wasser auf dem Beckenboden evtl. ausrutschen zu können. Die ersten Versuche, sich dieser Bremswirkung zu entziehen, laufen meistens auf eine Ökonomisierung der Bewegung hinaus: Beim Laufen im knietiefen Wasser werden die Beine zumeist über Wasser geführt, um dem Wasserwiderstand zumindest kurzzeitig ausweichen zu können. Viele Anfänger nehmen auch

im schultertiefen Wasser die Arme aus dem Wasser, um so die Widerstandsfläche zu verringern. Damit haben sie schon eines der wichtigsten Prinzipien der (später schwimmenden) Fortbewegung im Wasser richtig umgesetzt: Das Herabsetzen des Frontalwasserwiderstandes. Ein anderer positiver Aspekt des Wasserwiderstandes findet allerdings bei diesen Anfängern noch keine Beachtung: Die Ausnutzung des Abdruckwiderstandes. Die Kraft, die einen in der Laufbewegung vorwärtspendelnden Arm im Wasser bremst, kann zumindest teilweise genutzt werden, indem ein Wasserläufer die normalerweise eher locker nach hinten pendelnden Arme aktiv benutzt, um sich vom Wasser abzustoßen.

Der Aufenthalt im Wasser hat also zwei schwerwiegende Konsequenzen für die Fortbewegung:

1. Der Schwimmanfänger soll versuchen, den Frontalwasserwiderstand so gering wie möglich zu halten (durch Verringerung der Angriffsfläche).

2. Er soll versuchen, den möglichen Abdruckwiderstand des Wassers zu finden und auch auszunutzen.

Spiele zu den oben genannten Zielschwerpunkten (Die Reihenfolge der Spiele ist keine methodische):

Es eignen sich viele einfache und unkomplizierte Laufspiele, die den Schülern jedoch auch aus dem Sportunterricht schon bekannt sein sollten. Eine Neuerarbeitung im Wasser ist wenig sinnvoll, da das Risiko des Auskühlens zu hoch ist. Da diese Laufspiele den meisten Sportunterrichtenden ohnehin bekannt sind, werden sie nur namentlich aufgeführt und aus Platzgründen nicht weiter erklärt. Fachunkundigen Kollegen sei das Buch von DÖBLER/DÖBLER „Kleine Spiele“ empfohlen (siehe Literatur). Bei älteren Schülern sind vielfach auch einfache Ballspiele geeignet. Neben der Überwindung des Wasserwiderstandes liegt eine weitere Zielsetzung darin, den Körper immer tiefer in das Medium einzutauchen. Schließlich sollen die Schüler auch das Gesicht der Wasseroberfläche annähern und letztendlich auch auf die Wasseroberfläche legen.

Die Übungen sollten zunächst im etwa knietiefen Wasser beginnen und sich dann über etwa hüfttiefes bis zum schultertiefen Wasser fortsetzen.

In allen drei Wassertiefen soll von Beginn an das Hinstellen über das Anhocken der Beine aus den verschiedensten Körperpositionen geübt werden!!!

Ball (o.ä.) erobern
Der Lehrer wirft einen Ball in die Beckenmitte. Zwei Mannschaften versuchen jeweils von ihrer Beckenseite aus, den Ball zu erobern. Der Lehrer schreibt die Fortbewegungsart vor. Bei diesem Spiel (wie auch bei den folgenden Spielen) sollten Sie den Schülern immer mehrere Bewegungsvorschläge machen: *„Wer kann die Bälle beim Vorwärts-, Rückwärts-, oder Seitwärtslaufen, beim Hüpfen, beim Tanzen zu zweit, beim Kriechen oder beim Robben erobern?“*
Material: Ball oder Auftriebskörper

Vorsicht, heiße Bälle!
Auf dem Wasser schwimmen viele Bälle aus dem Kugelbad. Diese Bälle sind heiß und dürfen von keinem berührt werden (sonst muss der Schüler zeitweilig ausscheiden). Der Lehrer legt die Fortbewegungsart fest. Variationsmöglichkeit: Ein Fänger bringt Bewegung ins Spiel. Mit einem Schwimmreifen um den Bauch vor den heißen Bällen geschützt, versucht er, die anderen zu fangen (kurzzeitiges Ausscheiden).
Material: Bälle aus dem Kugelbad (Psychomotorikfachhandel) oder verschiedene kleine auftreibende Bälle.

Klaut den anderen die Bälle (Ringe, etc.)!
Es werden zwei Mannschaften gebildet, denen an ihrer Beckenseite eine bestimmte Anzahl von farblich unterschiedlichen Bällen zugeordnet wird. Jede Mannschaft versucht nun, zur anderen Beckenseite zu laufen, um der gegnerischen Mannschaft die Bälle zu klauen. Nach einer festgelegten Spielzeit werden die Bälle gezählt. Die Fortbewegungsart wird vom Lehrer vorgeschrieben.
Material: Bälle aus dem Kugelbad (Psychomotorikfachhandel) oder verschiedene kleine auftreibende Bälle.

Das Glöckchenspiel
Über die Beckenmitte ist eine Zauberschnur gespannt, an der für jeweils eine Mannschaft ein Glöckchen hängt. Die Mannschaften laufen zu ihrer Glocke. Erst wenn alle Mannschaftsmitglieder angekommen sind, dürfen sie läuten und dann wieder zu ihrem Ausgangspunkt zurücklaufen. Die Fortbewegungsart wird vom Lehrer festgelegt.
Material: Zauberschnur und Glöckchen

Ausscheidungswettspiel
Eine bestimmte Anzahl von Schülern startet ein Wettlaufen im Wasser. Die Besten kommen ins Finale. Der Lehrer gibt die Fortbewegungsart vor. Variationsmöglichkeit: Die Schüler durchlaufen einen Parcours, bei dem sie Objekte (Reifen, Stäbe, Seile...) – die von ihren zur Zeit nicht teilnehmenden Mitschülern gehalten werden – über-, unter- und durchqueren oder (spaßige) Aufgaben erfüllen sollen.
Material: Stäbe, Reifen, Seile ...

Kettenfangen
Zwei Schüler fassen einander an den Händen und versuchen so, einen der anderen Mitschüler zu fangen. Gelingt ihnen dieses, so schließt sich der dritte dieser Kette an (usw.). Die Fortbewegungsart ist durch den Lehrer zuvor festgelegt worden.
Material: –

Das Krokodil mit dem goldenen Schwanz
Ein sagenumwobenes, sehr böses Krokodil vom Nil soll angeblich einen Schwanz aus purem Gold haben. Einige Abenteurer haben es nun gefunden und versuchen, ihm diesen Schwanz abzuschneiden (Seil aus der Badehose ziehen). Sie schleichen sich also an das Ungeheuer heran und versuchen, den Schatz zu klauen. Doch wehe, wenn das Ungeheuer wütend wird, dann flüchten alle Abenteurer. Wer erwischt wird, scheidet aus. Der Lehrer legt die Fortbewegungsart der Abenteurer fest.
Material: 1 Seil

Tupfball
Jeder Schüler bekommt einen Ball, mit dem er seine Mitschüler abtupfen soll (Jeder gegen Jeden). Wer abgetupft ist, scheidet aus. Der Lehrer schreibt die Fortbewegungsart vor.
Material: Softbälle (Schaumstoff)

Transportstaffeln
Zwei Mannschaften versuchen in einer Umkehrstaffel, verschiedene Gegenstände zur anderen Beckenseite zu transportieren. Das kann mit Händen, Füßen, auf dem Kopf, mit der Schulter, mit dem Hals, mit dem Kinn, mit dem Mund, mit der Nase... erfolgen. Die zugrundeliegende Fortbewegungsart wird jeweils vom Lehrer festgelegt. Variationsmöglichkeit: Die Schüler müssen auf ihrem Transportweg einen Hindernisparcours überwinden.
Material: Schwimmbretter, Pullbuoys, Bälle, ...

Schwanz ab!
Alle Schüler haben einen kleinen Gummireifen (Schwanz) hinten in ihrer Badekleidung eingesteckt, der zum Teil aus der Kleidung hervorschaut. Jeder versucht, so viele Schwänze wie möglich zu fangen, ohne den eigenen zu verlieren. Wer hat zuletzt die meisten Schwänze?
Vorgeschriebene Fortbewegungsart.
Material: Tauchringe in der Anzahl der Schüler

Wie spät ist es, Herr Hai?
Alle Schüler umkreisen in der vorgeschriebenen Fortbewegungsart einen Schüler, der den Hai spielt. Immer wieder trauen sie sich nah genug an ihn heran, um ihn flüsternd zu fragen: „Wie spät ist es, Herr Hai?“ Meistens antwortet dieser nur müde mit der Uhrzeit. Irgendwann brüllt er jedoch „Fresszeit!!!“. Jetzt beeilen sich alle Schüler, in der vorgegebenen Bewegungsart den Beckenrand zu erreichen.

Variation: Nach und nach werden immer mehr Beckenränder als Zufluchtsort gestrichen, bis nur noch ein Beckenrand als Freimal übrigbleibt. Gefangene Menschen werden selbst zu Haien oder werden zu einer zuvor vereinbarten Grotte gebracht, aus der sie befreit werden können, solange die Fressenszeit noch anhält (wird von der Lehrkraft beendet).
Material: –

Versteinerungshaschen
Wer gefangen wird, bleibt versteinert stehen, bis er von seinen Mitspielern wieder befreit wird.
Vorgeschriebene Fortbewegungsart.
Material: –

Haschspiele mit Freimal(en)
An den Freimalen können sich die Gejagten vor ihren Jägern (Raubfische) ausruhen. Oder sie dürfen nicht gefangen werden, wenn sie eine bestimmte vorgegebene Aufgabe erfüllen (z.B. das Gesicht auf's Wasser legen).
Vorgeschriebene Fortbewegungsart.
Material: eventuell Objekte zur Markierung der Freimale

Haltet den Korb voll
Ein Schüler entleert einen Wäschekorb mit Bällen, indem er sie einzeln hinauswirft. Die anderen Schüler bringen diese Bälle in der vorgeschriebenen Fortbewegungsart zurück.
Material: Wäschekorb mit Bällen (Kugelbadbälle)

Jägerball
Wer getroffen wird, scheidet aus.
Vorgeschriebene Fortbewegungsart.
Material: ein leichter, weicher Ball

Tauziehen
Die Ausführung entspricht der an Land, jedoch darf das Seil nur mit einer Hand festgehalten werden. Der Zielschwerpunkt liegt im Ausnutzen des Abdruckwiderstandes mit dem freien Arm.
Material: ein sauberes Seil oder im Notfall eine Schwimmleine

Lernzielbereich Auftrieb

Übungen in Bauch- und Rückenlage:

Anmerkungen zum Auftrieb:
Beim Aufenthalt eines menschlichen Körpers wirken zwei Kräfte auf ihn ein: Das Gewicht der Person, das versucht, ihn im Wasser unterzutauchen und der Auftrieb des Wassers, der seinerseits versucht, Objekte und Menschen mit einem großen Volumen und mit einem niedrigeren spezifischen Gewicht als das Wasser selbst zur Wasseroberfläche zu treiben.

Je größer die mit dem Volumen eines menschlichen Körpers verdrängte Wassermenge ist, desto größer ist auch die Auftriebswirkung. Wenn sich zwei Personen mit gleichem spezifischen Gewicht, jedoch mit unterschiedlichem Volumen im Wasser aufhalten, so wird die Person mit dem größeren Volumen eine stärkere Auftriebskraft erfahren, da sie mehr Wasser verdrängt als die andere Person. Halten sich jedoch zwei Personen mit dem gleichen Volumen, aber mit unterschiedlichem spezifischen Gewicht im Wasser auf, so wird die Auftriebswirkung für die Person mit dem geringeren spezifischen Gewicht größer sein. Ist also das Körpergewicht der vom Volumen des Körpers verdrängten Wassermenge geringer als das Gewicht dieser verdrängten Wassermenge, so schwebt ein Körper im Wasser.

Dass unterschiedliche menschliche Körper auch unterschiedliche Volumen haben können, ist für jeden Schwimmbadbesucher offensichtlich. Allerdings lassen sich über das spezifische Gewicht der zu vergleichenden Personen vom Ansehen her nur Vermutungen anstellen. Dazu kommt noch, dass innerhalb des menschlichen Körpers verschiedene Körperteile verschiedene spezifische Gewichte haben. Ein Knochengerüst alleine wird im Wasser auf Grund seines hohen spezifischen Gewichtes sinken. Glücklicherweise sind wir von Haus aus mit mehr oder weniger wirkungsvollen „Auftriebskörpern" ausgestattet: Fettgewebe, Muskelgewebe und Körperhohlräume. Insbesondere die Hohlräume der Lungen haben eine deutliche Auswirkung auf das Verhalten eines schwebenden Körpers im Wasser. Das vor allem durch Einatmung verringerte spezifische Gewicht des Oberkörpers führt zu einer Begünstigung seines Auftriebs, während das spezifisch höhere Gewicht der Beine zu einem Absinken des Unterkörpers führt. In aller Regel reichen unsere natürlichen Auftriebskörper aus, um das spezifisch schwere Gewicht der Knochen auszugleichen, so dass wir mit unserem Körper im Wasser schweben können. Nichtschwimmer mit einem sehr schweren spezifischen Gewicht werden später einen Teil ihrer Schwimmbewegungen zur Verbesserung ihrer schlechten Auftriebsbilanz opfern müssen. Der Anteil der Schwimmbewegungen, die eigentlich vorrangig dem Vortrieb gelten sollen, wird dadurch im Vergleich zu „normalgewichtigen" Personen zwangsläufig geringer ausfallen müssen.

Das Wissen um die unterschiedlichen Auswirkungen des Auftriebs auf den (die) menschlichen Körper führt in Verbindung mit dem Wissen der Furcht der Schwimmanfänger vor dem Untergehen im Wasser zu einigen methodischen Konsequenzen. Zunächst einmal müssen wir unseren Schülern begreiflich machen, dass es das Phänomen des Auftriebs überhaupt gibt. Es geht dabei natürlich weniger um das Verstehen von physikalischen Gesetzmäßigkeiten, als vielmehr um das spielerische Erleben der Auswirkung des Phänomens. Das soll in handlungsorientierten Spielsituationen geschehen, an deren Ende die Schüler ihre persönlichen Erfahrungen und Erlebnisse schildern.

Um ihre Furcht vor einem Untergehen im Wasser zu mildern, sollen die Übungsspiele natürlich nur in einer Reihenfolge angeboten werden, die den Schülern immer nur so wenig Mut wie nötig abverlangt. Deshalb beginnen die Spiele zunächst mit Erfahrungen im spielerischen Umgang mit auftreibenden Spielobjekten. Sie setzen sich fort mit Spielen, bei denen zunächst noch eine Teilkörperschwebe im Vordergrund steht.

Gerade die Übungen zur Teilkörperschwebe – insbesondere das Stützeln – haben meines Erachtens Schlüsselfunktionen beim Erlernen des Schwimmens. Die Schüler experimentieren schon jetzt mit den Schwimmlagen und die danach zusätzlich benutzten Flossen lassen viele Schüler unglaublich mutig werden. Viele Kinder schwimmen im stütztiefen Wasser zum ersten Mal und formulieren es auch so: „Ich kann schwimmen!!!" In ihrer späteren Erinnerung ist fast immer dies der Moment gewesen, in dem sie ihrer Meinung nach das Schwimmen gelernt haben. Und um diesen motivierenden Moment möglichst früh zu erreichen, wird der Lernzielbereich Auftrieb auch zuerst dargestellt. Sie sollten die Schüler auch viele Spiele im Stützeln (Bauch- und Rückenlage) spielen lassen, um den Lernzielbereich zu vertiefen (Viele Schwimmspiele, die erst im Kapitel 5.5 dargestellt werden, eignen sich ebenfalls dazu).

Erst danach wird die Ganzkörperschwebe zum Zielschwerpunkt. Dabei ist es unumgänglich, die Lernvoraussetzungen für die Übungen zur Ganzkörperschwebe zu beachten und eventuelle Defizite durch entsprechende andere Übungen auszuräumen.

Bevor die Schüler den Auftrieb am eigenen Körper erleben, indem sie sich ohne Bewegung ins Wasser legen, müssen sie sich angstfrei unter Wasser aufhalten und orientieren können!

Erst mit den Erfahrungen, die sie unter Wasser gemacht haben, können sie sich mit der furchtbeladenen Situation auseinandersetzen, eventuell auf den Grund abzusinken. Dennoch werden einige Schüler überrascht sein, dass dieser Abwärtsbewegung bald von alleine Einhalt geboten wird und sich der Körper wieder nach oben bewegt. Durch die verschiedenen Lernziele, die beim Tauchen angestrebt werden, haben die Schüler ohnehin schon Erfahrungen mit den Schwierigkeiten gemacht, am Beckenboden zu bleiben. Jetzt kommt es darauf an, so viel Mut aufzubringen, sich dem Schwebezustand (solange der Luftvorrat reicht) hinzugeben.

Die verschiedenen Auftriebspositionen haben unterschiedliche Auswirkungen auf die Lagestabilität im Wasser. Es ist daher sinnvoll, zunächst mit den stabileren Lagen zu beginnen (gestreckt in Bauch- und Rückenlage mit gegrätschter und geschlossener Beinhaltung), bevor man die instabile Lage der Hockschwebe (Auftreiben mit unter den Körper angezogenen Beinen) versucht. Den Übungen zum statischen Auftrieb schließen sich Übungen zum Auftrieb in der Bewegung (dynamischer Auftrieb) an. Die Schüler sollen sich hierbei mit der eigentlichen Zielsetzung des Schwimmens auseinandersetzen, nämlich der (zielgerichteten) Fortbewegung im Wasser, ohne zu laufen. Weitere Einzelheiten dazu im Kapitel „Gleiten“.

Lernziele:

a. – Die Schüler sollen das Phänomen des Auftriebs beim Umgang mit verschiedenem Spielmaterial kennenlernen.
b. – Sie sollen ihre Erfahrungen verbalisieren.

Spiele zu den Zielschwerpunkten:

Schwimmbrett-Rodeo:
Jeder Schüler versucht, sich im flachen Wasser auf ein Schwimmbrett zu setzen. Wer kann darauf sitzenbleiben? Wer kann mit diesem Schwimmbrett noch hüpfen (reiten)? Variation: Mehrere Schwimmbretter übereinanderlegen. Erfahrungen verbalisieren lassen.
Material: Schwimmbretter in der Anzahl der Schüler

Flaschenpost:
Jedes Paar bekommt eine leere verschraubbare Plastikflasche (Mineralwasser) und etwas Kleinstspielzeug (Perlen, Murmeln, Legosteine...), das in die Flasche passt. Ein Kind spielt den Postboten, der dem anderen Kind das von ihm gewünschte Spielzeug von der anderen Beckenseite herüberholt. Der Flaschentransport erfolgt immer unter Wasser. Wechsel nicht vergessen. Erfahrungen verbalisieren lassen.
Material: verschraubbare Plastikflaschen mit Kleinstspielzeug

Transportspiel:
Verschiedene auftreibende Materialien, wie Schwimmbretter, Armreifen, Bälle ... sollen unter Wasser auf die andere Seite transportiert werden. Welche Mannschaft hat ihre Sachen zuerst hinübergebracht?
Material: s.o.

Fließbandarbeiter:
Zwei Mannschaften werden gebildet. Die Schüler der jeweiligen Mannschaft stehen in einer Reihe hintereinander und grätschen die Beine zu einem Tunnel. Auf Startzeichen reicht der jeweils erste Schüler einen Auftriebskörper (aufblasbare Tiere, Bälle, Pullbuoys...) durch seine Beine zu seinem Hintermann weiter (usw.). Sieger ist die Mannschaft, deren Auftriebskörper zuerst beim letzten Mann angekommen ist. Die

Gegenstände dürfen nur unter Wasser weitergereicht werden. Flutscht doch einmal ein Gegenstand nach oben, so muss die Mannschaft wieder von vorne beginnen. Luftballone rutschen besonders gemein weg.
Variationsmöglichkeiten:

a. Eine begrenzte Anzahl von Spielsachen wird nach hinten gereicht. Sieger ist die Mannschaft, die zuerst alle Spielsachen bei ihrem Hintermann hat.
b. Wenn der Gegenstand beim Hintermann angekommen ist, läuft dieser nach vorne (er hält dabei den Gegenstand immer noch unter Wasser) und beginnt erneut mit dem Weiterreichen. Wer ist der Sieger nach einem Durchgang?
Material: aufblasbare Tiere, Bälle, Pullbuoys...

Drückball:
Zwei Mannschaften spielen gegeneinander. Der Lehrer gibt den jeweils ersten Schülern der Mannschaften, die in zwei Reihen stehen, einen Ball. Sie sollen diesen unter Wasser gedrückt bis zu einem Reifen transportieren, ihn von unten durchflutschen lassen, wieder aufnehmen und unter Wasser zu dem Mitglied ihrer Mannschaft zurückbringen, welches an der Reihe ist. Umkehrstaffel.
Variationsmöglichkeiten:
Lernvoraussetzung: Die Schüler müssen sich laufend im Schwimmbecken fortbewegen können.

- Als Mannschaftsspiel auf zwei Reifen (vgl. Korbball). Sobald der Ball außerhalb eines Reifens an die Wasseroberfläche gelangt, erhält die gegnerische Mannschaft ihn.
- Im ganzen Schwimmbecken liegen viele Tischtennisbälle auf dem Wasser. Zwei Mannschaften versuchen, ihre farblich gekennzeichneten Tischtennisbälle in den Reifen ihrer Mannschaft zu bringen. Sieger ist die Mannschaft, der dies zuerst gelingt.
Material: Bälle, Reifen, farblich gekennzeichnete Tischtennisbälle, Kugelbadbälle

Lernziel:

c. – *Die Schüler sollen die Auftriebsfähigkeit ihres eigenen Körpers beim Sitzen im Wasser kennenlernen und anwenden (Teilkörperschwebe).*

Spiele zu dem Zielschwerpunkt:
Lernvoraussetzungen:
Die Schüler müssen ihren Körper tief ins Wasser eintauchen können und gelernt haben, ihre Arme und Hände zum Abstoßen vom Wasserwiderstand zu benutzen.

Sitzwettrennen:
Alle Schüler sitzen mit gestreckten Beinen im flachen Wasser. Wer kann sitzend zuerst das andere Beckenende erreichen (vorwärts + rückwärts). Wer schafft es nur mit Hilfe von „rudernden" Armen, ohne dabei die Beine zu Hilfe zu nehmen?
Danach: Wer schafft dies nur mit Hilfe der Beine, ohne die Hände zu Hilfe zu nehmen? Zum Vergleich sollte danach der gleiche Wettkampf außerhalb des Schwimmbeckens stattfinden. Erfahrungen verbalisieren lassen.
Variation: Als Umkehrtransportstaffel
Material: –

Sitzball:
Zwei Mannschaften spielen gegeneinander und versuchen, einen Ball jeweils in das Tor des Gegners zu werfen.
Material: 1 Ball

Lernziel:

d. – *Die Schüler sollen die Auftriebsfähigkeit ihres eigenen Körpers beim Liegen im Wasser (mit dem Kopf auf den Stufen) kennenlernen und anwenden (Teilkörperschwebe in Schwimmlage).*

Spiele zu dem Zielschwerpunkt:
Diese Spielen finden im Flachwasser statt. Die Schüler liegen entweder auf dem Rücken und legen den Hinterkopf auf die Stufen oder sie liegen auf dem Bauch und halten ihre Arme verschränkt auf den Stufen und legen ihr Kinn darauf ab. Das

Liegen im Wasser ist für Anfänger zunächst recht ungewohnt und auch mit Angst besetzt. Neben dem Empfinden des Auftriebs liegt ein weiterer Zielschwerpunkt in der Gewöhnung an die später gebräuchlichen Schwimmlagen im Wasser. TIP: Bei den nächsten Spielen kühlen die Schüler schnell aus. Vorher und nachher sollten daher bewegungsintensive Spiele gespielt werden.

Achtung U-Boot:
Alle Schüler liegen mit den Stufen der Einstiegstreppe als „Kopfkissen" in einer Reihe. Ein Mitschüler führt ein U-Boot (Pullbuoy, kleiner Ball, o.ä.) unter ihnen hindurch. Aktives Abstützen mit den Händen oder Füßen ist nicht erlaubt (leichte Körperspannung ist jedoch erlaubt). Tip: Immer, wenn das U-Boot kommt, tief einatmen. Wechsel. Erfahrungen verbalisieren lassen. Was geschieht, wenn man tief einatmet? Was passiert, wenn der Mitschüler das U-Boot genau unter dem Körper loslässt?
Material: Pullbuoy, kleiner Ball

Trockendock:
Zwei Partner spielen zusammen. Während der eine Partner im Wasser liegt, lässt der andere ein Spielsegelboot über seinem Brust-Bauchbereich dümpeln. Durch tiefes Einatmen versucht der Liegende, seinen Oberkörper aufzutreiben, um so das Boot trockenzulegen. Wechsel. Verbalisieren lassen.
Material: Spielzeugboote

Lernziele:

e. – *Die Schüler sollen die Auftriebsfähigkeit ihres eigenen Körpers beim Stützeln kennenlernen und anwenden (Teilkörperschwebe).*
f. – *Sie sollen aus dieser Schwimmlage schnell wieder in eine sichere Standposition finden können.*

Anmerkung zum Wiederfinden einer sicheren Standposition:
Um eine sichere Standposition aus einer Schwimmlage heraus wiederzufinden, muss der Schwimmanfänger seine Beine aktiv unter seinen Oberkörper ziehen. Haben seine Hände keinen Kontakt mehr zum Beckenboden, benutzt er seine Arme, indem er sie

ebenfalls zeitgleich mit den Beinen in einer Gegendruckbewegung unter den Körper zieht. Durch diese aktive Arm- und Beinbewegung wird die zuvor ungünstige Schwerpunktverlagerung wieder so stabilisiert, dass der Schüler schnell mit seinen Füßen Bodenkontakt erhält.

Lernvoraussetzungen:
Bei Spielen zu diesem Zielschwerpunkt kann es immer mal zu „Ausrutschern" kommen, bei denen die Schüler kurzzeitig untertauchen. Um einem zu großen Schock vorzubeugen, sollten sie daher zuvor Spiele zu dem Zielschwerpunkt 'Körper und Kopf unter Wasser halten und Augen öffnen' bewältigt haben (siehe Lernzielbereich Tauchen).

Spiele zu dem Zielschwerpunkt:

- Die Schüler sollen sich für die folgenden Spiele bäuchlings wie rücklings in der Liegestützposition im Wasser bewegen. Die Arme sollen so weit gebeugt sein, dass der Kopf gerade noch aus dem Wasser herausschauen kann. Es sollte immer auch der Wechsel von der Bauch- in die Rückenlage und zurück durch die Drehung um die Längsachse geübt werden (laterale Rotation).
- Die Schüler sollen während des Stützelns in Bauch- und in Rückenlage versuchen, mit Flossen und später ohne Flossen einen Kraulbeinschlag als unterstützende Vortriebsquelle einzusetzen. Es handelt sich hierbei aber eher noch um ein Experimentieren der Schüler als um die korrekte Einführung des Kraulbeinschlages (vgl. Kapitel 5.2.1).

Fehlermöglichkeiten:
Die Beine sind beim Stützeln (bäuchlings) nicht gestreckt, so dass die Schüler im Wasser knien. Dadurch wird einerseits der Oberkörper nicht genügend tief ins Wasser eingetaucht, so dass dessen Hohlräume nicht genügend Auftrieb erzeugen können. Andererseits ist die Stützwirkung von Armen und Beinen insgesamt sehr viel größer als die Auftriebswirkung.

Spielvorschlag zur Fehlerkorrektur:
Ringlurchi:
Die Kinder spielen Lurche, die mit kleinen, sinkbaren Gummiringen eine Höhle bauen wollen. Da die Lurche ihre Arme zum Stützeln im Wasser benötigen, transportieren sie den Ring, indem sie ihre Zehen in den Ring stecken und nun den Ring beim Stützeln mit gestrecktem Körper hinter sich herziehen.
Falls die Schüler in der Rückenlage ebenfalls zu sehr mit den Füßen stützeln, so erhalten sie die Aufgabe, den Ring bei gestreckten Beinen mit den Fersen hinter sich herzuziehen. Eine weitere Fehlermöglichkeit besteht bei der Ausführung in der Rückenlage, wenn der Po fortwährend über den Boden schleift oder zwischendurch immer wieder zum zusätzlichen Abstützen benutzt wird. Korrekturmöglichkeit: Die Lurche sollen zusätzlich zu dem mit den Hacken transportierten Ring einen anderen auf dem Bauch transportieren. Dieser muss jedoch an der Wasseroberfläche zu sehen sein.
Material: Tauchringe in der Anzahl der Kinder

Leichte Lurche:
Die Schüler bringen zum Bau ihrer Höhle nun Pullbuoys mit nach Hause. Sie sollen diese zwischen den Oberschenkeln und später zwischen den Füßen einklemmen. Auch als Pendelstaffel geeignet.
Achtung: Die starke Auftriebswirkung der Pullbuoys führt zu einer instabilen Körperlage im Wasser, die bei gestreckter Körperhaltung und beim Transport mit den Füßen durch die weitere Entfernung von dem Körperschwerpunkt noch instabiler wird. Deshalb darf dieses Spiel nur in sehr flachem Wasser gespielt werden.
Unter keinen Umständen darf ein Auftriebskörper bei Anfängern an den Füßen befestigt werden, da sie sonst nicht mehr in der Lage sind, ihre Füße zum sicheren Stand unter den Körper zu ziehen!!!
Material: Pullbuoys in der Anzahl der Schüler

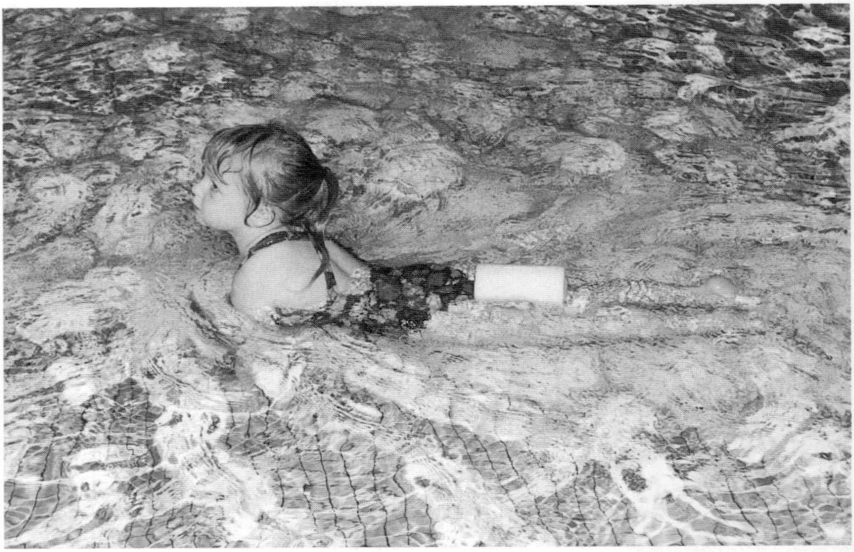

Abb. 4 und Abb. 5 Leichte Lurche (Stützeln in Bauch- und in Rückenlage)

Lurchralley:
Die Lurche durchlaufen einen Hindernisparcours, bei dem sie den Kopf zwischendurch auch auf die Wasseroberfläche legen sollen (Unterqueren von Stäben, Durchqueren von Reifen). Sie geraten dabei in immer tieferes Wasser (z.B. die Treppenstufen herab bei einem Hubbodenbad) und müssen sich an markierten Stellen oder auf Zuruf so schnell wie möglich hinstellen (Finden der sicheren Standposition durch Anziehen der Beine unter den Körper).
Material: Stäbe, Reifen, Seile

Krankentransport:
Die Schüler werden zunächst von den Lehrern, später auch von den Mitschülern durch das flache Wasser gezogen. Die Träger sollen dabei den Kranken so ziehen, dass sein Hals noch im Wasser verbleibt. Ein Lehrer bzw. zwei Schüler fassen die Kranken zum Transport unter den Achseln. Die Kranken sollen zunächst versuchen, sich einfach ziehen zu lassen, dann sollen sie den Boden nur noch mit dem Po und später mit den Fersen berühren. Außerdem sollen sie zwischendurch bewusst tief einatmen, um den Hohlraum zu vergrößern.
Material: –

Stützelfußball:
Die Regeln des normalen Fußballspiels bleiben erhalten (Torschüsse nur mit Bein, Fuß oder Kopf). Vorgeschriebene Bewegungsart bleibt das Stützeln bäuchlings oder rücklings (kein Sitzfußball!!!).
Material: 1 leichter Ball

Viele Spiele aus dem Bereich Wassergewöhnung – Fortbewegung sind ebenfalls auch beim Stützeln einzusetzen.

Vorsicht, Sturmgefahr:
Alle Schüler sind mit einem Boot (Luftmatratze, die beim Gehen im knietiefen Wasser von allen geschoben wird) hinausgefahren und nehmen nun ein Bad in einer malerischen Badebucht (Stützeln). Plötzlich ruft einer „Sturmgefahr“ und alle Schüler springen auf (Wiederfinden der sicheren Stand-

position), laufen zum Boot und bringen es sicher zum Hafen zurück.
Material: Luftmatratze oder Schwimmmatratze oder Schwimmreifen

Krebsgeschichte:
Krebse sind eigentlich faszinierende Tiere, bis jemand mal von einem gezwickt worden ist: Alle Schüler stützeln im Wasser umher und der Lehrer erzählt eine Urlaubsgeschichte aus seinen letzten Ferien am Meer. Hierbei fällt häufiger das Wort „Krebs". Jedesmal, wenn die Schüler das Wort hören, springen sie erschrocken in die Höhe (Wiederfinden einer sicheren Standposition). Der Letzte scheidet aus.
Material: eine Krebsgeschichte

Lernziel:

g. – *Die Schüler sollen die Auftriebswirkung ihres Körpers beim Stützeln durch Paddeln der Hände und Beine unterstützen.*

Spiele zu dem Zielschwerpunkt:

Tischtennisball-Treiben
Alle Schüler befinden sich in der Liegestützposition rücklings an der Treppe. Sie versuchen, mit ihren Füßen jeweils einen Tischtennisball soweit wie möglich von sich weg zu strampeln. Wessen Ball kommt am weitesten davon? Das Kinn muss während der Aktion die Wasseroberfläche berühren.
Material: Tischtennisbälle

Heißer Ball (o.ä.) in der Mitte
Die Schüler bilden im Liegestütz rücklings einen Kreis. Die Beine zeigen zum Zentrum. Dort schwimmt ein auftreibender Gegenstand, den die Schüler versuchen, mit Fußbewegungen von sich fernzuhalten. Sie dürfen jedoch nicht von dem Gegenstand berührt werden bzw. ihn selbst berühren.
Material: ein leichter Ball

Lernvoraussetzung: Angstfreier Aufenthalt unter Wasser

Hürdenlauf der Lurche:

Die Lurche sollen einen abgesteckten Hürdenparcours bewältigen, bei dem sie auf dem Beckenboden liegende Gegenstände (Ringe, Vollgummissteine...) beidhändig überhüpfen sollen. Wer schafft dies auch noch in der Rückenlage? Wer kann die zeitliche Länge des Schwebens im Wasser verlängern? Wie macht man das am besten (mit den Händen kurzzeitig paddeln)? Die Wassertiefe sollte fast die Länge der gestreckten Arme der Schüler betragen.

Vergleich der Erfahrungen im Wasser mit der gleichen Aufgabenstellung am Beckenrand (bei geringerer Höhe der Hürden).

Material: Ringe, Gummisteine, sinkbare Stäbe

Lernziel: Stützeln bei gleichzeitigem Flosseneinsatz

Die Seehundschule

Im Tierpark lernen die kleinen Seehunde kleine Kunststücke, die sie später dem Publikum vorführen sollen. Zur Belohnung werden sie natürlich nach jeder gelungenen Übung mit einem Fisch gefüttert!

a. Die Seehunde schwimmen eine Runde im Becken. In der Bauchlage machen sie dabei lustige Geräusche während sie ihren Kopf unter Wasser halten. In der Rückenlage legen sie den Kopf in den Nacken und versuchen, ihren Bauch an die Wasseroberfläche zu bringen. In beiden Fällen sollen sie mit den Flossen möglichst wenig spritzen (Die Flossen bleiben in der Bewegung unter Wasser.). Die Beine und Füße sollen beim Beinschlag relativ gestreckt gehalten werden.
b. Welcher Seehund kann dies auch, wenn er sich nur auf den Fingerspitzen abstützt (in Bauch- und Rückenlage).
c. Welcher Seehund traut sich schon, die Arme so weit einzuknicken, dass sein Kopf ganz unter Wasser ist. Wer kann hierbei die Flossen zum Vortrieb benutzen?
d. Wer kann schon ein kleines Stück unter oder über Wasser schwimmen, ohne mit den Händen den Boden zu berühren?

e. Wer kann so am weitesten schwimmen?
f. Wer kann so durch Reifen oder über Hindernisse schwimmen? Wer kann so einen Ball erobern?

Abb. 6: Stützeln mit Flossenunterstützung – eine besonders wichtige Phase, in der die Schüler schon sowohl mit dem Auftrieb als auch dem Vortrieb experimentieren.

Lernziel:

h. – *Die Schüler sollen die Fähigkeit des eigenen Körpers zum freien statischen Auftrieb im Wasser kennenlernen und anwenden (Ganzkörperschwebe).*

Spiele zu dem Zielschwerpunkt:
Lernvoraussetzungen:
– Die Schüler müssen sich sicher und ohne Angst unter Wasser aufhalten, orientieren und so zielgerichtet bewegen können, dass sie selbständig die Wasseroberfläche wieder erreichen

können. (Spielen Sie mit Ihren Schülern solange die Spiele aus dem Lernzielbereich Tauchen, bis die Schüler diese Lernvoraussetzungen erfüllen.)
- Sie müssen selbständig in der Lage sein, aus verschiedenen Körperlagen an der Wasseroberfläche und unter Wasser wieder in eine sichere Standposition zu gelangen.

Die Übungen erfolgen – frei auftreibend – in Bauch- und Rückenlage, gehockt und gestreckt.

Wichtiger methodischer Hinweis: Vor den im Folgenden aufgezeigten Spielen sollte auf Grund der hohen psychischen Anforderungen an die Schüler die Übung zunächst in der Einzelbetreuung (das heißt, die Lehrkraft geht mit einer Kleingruppe von ca. 5 Kindern ins Wasser und lässt die Kinder nacheinander die Übungen durchführen) erarbeitet werden, um dem einzelnen Schüler durch persönlichen Körperkontakt das nötige Gefühl der Sicherheit geben zu können. Das verlangt natürlich nach einem bewegungsintensiven Zwischenspiel, das die Schüler vor dem Auskühlen schützen soll. *Kinder, die nicht zu dieser Kleingruppe gehören, sitzen – wenn sie nicht in einer anderen Gruppe beaufsichtigt werden können – vorübergehend auf der Bank (An diesen Tagen sollten die Kinder eventuell ihr Badetuch mit ins Bad nehmen, um nicht auszukühlen).*

Die Kinder, die zum ersten Mal erleben, dass sie im Wasser ohne Bewegung frei auftreiben können, haben damit die wichtigste Stufe zum angstfreien „Genussschwimmen" erklommen.

In den im Folgenden aufgeführten Spielen handelt es sich um Spiele, die die Fertigkeit des statischen Auftreibens *festigen* sollen.

Die Makrelen und der Hai:
Ein großer Schwarm Makrelen zieht durch eine Bucht, in der ein immer hungriger Hai seine Bahnen zieht. Leider kann der Hai nicht mehr so gut sehen und erkennt deshalb nur noch Fische, die sich bewegen, als mögliche Opfer. Die Makrelen wissen dies und haben schnell erkannt, dass der Hai kein Interesse mehr an ihnen zeigt, wenn sie sich tot stellen. Die

Schüler lassen sich dazu entweder in der gestreckten Bauch- oder Rückenlage oder in einer Haltung mit an den Körper herangezogenen Beinen auftreiben. Regel: Nach dem Auftreiben erhalten sie einen Vorsprung von mindestens 3 Metern vor dem Hai, der sonst vermutlich einfach so lange warten würde, bis eine Makrele gerade mal wieder Luft holen muss.
Material: –

Bergung der kranken Delfine:
Am Meeresufer sind eine Vielzahl von gestrandeten Delfinen gesichtet worden, die anscheinend erkrankt sind. Ihre einzige Überlebenschance besteht darin, dass freiwillige Helfer die bewegungslosen Tiere vorsichtig zurück in die offene See ziehen. Die Schüler, die die Delfine spielen, lassen sich in einer der zuvor genannten Arten auftreiben.
Material: –

Abb. 7: Ein kranker Delfin wartet auf Bergung (Haltung = gestrecktes Auftreiben in Rückenlage).

Das Kokosnuss-Reaktions-Spiel:
Wenn Kokosnüsse von einer Palme ins Wasser fallen, treiben sie an der Wasseroberfläche. Die Schüler spielen in diesem Spiel eben solche ins Wasser gefallenen Kokosnüsse. Der Lehrer erzählt eine einfache Geschichte, in der häufiger das Wort Kokosnuss vorkommt. Jedesmal, wenn die Schüler das Wort hören, sollen sie mit unter dem Körper angezogenen Beinen wie eine Kokosnuss im Wasser treiben. Es scheiden die Schüler aus, die zuletzt zur Kokosnuss reagieren bzw. zuerst die Kokosnussposition aufgeben. Allein bei dieser Spielbeschreibung hätten Sie siebenmal diese Position einnehmen müssen.
Material: eine Kokosnussgeschichte

Abb. 8: „Auftreibende Kokosnuss" (Haltung = gehockt in Bauchlage)

Floßfahrt:
Alle Schüler fahren gemeinsam auf einem Floß einen reißenden Fluss hinunter (Die Schüler fassen sich in Kreisaufstellung an den Händen). Plötzlich geraten sie in einen Strudel, der das Floß immer schneller dreht (Der Schülerkreis dreht sich immer schneller und erzeugt im Becken so eine Strömung). Leider stößt das Floß dabei mit einem Fels zusammen und bricht vollständig auseinander. Alle Schüler fallen ins Wasser und werden von der Strömung des Flusses weggetrieben (Die Schüler lassen ihre Nachbarn los und treiben in einer der o.g. Auftriebshaltungen in der selbsterzeugten Strömung mit).
Material: –

Lernvoraussetzung: Ausatmung gegen den Wasserdruck aus der Nase
Mit der Tonne die Niagarafälle herunter:
In Amerika gibt es einen fragwürdigen Sport. Einige mutige (?) Menschen lassen sich in einer Tonne die Niagarafälle hinunterstürzen. Man kann sich nur schwer eine Vorstellung davon machen, wie diese Menschen kopfunter und kopfüber geschleudert werden müssen. Um der Vorstellungskraft ein wenig nachzuhelfen, eignet sich folgende Übung: Nehmen Sie doch einfach die Auftriebsstellung mit den unter dem Körper angezogenen Beinen ein. Dann soll ein Schüler Sie nach Herzenslust in alle möglichen Richtungen drehen und überschlagen, bis Sie im wahrsten Sinne des Wortes die Nase voll haben. Vielleicht findet sich nach einem so mutigen Vorbild auch ein ebenfalls mutiger Schüler, der es ihnen nachmacht. (Achtung: Für diese Übung sollte das Wasser mindestens schultertief sein, damit man sich nicht den Kopf am Beckenboden aufstößt!)
Material: –

Lernziel:

i. – *Die Schüler sollen das Auftreiben in der Gleitbewegung kennenlernen und anwenden (dynamischer Auftrieb).*

Spiele zu dem Zielschwerpunkt:

Lernvoraussetzungen:

- Die Schüler müssen sich sicher und ohne Angst unter Wasser aufhalten, orientieren und so zielgerichtet bewegen können, dass sie selbständig die Wasseroberfläche wieder erreichen können.
- Sie müssen selbständig in der Lage sein, aus verschiedenen Körperlagen an der Wasseroberfläche und unter Wasser wieder in eine sichere Stehposition zu gelangen.
- Sie müssen die statischen Auftriebsübungen beherrschen.
- Sie müssen ihren Körper gestreckt und unter Spannung halten können (vgl. Lernziele Gleiten).

Baumstämme flößen:
In Kanada werden die Bäume, nachdem sie gefällt worden sind, in die großen Seen befördert. Nach einer bestimmten Lagerungszeit sollen sie zu einer Art großem Floß zusammengebunden werden. Dazu müssen die Holzarbeiter die einzelnen Baumstämme zunächst zusammensuchen. Zwei Mannschaften werden gebildet. Innerhalb der zwei Mannschaften spielen zwei Schüler die Holzarbeiter, die ihre Mitschüler schnellstmöglich von einem Beckenrand zum anderen befördern. Diese Mitschüler liegen in gestrecker Bauch- bzw. Rükkenlage im Wasser. Ihr Körper muss während der „Schubphasen“ angespannt bleiben. Beeilung ist angesagt: Die Konkurrenz schläft nicht! Vorsicht am Beckenrand: Ein Schüler sichert den „Baumstamm“ vor der Kollision mit dem Beckenrand! Welche Mannschaft kann ein Floß von 3 (...) Baumstämmen von einer Beckenseite zur anderen schieben, ohne dass die Baumstämme auseinanderreißen?
Material: –

Wasserski
Ein Schüler, der die gestreckte Bauch- oder Rückenauftriebslage eingenommen hat, hält sich an einem Seil fest und lässt sich von zwei Mitschülern, die am Beckenrand entlanglaufen, durch das Wasser ziehen. Vorsicht: Verletzungsgefahr durch Ausrutschen der Ziehenden und Aufprall am gegenüberliegenden Beckenrand des Gezogenen.
Material: Seil mit guter Haltemöglichkeit

Lernzielbereich Atmung

Anmerkung zur Atmung:
Im Hinblick auf das später eventuell zu erlernende Schwimmen ist es wichtig, dass die Schüler auch unter Wasser ausatmen können. Ökonomische (im Anfängerbereich vor allem im Sinne von kraftschonende) Schwimmstile erfordern in der Bauchlage sofort nach der Einatmung die Wiedereinnahme einer strömungsgünstigen Schwimmlage. Hierfür wird dann der Kopf wieder ins Wasser gelegt, so dass nur unter Wasser wieder ausgeatmet werden kann.
Auch für das Tauchen ist die kontrollierte Ausatmung von sehr wichtiger Bedeutung. Die Auftriebswirkung des Körpers (Lungenhohlräume) kann so deutlich vermindert werden und der Schüler erreicht einfacher und schneller sein Tauchziel am Beckenboden.
Die Ausatmung sollte sowohl durch den Mund als auch durch die Nase erfolgen. Ein Ausatmen durch die Nase verhindert das sehr unangenehme Eindringen von Wasser in dieselbe.

Lernvoraussetzung:
– Fähigkeit zum willkürlichen Mundschluss

Lernziel:

a. – *Die Schüler sollen während des Aufenthalts im halstiefen Wasser bewusst und kontrolliert ausatmen.*

Spiele zu dem Zielschwerpunkt:

Schiffsregatta:
Die Schüler erhalten Segelboote, die sie von einem Hafen zum anderen pusten sollen.
Material: kleine Spielzeugschiffchen

Tischtennisball-Treiben:
Zwei Schüler stehen um einen Reifen, in dem ein Tischtennisball schwimmt. Jeder versucht, den Tischtennisball an den Reifeninnenrand des anderen zu blasen.
Material: Tischtennisball und auftreibender Reifen

Heiße Kugelbadbälle:
Im Schwimmbecken sind viele Kugelbadbälle, die alle zu heiß sind, als dass die Schüler sie mit den Händen beiseite schieben könnten. Da hilft nur Pusten, Pusten, Pusten...
Material: Kugelbadbälle

Abb. 9: Heiße Kugelbadbälle werden aus dem Weg gepustet.

Stohhalm-Blubbern:
Wer kann mit einem (dicken) oder mehreren Strohhalmen die meisten Blasen ins Wasser blubbern?
Material: Strohhalme

Lernziel:

b. – *Die Schüler sollen ihre Ausatmung durch Mund und Nase an den Druck des Wassers auf die Atmungsorgane anpassen.*

Spiele zu dem Zielschwerpunkt:
Lernvoraussetzung: Gesicht auf die Wasseroberfläche legen

Seehundsprache:
Die Seehunde können sich auch unter Wasser noch unterhalten, indem sie einen hohen Ton erzeugen und dabei Luftblasen ins Wasser blubbern. Sie können sogar durch Mund und Nase Luftblasen blubbern lassen.
Material: –

Blubber-Hitparade (Beschreibung siehe Lernzielbereich TAUCHEN

Lernvoraussetzung: Angstfreier Aufenthalt unter Wasser
Wer macht die größte Blase?
Die Schüler tauchen mit dem Kopf unter Wasser und versuchen, die kleinste, die größte oder die meisten Blase(n) zu machen.
Material: –

Lernziel:

c. – *Die Schüler sollen während der Bewegung unter Wasser ausatmen.*

Spiele zu dem Zielschwerpunkt:

Lernvoraussetzung: Gleiten nach Abstoßen vom Beckenrand oder Treppe und angstfreier Aufenthalt unter Wasser
Düsenflugzeug:
Die Schüler stoßen sich vom Beckenrand ab und erzeugen

durch Luftblasen einen „Kondensstreifen“. Die Ausatmung erfolgt durch Mund und Nase.
Material: –

Gleiten
Darüber hinaus eignen sich alle Gleitspiele, die jedoch unter dem Zielschwerpunkt des Ausatmens in der Gleitbewegung ausgeführt werden sollen.
Lernvoraussetzung: Gleiten nach dem Abstoßen vom Beckenrand, Ändern der Gleitrichtung, angstfreier Aufenthalt unter Wasser
Material: –

Lernzielbereich Tauchen

Anmerkungen zum Bereich Tauchen in der Wasserbewältigung: Der Lernzielbereich Tauchen ist auch von großer Bedeutung für die anderen Lernzielbereiche. Jeder andere Lernzielbereich benötigt nämlich zu irgendeinem Zeitpunkt Qualifikationen als Lernvoraussetzungen aus dem Bereich Tauchen (siehe genauer im Lernzielkatalog).
Schon in der Phase der Wassergewöhnung haben die Schwimmanfänger ihre Gesichter zunehmend näher an die Wasseroberfläche gebracht und letztlich auch schon kurzzeitig eingetaucht. Vor allem der Verschluss der Atemwege, aber auch die Reizung der Bindehäute durch das gechlorte Wasser sind Situationen, die die Schüler innerhalb des Bereiches Tauchen bewältigen und nun auch längerfristig aushalten müssen. Es wird zukünftig nicht mehr nur noch das Gesicht sein, das sich unter Wasser befindet, sondern der gesamte Körper einschließlich des Kopfes. Über den alleinigen Aufenthalt unter Wasser hinaus sollen die Schüler auch Bewegungs- und Orientierungsaufgaben an ihrem Tauchort erfüllen. *Sind die meisten Tauchversuche an diesem Tauchort zunächst noch fußwärtig, so schließen sich dann kopfwärtige Tauchgänge in der Bewegung auf ein weiter entferntes Ziel an.* Dazu bedarf es neben der immer noch nötigen Orientierung auch zunehmend einer Fortbewegungstechnik unter Wasser (das muss zu Beginn noch nicht das Schwimmen unter Wasser sein, sondern z.B. auch das Entlanghangeln an gespannten Seilen oder an

den Beinen der Mitschüler), die den Abdruckwiderstand ausnutzt und eine zielgerichtete Bewegung über kurze Strecken ermöglicht. Die Strecken können aber auch durch das zusätzliche Einsetzen der Gleittechnik noch verlängert werden. Das letzte große Problem, das sich den tauchenden Schülern stellt, ist das Vordringen und vor allem auch der Verbleib in (relativ) größeren Tiefen, da sie noch nicht gelernt haben, den Auftrieb durch Ausatmung zu verhindern. Überhaupt ist der Bereich „Tauchen“ eng mit dem Bereich „Atmen“ verzahnt.

Lernziele:

a. – *Die Schüler sollen ihren Kopf auf die Wasseroberfläche legen.*
b. – *Sie sollen ihren Kopf unter Wasser halten.*
c. – *Sie sollen sich mit ihrem ganzen Körper unter Wasser aufhalten.*
d. – *Sie sollen ihre Augen unter Wasser öffnen.*

Spiele zu den Zielschwerpunkten:
Lernvoraussetzung:
– Willkürlicher Mundschluss
– Wiederfinden einer sicheren Standposition

Völkerball:
Zwei Mannschaften spielen Völkerball mit einem Softball. Wer sein Gesicht auf die Wasseroberfläche legt, darf nicht angezielt werden bzw. zählt bei einem Treffer als nicht getroffen.
Material: 1 leichter Ball (kein Schaumstoffball, da dieser im Wasser sich vollsaugt und viel zu schwer wird!)

Fangi:
Ein Gejagter darf nicht „gefangengenommen“ werden, wenn er sein Gesicht auf die Wasseroberfläche (Freimal) legt. Der Jäger muss sich danach ca. drei Meter von ihm entfernen. Jeder Gejagte darf nur dreimal von dieser Art Freimal Gebrauch machen (Schiedsrichter).
Material: evtl. Objekte zur Markierung der Freimale

Unterwasserquiz:
Die Lehrkraft hält in einem Eimer oder einer Plastiktüte verschiedene kleine Spielzeuge vor den Schülern versteckt. Sie fordert immer je einen Mitschüler von zwei Mannschaften auf, im Wettstreit miteinander ihr Gesicht auf die Wasseroberfläche zu legen und zuerst den hervorgeholten Gegenstand zu identifizieren. Dieses Spiel verlangt nach einem bewegungsintensiven Nachfolgespiel, da die Schüler sonst leicht auskühlen.
Material: (nicht zu) kleines Spielzeug

Tauchersprache:
Zwei Schüler bilden gemeinsam ein Taucherpaar. Sie erhalten eine Reihe von DIN-A5-Kunststoffkarten, die mit wasserfester Farbe zuvor mit einfachen und deutlichen Abbildungen bemalt worden sind. Zu diesen Abbildungen erhalten sie die entsprechenden Gegenstände im Original. Der erste Taucher zeigt seinem Partner unter Wasser eine Karte, worauf dieser den entsprechenden Gegenstand von der gegenüberliegenden Beckenseite holen soll. Nichts spricht dagegen, wenn ein leistungsstarker Taucher auf dem Weg zur gegenüberliegenden Seite auch noch eine Hindernisbahn überwinden muss.
Material: Kunststoffkarten (evtl. selbst laminiert)

Unterwasserpuzzle:
Die Schüler sollen unter Wasser ein einfaches Puzzle aus nicht auftreibenden Kunststoffteilen zusammenlegen. Sie tun dies in einer Wassertiefe, bei der sie das Gesicht auf jeden Fall auf die Wasseroberfläche legen müssen, um mit den Händen das Puzzle zusammenfügen zu können. Das Zusammenschieben der Teile mit den Füßen ist nicht erlaubt.
Material: Unterwasserpuzzle (Fachhandel: Schwimmsport oder Schwimmbadausrüster)

Lernziele:

e. – *Die Schüler sollen während ihres Aufenthalts unter Wasser Bewegungsaufgaben lösen.*

f. – *Sie sollen sich unter Wasser orientieren.*

Spiele zu den Zielschwerpunkten:

Ringräuber:
Zwei Schüler spielen gegeneinander. Im schultertiefen Wasser liegt ein Ring zwischen ihnen. Auf Startzeichen versucht jeder Schüler, diesen Ring vor seinem Partner heraufzuholen. Wer ist der schnellste Ringräuber?
Material: Tauchringe

Eisgeld-Fischer:
Auf dem Beckenboden liegt Geld für Familienpackungen Eis. Dieses Eis könnte nach dem Schwimmen gemeinsam gekauft werden. Bedingung ist jedoch, dass jeder Schüler wenigstens fünf Geldstücke heraufholen muss. Zur besseren Orientierung unter Wasser können die Geldstücke z.B. innerhalb eines Tauchringes plaziert werden. Vorsicht: Nicht in der Nähe von Gullis oder am Beckenrand eines Hubbodenbeckens spielen.
Material: Geldstücke oder Ersatz, bzw. eine großzügige Lehrkraft

Höhlenforscher 1:
Die Schüler sollen in eine Höhle vordringen und aus einer alten versunkenen Truhe Schätze bergen. Um in die Höhle zu gelangen, müssen sie ein Seil unterqueren, ohne es zu berühren. In einem umgedrehten Eimer, der mit Gewichten am Beckenboden befestigt ist, sind auftreibende Kleinspielzeuge versteckt. Die Taucher müssen in die Hocke gehen (Kopf unter Wasser) und einen der Schätze bergen. Die Übung bietet die Möglichkeit zur Leistungsdifferenzierung, indem man mehrere Eimer mit verschieden langen Seilen an den Gewichten befestigt.
Material: Seile, Eimer, Gewichte, auftreibendes Kleinspielzeug (oder Tischtennisbälle)

Figurenraten unter Wasser:
Die Schüler machen einander die witzigsten Figuren unter Wasser vor, die ihre Mitschüler erraten und dann nachahmen sollen (z.B. Cowboy, Fußballer, Maurer, Maler, Surfer, ...)
Material: –

Unterwasserpuzzle 2:
Das Puzzle liegt auf dem Beckenboden. Das Wasser ist ca. schultertief. Um zu dem Puzzle am Beckenboden vorzudringen, müssen die Schüler sich an der Ausstiegsleiter oder einem Mitschüler herunterziehen.
Material: Unterwasserpuzzle (Fachhandel Schwimmsport oder Schwimmbadausrüster)

Ab in die Grotte:
Eine Gruppe von Tauchern ist unterwegs auf Fotosafari. Plötzlich nähert sich ein Schwarm Barracudas (drei Schüler), die nichts Gutes für die Taucher erahnen lassen. Ihre einzige Chance ist die Flucht in eine nahegelegene Grotte. Um diese Grotte zu erreichen, müssen die Schüler ein gespanntes Seil unterqueren, ohne dieses zu berühren. Von Durchgang zu Durchgang wird das Seil tiefer gespannt. Eine andere Möglichkeit, den Eingang in die Grotte zu erschweren, ist das Befestigen von Autoschläuchen an dem gespannten Seil. Der Unterquerungsweg wird so verlängert. Bei diesem Spiel müssen die Lehrpersonen gut aufpassen, dass kein Schüler die Orientierung unter den Reifen verliert.
Material: lange Seile (am besten mit Karabinerhaken, um die Seile schnell zu befestigen), Reifenschläuche

Den letzten beißt die Moräne (Reise nach Jerusalem):
In einem großen Meerwasserschwimmbecken leben viele junge Seehunde und eine alte, reizbare Moräne. Die Seehunde machen sich oft einen Spaß daraus, die Moräne zu ärgern. Sie verlassen ihre sicheren Höhlen (Reifen, Autoschläuche) und gehen auf die Suche nach der Moräne. Diese lässt sich lange Zeit ihre Gereiztheit nicht anmerken, bis sie plötzlich und für die Seehunde unerwartet versucht, einen Seehund in die Flossen zu beißen. Voller Angst fliehen die Seehunde zurück in ihre Höhlen (Kopf unter Wasser und in dem Reifen auftau-

chen). Leider muss der Langsamste unter ihnen feststellen, dass der Zoowärter gerade eine Höhle verschlossen hat, da er sie säubern will (Wegnehmen eines Reifens). Diesem Seehund bleibt nur noch die Flucht an Land. – Ausscheidungsspiel gegen Stundenende
Material: Reifen, Autoschläuche

Die Flut im Tunnel:
Bei der Schatzsuche in dem alten Schlosskeller eines Inselschlosses werden die Abenteurer von der plötzlich hereinbrechenden Flut überrascht. Schnell ist der Tunnel, den sie zurückgehen müssen, überflutet. Nur in einzelnen Räumen ist noch eine Luftglocke. Ihre einzige Chance besteht darin, sich an einem durch den Tunnel gespannten Seil unter Wasser bis zu diesen Räumen entlangzuziehen. In diesen Räumen (z.B. Autoschläuche) können die einzelnen Schatzsucher dann nach Luft schnappen, bevor der nächste Tauchgang zum nächsten Raum beginnt. Variation: Es kann auch unter den gegrätschten Beinen der Mitschüler, die in einer Reihe stehend einen Tunnel bilden, hindurchgetaucht werden. Nach jeder Beindurchquerung bietet sich eine Gelegenheit zum Luftschnappen.
Material: lange Seile mit Karabinerhaken zur schnellen Befestigung, Autoschläuche

Höhlenforscher 2:
Erneut haben unsere Forscher eine Höhle gefunden, in der sie mit Recht einen Schatz vermuten. Leider ist diesmal der einzige Eingang ein besorgniserregend langer Tunnel, den es zunächst zu durchqueren gilt. Der Tunnel wird gebildet durch eine Schülerreihe, deren Mitglieder ihre Beine grätschen. Die Schatztaucher ziehen sich entweder an den Beinen ihrer Mitschüler oder an einem unter Wasser gespannten Seil in das Innere der Höhle. Jeder Schüler darf nur einen Schatz bergen und muss mit ihm die Höhle auf dem gleichen Weg, den er hereingekommen ist, wieder verlassen.
Material: langes Seil mit Karabinerhaken zur schnellen Befestigung

Astronautentraining:
Für ihren Mondflug trainieren die Astronauten in einem Schwimmbecken das Bewegen in der Schwerelosigkeit. Auf dem Mond sollen sie demnächst schwere Lasten tragen können. Sie üben dies, indem sie schwere Tauchringe oder ihre Kollegen tragen oder sogar auf die Schulter nehmen und unter Wasser – so lange die Luft reicht – „spazierengehen".
Material: –

Haltet das Feld frei:
Zwei Mannschaften bekommen je ein Spielfeld zugewiesen. In ihren Feldern liegen auf dem Beckenboden jeweils die gleiche Anzahl von Gummiringen. Jede Mannschaft hat die Aufgabe, soviele Ringe wie möglich aus ihrem Feld zu entfernen und in das gegnerische Feld zu werfen. Sie werfen die Ringe möglichst weit entfernt von ihren Gegenspielern, um sie einerseits nicht zu verletzen und um ihnen andererseits den (Lauf-) Weg bis zu den Ringen zu verlängern.
Das Spiel kann noch erweitert werden, indem die Schüler die Auflage haben, den Ring nur dann ins gegnerische Feld zu werfen, wenn sie dies aus einem Abwurfschwimmreifen tun. Sie laufen zu ihren, an der Mittellinie auf dem Wasser schwimmenden Reifen, tauchen von unten in sie hinein und werfen erst dann die Gummiringe ins gegnerische Feld. Der Reifen darf auch nur durch Heraustauchen verlassen werden.
Material: Tauchringe in ausreichender Anzahl, 2 Reifenschläuche (LKW) + Gewichte zur Verankerung am Boden

Lernziele:

g. – *Die Schüler sollen kopfwärts abtauchen.*
h. – *Sie sollen sich unter Wasser fortbewegen – (z.B. auch noch: in der Hocke gehen und sich an gespannten Seilen, dem Beckenrand oder Körperteilen entlanghangeln)*
i. – *Sie sollen ihre Arme zum Suchen und Ausnutzen des Abdruckwiderstandes benutzen.*
j. – *Sie sollen sich während des Fortbewegens unter Wasser orientieren.*
k. – *Sie sollen sich zielgerichtet unter Wasser fortbewegen.*

Spiele zu den Zielschwerpunkten:

Lernvoraussetzung: Zumindest kurzzeitiges Gleiten aus Schwebesprüngen

Haltet das Feld frei:

Vgl. Spiel zuvor, jedoch unter dem Zielschwerpunkt, dass die Laufwege durch kopfwärtiges Tauchen (mit erlaubten Stehpausen zum Luftholen) ersetzt werden.

Material: Tauchringe in ausreichender Anzahl, 2 Reifenschläuche (LKW)

Lernvoraussetzung: Gleiten aus Schwebesprüngen

Walforscher:

Von ihren Forschungsschiffen (Schwimmmatratzen) aus versuchen Meeresbiologen Wale zu markieren. Immer wenn die Wale zum Luftholen auftauchen, schießen die Wissenschaftler einen Pfeil mit einem Markierungssender ab. Dieser Sender bleibt in der dicken Speckschicht der Wale stecken und tut ihnen nicht weh. Mit Hilfe der Sender können die Forscher die langen Unterwasserreisen der Wale verfolgen. Mehrere Schüler spielen die Wale, die sich mit Delfinsprüngen durch das Schwimmbecken bewegen. Einige Mitschüler übernehmen im Wechsel den Part der Biologen und versuchen, die Wale mit Schaumstofftennisbällen zu treffen. Solange die Wale unter Wasser sind, können sie natürlich nicht gekennzeichnet werden.

Material: Schaumstofftennisbälle in ausreichender Anzahl

Vorsicht! Nur Bogenwürfe! Gewaltwürfe sind aus Sicherheitsgründen verboten!

Lernvoraussetzung: Gleiten

Delfinschule 1:

In einem großen Delfinarium versucht der Tierdompteur, seinen Delfinen einen neuen Trick beizubringen. Sie sollen durch eine Reihe hintereinandergehaltener Reifen hindurchschwimmen, ohne sie zu berühren. Die Schüler stoßen sich von der Treppe oder dem Beckenrand ab und durchqueren gleitend die Reifen unter Wasser. Die Reifen sollen zunächst in einer Reihe gehalten werden, dann aber auch horizontal und/oder vertikal versetzt werden. Das bedeutet für die Schüler, dass

sie ihren Gleitweg über eine Körperbeugung, die durch die entsprechende Kopfbewegung eingeleitet wird, steuern müssen. – Alle Schüler springen bzw. halten die Reifen (im Wechsel).
Material: mehrere Reifen, (ersatzweise auch Schwimmsprossen, o.ä.)

Delfinschule 2:
Ein weiterer Trick, den die Delfine erlernen sollen, ist das Durchspringen eines auf dem Wasser schwimmenden Reifens (von innen nach außen und für Mutigere auch umgekehrt), um danach einen vom Delfin-Trainer geworfenen Ball zu apportieren. Je zwei Schüler teilen sich einen Reifen und spielen abwechselnd Delfin und Trainer. (Dieses Spiel funktioniert nur in maximal brusttiefem Wasser. Vorsicht: Zu flaches Wasser könnte zu Kopfverletzungen führen.)
Material: mehrere Reifen (es eignen sich auch selbstgebaute Reifen aus Nudeln und Verbindungsstück)

Delfinschule 3:
Diesmal sollen die Delfine einen Ball, Luftballon oder ein Schwimmbrett apportieren. Sie müssen dazu zunächst von unten an den Gegenstand herantauchen, um ihn dann mit dem Kopf zurückzuschieben. – Dieses Spiel funktioniert nur in maximal brusttiefem Wasser. Vorsicht: Zu flaches Wasser könnte Kopfverletzungen begünstigen.
Material: auftreibendes Spielzeug

Lernvoraussetzung: Kennen der Organisationsform „Begegnungsstaffette" – Sonst muss das Spiel vereinfacht werden.
Perlentaucher:
Auf einer Südseeinsel findet ein Wettstreit der besten Perlentaucher statt. Die Besatzung je eines Bootes (2 Schüler) versucht, den anderen zu beweisen, dass sie das schnellste Perlentaucherpaar der Insel sind. Taucher Nr. 1 verlässt das Boot (= Schwimmbrett am Beckenrand) und taucht (z.B. mit Schwebesprung mit Tauchgleitphase, wenn er mit seinen Armen und Beinen noch keinen selbständigen Vortrieb erzeugen kann) bis zu einer Kiste, in der die abgezählten Perlen verstaut sind (=ein an der gegenüberliegenden Beckenseite umgedreht am

Boden befestigter Eimer, in dem sich Tischtennisbälle befinden). Er holt eine Perle heraus und taucht auf. Nachdem er seinem Partner ein Zeichen gegeben hat, tauchen sie aufeinander zu und treffen sich ca. auf der Hälfte des Tauchweges (Begegnungsstaffette). Dort übergeben sie sich die Perle und der zweite Taucher bringt sie zum Boot (Reifen am Beckenrand). Der erste Taucher taucht zum Eimer zurück. Gewinner wird die Mannschaft, die zuerst mit allen Perlen wieder zurück im Boot ist. Ein Eimer kann bei farblicher Markierung der Bälle von 3 Tauchmannschaften gleichzeitig benutzt werden, wenn die Tauchwege nicht so nah beieinander sind.
Material: 2 – 3 Eimer, farbig markierte Tischtennisbälle (o.ä.), Reifen

Indianerüberfall:
Eine Gruppe von Trappern ist mit einigen Flößen auf einem Fluss unterwegs. Sie durchqueren dabei feindliches Indianergebiet. Ein Stamm ist bekannt dafür, dass er sich tauchend an die Faltboote heranpirscht. Die Schüler, die die Trapper spielen, fahren mit Luftmatratzen über das Schwimmbecken. Die Schüler, die die Indianer spielen, versuchen, sie mit Tennisschaumstoffbällen (nur Bogenwürfe sind erlaubt!) zu treffen. Sie dürfen allerdings erst dann werfen, wenn sie zuvor die Luftmatratze ihres Opfers unterquert haben. Wechsel.
Material: Luftmatratze oder Schwimmmatte, Tennisschaumstoffbälle, Schwimmbretter zur Ballabwehr

Hechte brechen aus:
Ein Schwarm von Hechten ist einer Gruppe von Fischern ins Netz gegangen und versucht nun, wieder auszubrechen. Sie werden von den „Fischern“, die einen Stirninnenkreis bilden und sich dabei an den Händen festhalten, allerdings daran gehindert. Diese stellen sich den Ausreißern immer wieder mit ihren Beinen in den Weg. Die Hechte haben bessere Chancen, wenn sie ihre Ausbruchsversuche koordinieren, um die Fischer zu verwirren. Das Einklemmen der Hechte unter Wasser ist nicht erlaubt. Die Fischer müssen die Wege vorher verschließen.
Material: –

Unterwasserhindernisbahn:
Es werden zwei Mannschaften gebildet. Jede Mannschaft baut mit den unterschiedlichsten Materialien eine Unterwasserhindernisbahn, von der sie behauptet, dass niemand von der gegnerischen Mannschaft sie unter- bzw. durchqueren kann. Wenigstens zwei Mitglieder der Aufbaumannschaft müssen jedoch nachher beweisen, dass die Aufgabe zu lösen ist.
Material: abhängig vom Fundus der Schule bzw. des Bades

Lernvoraussetzung: Gleiten
Ring-Jäger:
Zwei Schüler spielen zusammen. Der eine wirft vom Beckenrand einen Gummiring ins Wasser. Der andere stößt sich vom Beckenrand ab und versucht, den Ring mit einem Stab (Tauchsprosse) aufzuspießen, bevor er auf den Boden gesunken ist. Um ein Zu-Weit-Werfen des Werfers zu vermeiden, wird ein Reifen in eine für den Taucher günstige Entfernung auf das Wasser gelegt, in den der Werfer zielen muss.
Material: Reifen, Tauchringe und Tauchsprossen in geeigneter Anzahl (anstatt mit der Tauchsprosse kann der Ring auch mit der gestreckten Hand aufgespießt werden)

Tiefseetaucher:
Um aus großer Tiefe aus einem gesunkenen Schiff wertvolle Ringe heraufzuholen, ziehen sich die Taucher mit den Händen an einem gespannten Seil bis zum Schiff hinab. In einer Luftblase innerhalb des Schiffes schöpfen sie kurz Luft (Auftauchen in einem von 2 bis 3 Schwimmreifen), bevor es auf dem gleichen Weg zurück zum Versorgungsschiff geht. Leider hat sich der Fundort des Schatzschiffes herumgesprochen, so dass zwei (drei) Teams um die Wette tauchen.
Material: 1 bis 3 lange Seile (mit Karabinerhaken), 3 bis 6 auftreibende Reifen (ersatzweise können sinkende Reifen von Schülern im Wechsel gehalten werden), Schatzmaterial (Ringe)

Ringtorwart:
Zwei Schüler spielen zusammen. Ein Werfer wirft einen Gummiring (lockerer Wurf!) rechts oder links neben den Torwart. Dieser soll versuchen, ihn entweder in der Luft, aber auch während seines Sinkweges zum Beckenboden zu fangen. Vor-

geschriebene Bewegungsart für den Torwart sind kopfwärtige Sprünge zum Ring hin (Torwartparaden). Achtung, bei der Verteilung der Schülerpaare im Wasser darauf achten, dass es zu keinen Zusammenstößen kommen kann!
Material: Tauchringe

Lernziel:

l. – *Die Schüler sollen die Auftriebswirkung ihres Körpers überwinden, indem sie bewusst ausatmen.*

Spiele zum Zielschwerpunkt:
Lernvoraussetzung für alle Spiele: Ausatmen gegen den Wasserdruck

Blubber-Hitparade:
Wie wäre es mit einer Hitparade, bei der sich Zuschauer und Interpreten unter Wasser befinden. Ehrlich gesagt, der schönste Song wird unter Wasser zum grauenhaften Geblubber. Aber das macht ja nichts, wenn man selbst weiß, was man singt. Ob die Zuhörer den Titel allerdings erraten können? Wer kann singen, indem er durch die Nase summt und zusätzlich durch die Nasenöffnung ein paar Blasen blubbern lässt?
Achtung, Auskühlungsgefahr: Bewegungsaktives Spiel muss folgen.
Material: –

Wie spät ist es? (Stille Post)
Ein Schüler denkt sich eine Uhrzeit aus (volle Stundenzahl) und sagt sie seinem Nachbarn unter Wasser ins Ohr. Dieser gibt diese Uhrzeit, oder jedenfalls die, die er zu verstehen glaubte, wiederum an den nächsten weiter. Gegen Ende der Schülerreihe wird die letzte Zeitangabe mit der ersten verglichen.
Achtung, Auskühlungsgefahr: Bewegungsaktives Spiel muss folgen.
Material: –

Ein Tag unter Wasser:
Mal angenommen, Menschen brauchen keine Luft zum Leben, sondern Wasser. Wie würde ein Tagesablauf dann bei uns aussehen? Wahrscheinlich gar nicht viel anders als sonst. Morgens aus dem Bett aufstehen, Toilettengang, Morgenwäsche, Frühstück, Busfahrt zur Schule ... Die Schüler sollen im Rollenspiel diese verschiedenen Situationen des Tages unter Wasser darstellen. Der zu spielende Tag kann auch abends beginnen. Die Schüler können in ihr Bett steigen, indem sie mit den Händen zuerst die Treppe hinunter bis zum Beckenboden gehen.
Material: –

Wohin mit der Beute?
Die Räuber glauben sich schon in Sicherheit mit ihrer Beute (Pullbuoys o.ä.). Dann hören sie von weitem die Sirene des Polizeibootes. Wohin mit der Beute? Da fällt ihrem Anführer der alte – unter Wasser stehende – Tunnel (aus Reifen) ein, der direkt zu einem Abwasserschacht (Autoschlauch am Beckenrand) führt, von dem aus die Räuber mitsamt der Beute ungesehen entkommen können. Aber fix muss es geschehen, denn in spätestens ... Minuten erscheint die Polizei. Bis dahin darf nichts mehr von den Räubern oder ihrer Beute zu sehen sein.
Material: Pullbuoys, Reifen (werden im Wechsel von Schülern gehalten)

Jonas und der Wal:
Eigentlich war Jonas auf dem Weg nach Athen, als sein Schiff sank. Jetzt treibt er allein auf hoher See und wäre froh, wenn er überhaupt irgendwo an Land gehen könnte. Plötzlich taucht ein großer Wal hinter ihm auf und verschluckt ihn versehentlich. Durch die lange Speiseröhre (Reifentunnel) gelangt er schließlich zusammen mit einer gewaltigen Menge Wasser (zwei Mitschüler schieben ihn) in den Magen des Wales (Autoschlauch). Hier stinkt es zwar gewaltig, aber er kann wenigstens atmen. Dennoch ist er mit seiner Situation ziemlich unzufrieden und will so schnell wie möglich wieder hinaus. Das wiederum gefällt dem Wal nicht, da Jonas ihn beim Herausschwimmen immer wieder berührt, so dass er schließ-

lich würgen muss. Die Speiseröhre wird dadurch erschüttert wie ein Tunnel bei einem Erdbeben (Die Mitschüler ziehen die Reifen etwas hin und her, um Jonas den Weg nach außen zu erschweren). Ob es Jonas gelingt, wieder ans Tageslicht zu gelangen? (Der Tauchende versucht, die Reifen zu fassen und sich an ihnen zum Ausgang zu ziehen. Vorsicht: Alle müssen gut aufpassen, dass der Taucher gegen Ende seines Luftvorrates ungehindert zur Wasseroberfläche aufsteigen kann!) Wegen der Auskühlungsgefahr bietet es sich an, mehrere Wale im Wasser zu haben. Trotzdem muss ein bewegungsintensives Spiel folgen!
Material: Autoschläuche, mehrere Reifen

Minigolf der Fische:
Zwei Fischschwärme spielen Minigolf gegeneinander. Sie starten von einer zuvor bestimmten Position mit einem Tischtennisball unter ihrem Schuppenkleid (Badekleidung) und tauchen bis unter einen alten Autoschlauch. Dort holen sie den Ball hervor und lassen ihn vom Beckenboden aus nach oben treiben, wo er hoffentlich innerhalb des Autoschlauches an's Tageslicht tritt. Die schlauesten Fische haben schnell erkannt, dass sie mit Hilfe der von ihnen ausgestoßenen Luftblasen ihre Position zum Loslassen des Balles besonders gut finden können.
Material: farblich markierte Tischtennisbälle, Autoschlauch

Rein Schiff machen:
Eine Seefahrt die ist lustig..., wenn nur nicht dieser Sauberkeitsfanatiker von einem Kapitän wäre. Der will doch tatsächlich, dass das Schiff nicht nur auf Deck, sondern auch unter Kiel gesäubert werden soll: Entweder waschen die Schüler mit einem Schwamm von unten eine Schwimmmatratze, auf der ein Mitschüler liegt, oder den Wünschen des Bademeisters wird mit Bürsten unter Wasser entsprochen. Es ist ja kaum zu glauben, wie dreckig so ein Schwimmbecken sein kann.
Material: viele saubere Bürsten oder Waschlappen, Luftmatratzen

Taucherglocke:
Nicht nur die Feuerwehr muss ständig üben, sondern auch die Taucher der DLRG. So auch bei dieser Übung, bei der es gilt, eine Taucherglocke mit Luft zu füllen. Zwei Tauchteams treten gegeneinander in einer Pendelstaffel an. Sie tauchen bis unter die Taucherglocke (ein an einem Seil mit Gewichten am Boden befestigter – umgedrehter – Eimer) und blasen die gesamte restliche Luft dort hinein. Nachdem sie an der Wasseroberfläche wieder Luft geholt haben, tauchen sie zu ihrem Team zurück. Der Nächste startet. Welcher Eimer ist zuerst „trockengelegt"?
Material: Tauchsteine, Eimer, Seile

Lernzielbereich Gleiten

Übungen in Brust- , Seit- und Rückenlage:

Anmerkungen zum Bereich Gleiten:
Beim Gleiten versuchen die Schüler, einen anfänglich erzeugten Abstoßimpuls zu einer Distanzüberwindung im Wasser in einer waagrechten Schwimmlage auszunutzen. Die waagrechte Schwimmlage ist ihrerseits gekennzeichnet durch eine Körperstreckung und Körperanspannung. Während des Gleitens ist der Schwimmer bemüht, durch seine Lage möglichst wenig Frontalwiderstandsfläche zu bieten. Fehlermöglichkeiten sind:
- Kopf nicht zwischen den Armen (mit dem Gesicht im Wasser),
- zu breite Arm- oder Beinhaltung,
- Arme nicht in Körperfluchtlinie gestreckt (bzw. angelegt in Rückenlage),
- locker nachhängende Beine,
- Hände und Füße nicht in Körperfluchtlinie gestreckt (Hakenfüße),
- Hohlkreuzhaltung.

Lernvoraussetzungen:
- Einnehmen der Schwimmlage im Wasser (vgl. Stützeln)
- Angstfreier Aufenthalt unter Wasser
- Wiederfinden einer sicheren Standposition

- Fähigkeit zur Körperspannung
- Fähigkeit zur Körperstreckung
- Fähigkeit zum statischen Auftreiben

Lernziel:

a. – Die Schüler sollen gleiten, nachdem sie sich von der Treppe oder dem Beckenrand abgestoßen haben.

Spiele zu dem Zielschwerpunkt:

Hechtschießen:
Dieses altbekannte und beliebte Spiel benötigt keine neuen Kleider: Die Schüler stoßen sich von der Treppe oder vom Beckenrand ab. Wer am weitesten kommt, ist Sieger. Zunächst sollte man mit dem Abstoßen von der Treppe beginnen, da dort die Gefahr des Abrutschens mit den Füßen nicht so groß ist, wie an der Wand.

Das Hechtschießen kann sowohl mit Auftriebshilfen, als auch ohne ausgeführt werden. Beim Benutzen z.B. eines Schwimmbrettes ist darauf zu achten, dass die Körperlage insgesamt gestreckt ist. Stützen sich die Schüler auf dem Brett ab, um den Kopf damit vermeintlich in die Höhe zu drücken, ergibt sich eine ungünstige Gleitlage. Richtiger wäre ein „Kopf-zwischen-die-Arme-Nehmen" bei gleichzeitiger Konzentration auf eine Streckung der Arme nach vorn.
Das Gleiten mit dem Schwimmbrett in der Rückenlage sollte allerdings mit angewinkelten Armen, die das Brett quasi als Kopfkissen unter dem Kopf halten, erfolgen. Ein Strecken der Arme in der Rückenlage würde zwangsläufig zu einem Einknicken in der Hüfte führen, da in der Rückenlage keine relative Gelenksperre bei der Aufrechterhaltung der Strecklage hilft.

Das Einsetzen von Schwimmbrettern als methodisches Hilfsmittel sollte nur erfolgen, wenn die Schüler die Lernvoraussetzung des statischen Auftreibens tatsächlich erfüllt haben.
Material: Schwimmbretter

Ring-Jäger
vgl. Lernzielbereich Tauchen

Perlentaucher
vgl. Lernzielbereich Tauchen

Lernziel:

b. – Die Schüler sollen ausgehend von Schwebesprüngen auf ein Ziel zugleiten (unter besonderer Zielsetzung der Körperstreckung auf das Ziel zu).

Spiele zu dem Zielschwerpunkt:

Fang den Reifen:
Ein an einem Seil festgebundener Schwimmreifen wird von einer am Beckenrand stehenden Lehrperson durch das Wasser gezogen. Die Schüler versuchen, ihn zu fassen. Ihre Fortbewegungsart wird allerdings auf Hechtsprünge mit anschließender Gleitphase festgelegt.
Material: lange Seile, Reifen

Reifenweithechten:
Die Schüler sollen von einer Absprungmarke durch einen gehaltenen Reifen hechten, um dann nach einer langen Gleitphase einen dahinterliegenden Ball mit den Händen zu berühren. Der Abstand zwischen Reifen und Ball wird von Durchgang zu Durchgang vergrößert. Partnerarbeit. Absprungmarken können auf dem Beckenboden, die Treppenstufen oder bei genügend tiefem Wasser auch schon der Beckenrand sein (vgl. Lernzielbereich Springen).
Material: Reifen und Bälle

Hechte brechen aus:
vgl. Lernzielbereich Tauchen

Walforscher
vgl. Lernzielbereich Tauchen

Lernziel:

c. – Die Schüler sollen sich in der Gleitlage ziehen und (an-) schieben lassen.

Spiele zu dem Zielschwerpunkt:
vgl. Dynamischer Auftrieb unter besonderer Berücksichtigung der Einahme einer optimalen Gleitlage:

Baumstämme flößen
vgl. Lernzielbereich Auftrieb

Wasserski
vgl. Lernzielbereich Auftrieb

Lernziel:

d. – Die Schüler sollen während des Gleitens die Gleitrichtung steuern.

Spiele zu dem Zielschwerpunkt:

Delfinschule 1:
vgl. Lernzielbereich Tauchen

Wasserballett:
Wer kann nach dem Abstoßen die schönste Wasserballett-Kür gleiten? Erlaubt sind Schrauben, Salti (mit vertikaler und horizontaler Achse), Schlangenlinien, Kombinationen (...). Kreativität und Ausführung wird begutachtet. Wer findet einen originellen Abschluss für das Ende des Gleitweges (Figurenlegen)?
Material: –

Verspielte Delfine:
Eine Gruppe junger Delfine spielt Fangen. Wer fängt den Anführer? Erlaubte Fortbewegungsart sind alle Arten von Delfinsprüngen (=kopfwärtige Sprünge im Becken mit kurzer Überwasserphase vor dem Gleitweg unter Wasser). Es ist sowohl für den Verfolgten als auch für seine Verfolger wichtig, unter Wasser Haken zu schlagen. Das geschieht durch Körperbeugungen bzw. -verwringungen während der Gleitphase. Ist der Anführer gefangen, wird der Fänger selbst zum Anführer.
Material: –

Lernzielbereich Springen

Sprünge im und ins Wasser gehören zu den motivierendsten Übungen überhaupt, wenn die Schüler alle dafür benötigten Lernvoraussetzungen erfüllen. Sie benötigen deshalb wirklich keine neuen Kleider in Form von Spielen. Wesentlich wirkungsvoller sind gute Vorbilder oder witzige Aufgabenstellungen. Deshalb wird im Folgenden eine Auswahl von geeigneten Sprungmöglichkeiten aufgezeigt. Auch hier gilt natürlich: Kein Zwang zu einem Sprung!

Lernvoraussetzungen:
- angstfreier Aufenthalt unter Wasser
- Wiederfinden einer sicheren Standposition

Vorsicht: Sie müssen natürlich immer darauf achten, dass die Schüler bei jedem Sprung „genügend Wasser unter dem Kiel haben". Steile Eintauchwinkel erfordern natürlich eine größere Wassertiefe als flache Winkel.

Lernziel:
Die Schüler sollen eine Vielzahl von Sprungmöglichkeiten mit großer Variationsbreite kennenlernen.

1 – Sprünge im Lehrbecken
Bei diesen Sprüngen werden die Schüler immer wieder mit dem Widerstand des Wassers konfrontiert. Ein nicht ganz sauber ausgeführter Sprung an Land lässt sich in der Luft vielleicht schnell wieder korrigieren. Im Wasser hingegen verliert der Springer leicht die Kontrolle über seine Flug- (Schwebe-) bahn, so dass er seinen instabilen Zustand eventuell durch Armbewegungen ausgleichen muss. Ausrutscher sind immer wieder vorprogrammiert. Daher sollte sichergestellt sein, dass sich die Schüler angstfrei unter Wasser aufhalten können.

Fußwärtige Sprünge:
- Känguru-Hüpfen (mit geschlossenen Beinen)
- Hürdenlauf (Schrittsprünge)
- Pferderennen (Galoppschritt)
- Wassergummitwist

- Hüpfen nach Feldern (markiert durch nicht auftreibende Reifen)

Kopfwärtige Sprünge:
- Delfinspringen
- Torwartparaden
- Hochsprung rückwärts (Flop-Technik)

2 – Sprünge von der Treppe / vom Beckenrand (aus dem Sitz, der Hocke, dem Stand und dem Anlauf)
Bei diesen Sprüngen ist eine ausreichende Wassertiefe ebenso Voraussetzung, wie ein Abwarten der Schüler bis die Sprungzone frei von Mitschülern ist.

- Weitsprung mit geschlossenen Beinen
- Schrittweitsprung
- fußwärtige Zielsprünge in einen Reifen (bei genügend tiefem Wasser)
- kopfwärtige Weitsprünge auf ein Ziel zu (z.B. einem Lehrer den Ball aus den Händen stoßen, einen in die Luft geworfenen Ball während des Sprunges wegfausten, einen absinkenden Ring erfassen, bevor er den Beckenboden berührt)
- Kopfwärtige Zielsprünge durch einen Reifen
- Schritt- und Schlusssprünge rückwärts ins Wasser (Vorsicht: Eine Lehrkraft bleibt zur Hilfestellung vor dem rückwärts springenden Schüler am Beckenrand stehen, da der Schüler leicht ausrutschen kann oder seinen Oberkörper so weit nach vorne beugt, dass er mit dem Kinn auf dem Beckenrand aufschlägt. In diesem Fall muss der/die Unterrichtende dem springenden Schüler einen beherzten Schubser zur Flugbahnkorrektur geben.)
- Sprünge mit Drehungen (1/4, 1/2, 1/1)
- Rollen ins Wasser (seitwärts, Rolle vorwärts und rückwärts über eine Schaumgummimatte ins Wasser)
- Gruppensprünge
  (z.B. entgleisender Zug: Alle Schüler sitzen hintereinander am Beckenrand im Grätschsitz und fassen sich an den Schultern. Eine Kurve zur Wasserseite lässt die Lokomotive entgleisen. Waggon um Waggon folgt ihm nach dem Dominoeffekt.)

– Juxsprünge
(z.B. Während des Sprunges macht der Springer etwas in der Luft vor, was die Mitschüler erraten sollen und / oder nachmachen sollen.)

Abb. 10: Beim Springen durch die miteinander verbundenen Schwimmnudeln tut sich keiner mehr weh.

4.4 Zusammenfassender Lernzielkatalog zur Wassergewöhnung und Wasserbewältigung

Lernziele zum Verhalten im Schwimmbad

– Die Schüler sollen das Schwimmbad und damit in Verbindung stehende Verhaltensregeln kennenlernen.

Lernziele zur Wahrnehmung der Eigenschaften des Wassers

a. – Die Schüler sollen die Eigenschaft der Feuchtigkeit des Wassers empfinden.

b. – Sie sollen sich an den Kältereiz gewöhnen.

c. – Sie sollen sich an den Wasserdruck gewöhnen:

– Sie sollen lernen, ihre Einatmung dem verstärkten Druck des Wassers auf ihren Brustkorb anzupassen.

d. – Sie sollen Wasserspritzern gegenüber unempfindlich werden.

e. – Sie sollen ihren Körper immer tiefer in das Wasser eintauchen.

f. – Sie sollen ihr Gesicht und den Hinterkopf auf die Wasseroberfläche legen.

Lernziele zur zielgerichteten Fortbewegung im Wasser

a. – Die Schüler sollen lernen, den Wasserwiderstand zu überwinden, indem sie im Wasser mit verschiedenen Tiefen (vorwärts, rückwärts und eventuell seitwärts) gehen, laufen, hüpfen, tanzen, kriechen, robben... (vom Lehrer festgelegte Fortbewegungsart).

b. – Sie sollen zur Unterstützung der festgelegten Fortbewegungsart ihre Arme zum Abstoßen vom Wasserwiderstand einsetzen.

Lernziele zum Kennenlernen und Ausnutzen der natürlichen Auftriebswirkung des Wassers

a. – Die Schüler sollen das Phänomen des Auftriebs beim Umgang mit verschiedenem Spielmaterial kennenlernen.

b. – Sie sollen ihre Erfahrungen verbalisieren.

c. – Die Schüler sollen die Auftriebsfähigkeit ihres eigenen Körpers beim Sitzen im Wasser kennenlernen und anwenden (Teilkörperschwebe).

d. – Die Schüler sollen die Auftriebsfähigkeit ihres eigenen Körpers beim Liegen im Wasser (mit dem Kopf auf den Stufen) kennenlernen und anwenden (Teilkörperschwebe in Schwimmlage).

e. – Die Schüler sollen die Auftriebsfähigkeit ihres eigenen Körpers beim Stützeln kennenlernen und anwenden (Teilkörperschwebe).

f. – Sie sollen aus dieser Schwimmlage schnell wieder in eine sichere Standposition finden können.
g. – Die Schüler sollen die Auftriebswirkung ihres Körpers beim Stützeln durch Paddeln der Hände und Beine unterstützen.
h. – Die Schüler sollen die Fähigkeit des eigenen Körpers zum freien statischen Auftrieb im Wasser kennenlernen und anwenden (Ganzkörperschwebe).
i. – Die Schüler sollen das Auftreiben in der Gleitbewegung kennenlernen und anwenden (dynamischer Auftrieb).

Lernziele zur Atmung

a. – Die Schüler sollen während des Aufenthalts im halstiefen Wasser bewusst und kontrolliert ausatmen.
b. – Die Schüler sollen ihre Ausatmung durch Mund und Nase an den Druck des Wassers auf die Atmungsorgane anpassen.
c. – Die Schüler sollen während der Bewegung unter Wasser ausatmen.

Lernziele zum Tauchen

a. – Die Schüler sollen ihren Kopf auf die Wasseroberfläche legen.
b. – Sie sollen ihren Kopf unter Wasser halten.
c. – Sie sollen sich mit ihrem ganzen Körper unter Wasser aufhalten.
d. – Sie sollen ihre Augen unter Wasser öffnen.
e. – Die Schüler sollen während ihres Aufenthalts unter Wasser Bewegungsaufgaben lösen.
f. – Sie sollen sich unter Wasser orientieren.
g. – Die Schüler sollen kopfwärts abtauchen.
h. – Sie sollen sich unter Wasser fortbewegen.
i. – Sie sollen ihre Arme zum Suchen und Ausnutzen des Abdruckwiderstandes benutzen.
j. – Sie sollen sich während des Fortbewegens unter Wasser orientieren.
k. – Sie sollen sich zielgerichtet unter Wasser fortbewegen.
l. – Die Schüler sollen die Auftriebswirkung ihres Körpers überwinden, indem sie bewusst ausatmen.

Lernziele zum Gleiten

a. – Die Schüler sollen gleiten, nachdem sie sich von der Treppe oder dem Beckenrand abgestoßen haben.

b. – Die Schüler sollen ausgehend von Schwebesprüngen auf ein Ziel zugleiten (unter besonderer Zielsetzung der Körperstreckung auf das Ziel zu).

c. – Die Schüler sollen sich in der Gleitlage ziehen und (an-) schieben lassen.

d. – Die Schüler sollen während des Gleitens die Gleitrichtung steuern.

Lernziel zum Springen

a. – Die Schüler sollen eine Vielzahl von Sprungmöglichkeiten mit großer Variationsbreite kennenlernen.

An dieser Stelle soll noch einmal darauf hingewiesen werden, dass es nicht möglich ist, alle Lernzielbereiche nacheinander abzuarbeiten! Einerseits ist es zwar richtig, dass die Lernziele innerhalb eines Lernzielbereiches immer höhere Leistungsanforderungen stellen, andererseits sind zur Erfüllung bestimmter Lernziele Lernvoraussetzungen aus anderen Lernzielbereichen notwendig. Dem Bereich Tauchen kommt hierbei eine besondere Bedeutung zu:

Zur Erfüllung des Lernziels „*Die Schüler sollen die Auftriebsfähigkeit ihres eigenen Körpers beim Stützeln kennenlernen und anwenden (Teilkörperschwebe)*“ bedarf es der Erfüllung des Lernzieles „*Sie sollen sich mit ihrem ganzen Körper unter Wasser aufhalten (können)*“.

Zur Erfüllung des Lernzieles „*Die Schüler sollen gleiten, nachdem sie sich von der Treppe oder dem Beckenrand abgestoßen haben*“ bedarf es der Erfüllung des Lernzieles „*Die Schüler sollen ihren Kopf auf die Wasseroberfläche legen*“ .

Zur Erfüllung des Lernzieles „*Die Schüler sollen ihre Ausatmung durch Mund und Nase an den Druck des Wassers auf die Atmungsorgane anpassen*“ bedarf es der Erfüllung der Lernziele „*Sie sollen ihren Kopf auf die Wasseroberfläche legen*“ und „*Sie sollen ihren Kopf unter Wasser halten*“.

Zur Erfüllung des Lernzieles *„Die Schüler sollen während der Bewegung unter Wasser ausatmen"* bedarf es der Erfüllung des Lernzieles *„Sie sollen sich unter Wasser fortbewegen"* .

Zur Erfüllung des Lernzieles *„Die Schüler sollen eine Vielzahl von Sprungmöglichkeiten mit großer Variationsbreite kennenlernen"* bedarf es der Erfüllung des Lernzieles *„Sie sollen sich mit dem ganzen Körper unter Wasser aufhalten (können)"* .

Zusammenfassend lässt sich feststellen, dass Sie mit ihren Schülern schon von Beginn an intensiv in den Lernzielbereichen Tauchen und Auftreiben spielend üben sollten!

5. Wir lernen Schwimmen

5.1 Welche Voraussetzungen müssen die Schüler erfüllen, um das Schwimmen zu lernen?

Die Wassergewöhnung gilt als abgeschlossen, wenn die Schüler folgende Lernvoraussetzungen erfüllt haben (WILKE, 1987):

- Sie empfinden den Wasserwiderstand und können ihn beim Laufen im Wasser positiv zum Abdruck benutzen.
- Sie können ihr Gleichgewicht im Wasser halten und es bei Verlust wieder herstellen.
- Sie können unter Wasser die Augen öffnen und Gegenstände aus brusttiefem Wasser herausholen (möglichst ohne Hilfe von Schwimmbrillen).
- Sie können über Wasser ein- und unter Wasser ausatmen.
- Sie können frei im Wasser auftreiben (Hockqualle, Streckqualle in Bauch- und Rückenlage).
- Sie können gleiten.

Wie lernt ein Mensch Schwimmen?
Eine kurze Übersicht über die gebräuchlichsten Lehrmethoden

Die folgende Kurzbeschreibung der auch heute noch verwandten Methoden orientiert sich an den schon etwas älteren Veröffentlichungen von COUNSILMAN, 1973 und POPESCU, 1978 und OPPE, 1978.

Die Ganz-Methode:
Mit ihr versucht man z.B. die Kraulgesamtbewegung zu vermitteln. Der Bewegungsablauf wird in groben Zügen beschrieben oder vorgemacht. Dadurch bildet sich beim Anfänger eine Vorstellung der Bewegung, die er als Gesamtbewegung nachzuahmen versucht. Talentierte Schwimmer können über diesen methodischen Weg in relativ kurzer Zeit zum Erfolg gelangen.

Die Teil-Ganz-Methode oder progressive Teilmethode:
Diese Methode zerlegt die Gesamtbewegung einer Schwimmart in Bewegungsteile (Beinbewegung, Armbewegung). Diese werden getrennt erlernt und dann wieder zur Gesamtbewegung zusam-

mengeführt (Armbewegung + Beinbewegung + Atmung). Die Erfahrung zeigt, dass Anfänger, die das Schwimmen nach dieser Methode erlernen, langsamer zum Ziel gelangen. Die Gesamtbewegung der Schwimmart ist nicht die Summe aller Einzelteile.

Die Ganz-Teil-Ganz-Methode:
Sie ist eine sinnvolle Verbindung der beiden zuvor beschriebenen Methoden. Zum Beispiel wird das Kraulschwimmen zunächst als Ganzes in wenigen kurzen Versuchen vermittelt. Durch eigenes Probieren erhält der Anfänger somit eine zusätzliche Vorstellung, die die zuvor durch Beschreibungen und Demonstrationen entstandene Vorstellung vervollständigt. In der nächsten Phase wird die Gesamtbewegung zerlegt und die so entstandenen Teile werden getrennt erlernt, geübt und verbessert. In der letzten Phase wird das Kraulschwimmen insgesamt erlernt und vor allem verbessert. Eine Überlagerung der letzten beiden Phasen ist wünschenswert.

Das vielseitige Anfängerschwimmen (nach GILDENHARD):
Eine neue Richtung schlug GILDENHARD (1986) ein, als er eine weit offenere Konzeption vorlegte. Innerhalb eines Kurses, ja innerhalb einer Unterrichtsstunde lernt der Anfänger die Teile von verschiedensten Schwimmtechniken kennen (Armbewegungs-, Beinbewegungsmuster, verschiedene Körperlagen im Wasser und Atmung). Gegen Ende des Schwimmkurses bleibt es von der persönlichen Veranlagung des Lernenden abhängig, ob eine Fortbewegung im Wasser nun in der Brust-, Kraul-, Rückenkraul-, Delfintechnik oder irgendeiner Mischtechnik erfolgt.

Im Zusammenhang mit all diesen Methoden werden häufig bestimmte Hilfsmittel gezielt eingesetzt (z.B. Flossen – HETZ, Schwimmei – SILVIA, Schwimmflügel – BAUERMEISTER), die die unterschiedlichsten Bedeutungen für die Schwimm-Lehrmethoden haben.

Die Frage, wie das Schwimmen gelehrt werden sollte, ist in der Fachliteratur untrennbar mit der Frage nach der ersten zu erlernenden Schwimmart verbunden.

Die verschiedenen Argumentationen für und wider des Erlernens eines bestimmten Schwimmstils als erste Schwimmart sollen hier jedoch aus Platzgründen nicht ausführlich beschrieben werden. Wie auch immer: Fast alle Begründungen dieser Autoren orientieren sich an der Norm der zu erlernenden olympischen Schwimmstile. Im Gegensatz dazu orientiert sich diese Veröffentlichung in erster Linie an den Lernvoraussetzungen der Schüler, ohne die notwendigen – und selbstverständlich auch für den INDIVIDUELLEN SCHWIMMSTIL unserer Schüler richtigen – Erkenntnisse der Biomechanik zu vernachlässigen. Die inhaltlichen und methodischen Überlegungen haben somit ihre Wurzeln im Ansatz des vielseitigen Anfängerschwimmens nach GILDENHARD.

5.2 Entwicklung des Individuellen Schwimmstils

Welche Ziele verfolgt diese Veröffentlichung?

Primärziel dieser Veröffentlichung ist es, das Schwimmenlernen den Kindern im Sinne von GILDENHARD (aber auch unter Nutzung von Vorteilen der progressiven Teilmethode, sowie des Einsatzes von Flossen (HETZ)) so vielseitig wie möglich anzubieten, so dass sie relativ *schnell einen wie auch immer gearteten Schwimmstil entwickeln, der sie befähigt, das erste Mal längs durch das Becken zu schwimmen und danach die Ausdauer für mehrere Bahnen bzw. längere Zeiten zu verbessern. Das heißt, die Schüler haben durch ihre Mitbestimmung direkten Einfluss darauf, welchen Schwimmstil sie erlernen!*

Begabte Schüler werden schnell einen der olympischen Schwimmstile erlernen wollen und auch die Gelegenheit dazu bekommen.

Leistungsschwächeren Schülern liegt eher der individuelle Schwimmstil, der aus vielen erlernten Teilfähigkeiten ein Ganzes ergibt. Diese Schüler werden beim Schwimmen einer Bahn unter Umständen im Wechsel 2 Schwimmlagen (Bauch- und Rückenlage) mit ihrem Beinschlag – und verschiedenen Armzugtechniken einsetzen, damit sie die andere Beckenseite erreichen. Na und? Ist das schlimm? Sind sie jetzt etwa keine Schwimmer? Oder sind sie deshalb schlechte Schwimmer?

Wichtig ist meines Erachtens, dass die Schüler schnell Erfolge haben und sie den Spaß nicht zu schnell verlieren, wenn sie durch Vergleiche mit anderen Schülern ihre eigenen Fehler erkennen müssen. Die Vielfalt der Individuellen Stile lässt auch keine Vergleiche mehr zu.

> *Lernzielformulierungen für die Schüler heißen demnach* ***nicht****:*
> *Du sollst das richtige Brustschwimmen lernen.*
> *Du sollst das richtige Kraulschwimmen lernen.*
> *Du sollst das richtige Rückenschwimmen lernen.*
>
> *sondern:*
>
> *Du sollst lernen, im tiefen Wasser eine Längsbahn zu schwimmen.*
> *Du sollst lernen, 5 Minuten im tiefen Wasser zu schwimmen.*

Den Lehrkräften kommt die bedeutsame Aufgabe zu, den Schülern zu vermitteln, dass das Erreichen der letzten beiden Lernziele mit jedem Schwimmstil legitim ist.

Dieser methodische Weg berücksichtigt die Erfahrung, dass die Schüler unterschiedliche Lernvoraussetzungen zum Erlernen des Schwimmens bzw. bestimmter Schwimmstile mitbringen: Einige Schüler sind mit der komplexen Bewegungskoordination des Brustschwimmens anfänglich noch überfordert. Andere wollen unbedingt ihre Atemwege und ihre Augen vom Wasser freihalten. Weitere Schüler sind „alternierende Typen", denen die Wechselschlagtechnik des Kraul bzw. Rückenkraul besonders liegt, usw.

Die Idee der Entwicklung eines Individuellen Schwimmstils als Erste Schwimmtechnik ist in der Fachliteratur nicht neu. Oft dient dieser Schwimmstil dann jedoch nur als methodische Zwischenstufe (GILDENHARD, 1986), um danach eine olympische Schwimmart zu erlernen oder sie wird als Technik für das Kunstschwimmen und das Wasserballspielen aufgezeigt (WILKE, 1988). Lediglich Autoren, die auch mit sonderpädagogischen Bedingungen vertraut sind, geben konkrete Anregungen für die Entwicklung eines Individuellen Schwimmstils, der als solcher seine eigene „Daseinsberechtigung" hat (z.B. DURLACH, 1998 und LAUSE, 1994). Autoren, die sich mit dem Schwimmen mit körperbehinderten Schülern auseinandersetzen, orientieren sich überhaupt nicht mehr an Normen, die von olympischen Schwimmtechniken vorgegeben sind (INNENMOSER, 1983, LORENZ, 1971 und Mc MILLAN, 1978).

Wie sieht der methodische Weg aus? – Reihenfolge der unterrichtlichen Schwerpunkte

1. Die Schüler lernen im Nichtschwimmerbecken den Kraulbeinschlag in Bauch- und Rückenlage. 2. Die Schüler lernen im Nichtschwimmerbecken verschiedene Armzugmuster in Bauch- u. Rückenlage. 3. Die Schüler lernen im Nichtschwimmerbecken die Kombination von verschiedenen Armzugmustern in Bauch- und Rückenlage mit dem Kraulbeinschlag. 4. Die Schüler lernen im Nichtschwimmerbecken, ihre Atmung in den Schwimmstil zu integrieren. 5. Die Schüler lernen im Nichtschwimmer- und danach im Schwimmerbecken, ausdauernd mit ihrem Individuellen Schwimmstil zu schwimmen.	Unterrichtliche Schwerpunkte zum Erlernen des Individuellen Schwimmstils
6. Differenzierungsziel für leistungsstärkere Schüler: Die Schüler lernen die olympischen Schwimmstile Brustkraul und/oder Rückenkraul.	Unterrichtlicher Schwerpunkt zum Erlernen des Kraul- und Rückenkraulschwimmens
7. Die Schüler erlernen die Beingrätsche (in Bauch- und Rückenlage). 8. Die Schüler verknüpfen die Beingrätsche mit 3 Armzugmustern, um so das Brustschwimmen und/oder das „Rückenrudern“ und/oder das „leise Rückenschwimmen“ zu erlernen.	Unterrichtliche Schwerpunkte zum Erlernen des Brustschwimmens und des Rückenruderns bzw. des leisen Rückenschwimmens mit dem Brustbeinschlag

Die Suche nach dem individuellen Schwimmstil:

1. Kraulbeinschlag in Bauch- und Rückenlage
2. Kennenlernen verschiedener Armzugmuster
3. Erfassen der beliebtesten und erfolgreichsten Armzugmuster
4. Verknüpfung beider Teilbewegungen (Kraulbeinschlag in Bauch- und/oder Rückenlage mit den von den Schülern benutzten Armzugmustern)
5. Verknüpfung der Gesamtbewegung mit der Atmung

Als methodische Hilfsmittel werden Flossen (!), Schwimmbretter, Schwimmnudeln und Pullbuoys eingesetzt. (Wenn vorhanden, leisten Schwimmmatratzen gute Dienste. Sie werden aber nicht unbedingt benötigt.)

Die Flossen sind ein ungemein positives Hilfsmittel, um das Schwimmen zu erlernen. Sie sind – aus meiner Sicht – das erste, was die Schule, der Förderverein oder – noch besser – die Eltern für ihre Kinder besorgen sollten!

Die neben den notwendigen Übungen eingesetzten lernzielorientierten Spiele lockern den Unterricht auf und geben immer neue Motivation für die Schüler und für die Lehrkräfte gute Gelegenheiten für Beobachtungen, Korrekturen und Differenzierungen (vgl. Kapitel 5.5).

5.2.1 Bevor es losgeht – Ein wenig nasse Theorie!

Bekommen Sie jetzt nur keinen Schreck, wenn sich das Folgende zu kompliziert anhört. Sie müssen kein Experte sein, um das Schwimmen unterrichten zu können. Sie müssen auch den zu lehrenden Schwimmstil selbst nicht schwimmen können (wenngleich solche Erfahrungen das Unterrichten natürlich leichter machen). Es genügt, wenn Sie eine Bewegungsvorstellung von den verschiedenen Schwimmstilen haben. An dieser Stelle hilft der Individuelle Schwimmstil der Schüler auch den Lehrern. Jeder fachfremd Unterrichtende traut sich eher zu, einen „Hundepaddel-Armzug“ oder den Armzug beim „Altdeutschen Rückenschwimmen“ zu erklären, als die Feinheiten eines „S-Zuges beim Kraularmzug“.

In den nun folgenden Abschnitten werden zum Teil die Feinformen von Schwimmbewegungen beschrieben, die von den Schwimmanfängern in der dargestellten Präzision natürlich noch nicht verlangt werden können. Sie sollten von Ihnen im Hinterkopf gespeichert sein, um eine letztendliche Zielvorstellung zu haben. Aber unsere unterrichtlichen Bemühungen konzentrieren sich vorrangig auf die Grobform.

Die Grobkoordination beim Anfängerschwimmen

Der – aus Sicht der Bewegungslehre – geringe Kenntnisstand über die koordinativen Fähigkeiten im allgemeinen geht einher mit einer großen Begriffsvielfalt, die sich im übrigen trotz gleicher Bezeichnungen inhaltlich z.T. deutlich voneinander abheben (hier und im Folgenden: WILLIMCZIK/ROTH).
Eine größere Gruppe von Forschern unterscheidet Koordination zunächst in die beiden Untergruppen Gewandtheit (eher grobmotorisch) und Geschicklichkeit (eher feinmotorisch). Die für den Schwimmanfänger bedeutungsvollere Gewandtheit lässt sich wiederum in mehrere Einzelkomponenten zerlegen. Für den Schwimmschüler sind dabei das Steuerungsvermögen (=zielgerichtete und genaue Steuerung komplizierter Bewegungen) und das Kombinationsvermögen (=gutes Lösen gleichzeitiger und aufeinanderfolgender Aktionen) von besonderer Wichtigkeit. Er muss mit Armen und Beinen gleichzeitig agieren (mit verschiedenen Bewegungsmustern) und dabei diese Bewegungen noch (relativ)

genau steuern. Vor diesem Hintergrund beschreibt MEINEL das Schwimmen als einen zyklischen Bewegungsakt, bei dem die Bewegungen von Armen und Beinen nicht synchron gegliedert sind, und deren Ziel es zudem noch ist, den Antrieb möglichst gleichmäßig zu gestalten. Das Erlernen eines solchen komplizierten Bewegungsaktes führt bei anfänglichen, grobkoordinativen Versuchen häufig

- zu übermäßigem und teilweise falschem Krafteinsatz, (**Beispiel**: Der Schwimmer „schlägt“ das Wasser. Sein Schwimmstil wirkt grob und eckig, da er noch kein Gefühl für einen ökonomischen Krafteinsatz bei der Ausnutzung des Wasserwiderstandes entwickelt hat.)
- zu einer ungenügenden oder falsch ausgeprägten Bewegungskoppelung, (**Beispiel**: Arm- und Beinarbeit sind nicht jeweils zu 100 Prozent am Gesamtvortrieb beteiligt.)
- zu einem mangelhaften Bewegungsfluss, (**Beispiel**: Der Schwimmer führt seine Bewegungen stockend und unharmonisch aus.)
- zu einem falschen Bewegungsumfang, (**Beispiel 1**: Der Umfang des Brustarmzuges ist ungenügend, wenn der Schwimmer die Arme in der Schwungphase nicht weit genug nach vorne streckt; **Beispiel 2**: Die Kraulbeinschlagamplitude ist zu groß oder zu klein)
- zu einem falschen Bewegungstempo, (**Beispiel**: Die Arme des Schwimmers ziehen zu schnell durch das Wasser und suchen dabei keinen Abdruckwiderstand. Der Schwimmer kann dadurch seine Geschwindigkeit nicht erhöhen, aber seine Kraftreserven werden eher verbraucht.)
- zu einer gering ausgeprägten Bewegungspräzision, (**Beispiel**: Die Handhaltung beim Armzug in der Unterwasserphase ist schlaff oder in einem ungünstigen Winkel, so dass dem Abdruckwiderstand ausgewichen wird.)
- zu einer gering ausgeprägten Bewegungskonstanz. (**Beispiel**: Die Bewegung ist noch nicht „eingeschliffen“. Falsche Techniken schleichen sich bei zunehmenden Ausdaueranforderungen ein. Die Bewegungsausführung weicht immer mehr vom Bewegungsvorbild ab.)

Der Kraulbeinschlag in Bauch- und Rückenlage

Sowohl in der Bauch- als auch in der Rückenlage bewegt der Schwimmer seine Beine wechselseitig auf und ab. Der Bewegungsansatz liegt hierbei in der Hüfte. Die Beine sind nicht – wie oft fälschlich angenommen wird – gestreckt, sondern während der Abwärtsbewegung (in der Rückenlage in der Aufwärtsbewegung) im Kniegelenk leicht gebeugt. Der hauptsächliche Antrieb geschieht nämlich durch das explosionsartige Strecken des jeweiligen Beines. So kann der Schwimmer bei zusätzlich richtiger Fußhaltung (Strecken der Füße bei leichtem Eindrehen zur Mitte, so dass die großen Zehen sich fast berühren) den gesamten Unterschenkel einschließlich der Füße zum Abdruck vom Wasser benutzen. Dennoch darf nicht der Eindruck entstehen, dass sich der Kraulbeinschlag ähnlich gestaltet, wie die Stoßgrätsche beim Brustschwimmen. Sie ist vielmehr gekennzeichnet durch eine harmonische Verbindung des Alternierens und des Abstoßens vom Wasserwiderstand. Eine zu ausgeprägte Beugung der Beine führt zu einer stömungsungünstigen Wasserlage. Die Amplitude sollte anfänglich nicht zu groß sein, je nach Körpergröße ca. 30 Zentimeter vom höchsten zum tiefsten Punkt. Sie sollte zudem im Bereich der Wasseroberfläche, jedoch größtenteils unter dem Wasserspiegel angesiedelt sein.
Der Kraulbeinschlag spielt beim Gesamtvortrieb eine eher untergeordnete Rolle. Er hat jedoch eine nicht zu unterschätzende Bedeutung bei der Stabilisierung der Gesamtkörperlage im Wasser.

Armzugtechniken des Schwimmens

Fast alle Arm„zug“techniken lassen sich in drei Phasen aufteilen:
1. Zugphase
2. Druckphase (außer beim Brustschwimmen)
3. Schwungphase oder vorbereitende Phase

Die Zug- und Druckphase erzeugen den Vortrieb, der im wesentlichen durch die Gesetzmäßigkeiten des Hebelgesetzes bestimmt wird (im Folgenden LEWIN). Der Arm des Schwimmers stellt einen einarmigen Hebel dar, wobei der Drehpunkt das Schultergelenk ist und der Lastarm der ganze Arm. Als Kraftarm wirkt der Teil vom Schultergelenk bis zum Muskelansatz am Oberarm. Während die Länge des Kraftarmes eine nahezu feste Größe ist,

kann der Lastarm durch ein Einbeugen im Ellbogengelenk verkürzt werden, was die am Lastarm angreifende Last dichter an den Drehpunkt heranbringt. Das kommt einer Verkürzung des Lastarmes gleich. Eine solche Armzugtechnik verringert die Last des Armes und erlaubt bei gleichem Krafteinsatz eine höhere Bewegungsfrequenz. Außerdem wird durch den eingebeugten Arm der Wirkunksgrad der eingesetzten Kraft vergrößert, wenn er parallel zur Vortriebsrichtung verläuft. Vielleicht hilft Ihnen die umgekehrte Vorstellung: Halten Sie lieber 2 Hanteln an ausgestreckten Armen auf Schulterhöhe parallel zum Boden oder winkeln Sie Ihre Arme lieber dabei an?
Die Schwungphase dient dazu, die Arme wieder in die Anfangsstellung zurückzuführen. Geschieht dieses unterhalb der Wasseroberfläche, so spricht man eher von einer „vorbereitenden Phase“ als von einer Schwungphase (z.B. beim Brustschwimmen oder beim ‘Hundepaddeln’). Diese Schwungphase bzw. vorbereitende Phase kann sowohl bei Parallelzugtechniken (synchrone Armbewegungen) als auch bei Wechselzugtechniken (alternierende Armbewegungen) über oder unter Wasser ausgeführt werden. In jedem Fall ist eine Verringerung der Stirnfläche der Arme – innerhalb des Wassers, wie auch in der Luft – anzustreben, um eine so geringe Widerstandsfläche wie möglich zu bilden.
Fazit: Der Arm des Schwimmers liegt nach Beendigung der Schwungphase in gestreckter Position unter Wasser (Ausnahme beim Parallelzug in der Rückenlage. In der nachfolgenden Zug- und Druckphase erfährt er eine Einbeugung im Ellbogengelenk. Im Idealfall suchen die Hände und Unterarme während der Zugphase förmlich nach dem Abdruckwiderstand des Wassers. Schwimmexperten umschreiben dies oft als eine Art „S-Linie“ (mit dem linken Arm, mit dem rechten Arm eine spiegelverdrehte „S-Linie“). Dieses Verhalten wird vom Schwimmanfänger jedoch nur im Ansatz erwartet. Wichtiges Lernziel für ihn ist, dass er für das Gefühl für den Abdruckwiderstand sensibilisiert wird.
In der Druckphase wird die Einbeugung des Armes allmählich aufgegeben, bevor der Schwimmer ihn in der Schwungphase je nach Armzugmuster unter oder über Wasser wieder in die Ausgangsstellung bringt.

Die Atmung beim Schwimmen

Der Körper eines Sportlers stellt besondere Anforderung an die Sauerstoffversorgung. Neben der Aufrechterhaltung der lebensnotwendigen Systeme müssen vor allen Dingen die energieverbrauchenden Muskelgruppen mit genügend Sauerstoff versorgt werden, damit sie längerfristig einsatzfähig bleiben. Beim Schwimmen stellt sich eine besondere Komplikation ein: Strömungsgünstige Körperlagen, die zu einem ökonomischen Umgang mit der Kraft beitragen, bringen es beim Schwimmen in der Bauchlage mit sich, dass Mund und Nase sich unter der Wasseroberfläche befinden. Der Schwimmer muss also kurzfristig dafür sorgen, dass seine Atmungswege frei für die Sauerstoffaufnahme sind. Er muss dies außerdem regelmäßig tun, um eine zu große Sauerstoffschuld zu vermeiden. Ausatmen kann er indes wieder in der günstigeren Schwimmlage, indem er unter Wasser gegen den Wasserdruck ausatmet (Ausnahme: Rückenlage).

Wasserwiderstände beim Schwimmen

Die Schwimmgeschwindigkeit ist immer das Ergebnis von zwei Kräften. Die eine Kraft, die den Schwimmer vorwärts bringt, ist der Antrieb, den er durch seine Arme und Beine erzeugt. Die andere Kraft versucht den Schwimmer zurückzuhalten. Das ist der Widerstand. Um schneller zu werden, muss ein Schwimmer

1. den Widerstand herabsetzen,
2. den Antrieb vergrößern
3. beides miteinander verbinden.

Es lassen sich drei Formen des Widerstandes unterscheiden: die Hautreibung, der Wirbelwiderstand, der Frontalwasserwiderstand.

Die Hautreibung:
Da beim Schwimmen nur verhältnismäßig niedrige Geschwindigkeiten erreicht werden (höchstens bis zu 2 m/sec.), kommt der Hautreibung nur untergeordnete Bedeutung zu.

Der Wirbelwiderstand:
„Unter dem Wirbelwiderstand versteht man die Turbulenz des Wassers, die durch Geschwindigkeitsunterschiede unter den vorbeifließenden Wassermolekülen entsteht und die die Kohäsion der Wassermoleküle überwindet“. Eine Einflussnahme des Schwimmers auf den Wirbelwiderstand ist nur über die Schwimmlage möglich. Je schräger der Schwimmer im Wasser liegt, desto größer ist der Wirbelwiderstand, je flacher er liegt, desto geringer ist dieser. Die Auswirkung des Wirbelwiderstandes auf die Schwimmgeschwindigkeit ist relativ gering.

Der Frontalwasserwiderstand:
„Der Frontalwasserwiderstand entsteht durch die physikalische Eigenschaft des Wassers, sich dem entgegenwirkenden Druck zu widersetzen. Diese Eigenschaft hindert einen Schwimmer an der Vorwärtsbewegung...“. Die Auswirkung des Frontalwasserwiderstandes wird auch als Schwimmwiderstand bezeichnet (im Gegensatz zur positiven Auswirkung des Abstoßwiderstandes, die es dem Schwimmer ermöglicht, sich vom Wasser quasi „abzustoßen“).

Der Schwimmwiderstand widersetzt sich der Vorwärtsbewegung des Schwimmers von allen Widerstandsformen am stärksten und sollte daher möglichst gering bleiben.
Um dies zu erreichen, sollte die Stirnfläche möglichst klein gehalten werden, damit die Schwimmtechnik zweckmäßig und ökonomisch wird.

Auswirkungen der Auftriebshilfen Schwimmmatratze, Schwimmnudel und Pullbuoy auf die Schwimmlage des Anfängers

Dadurch, dass ein Schwimmer auf einer Schwimmmatratze liegt, erfährt er einen sehr starken Auftrieb, der zu einer waagrechten und relativ stabilen Lage auf dem Wasser führt.
Hat er eine Schwimmnudel unter seinen Achseln, bleibt die Wasserlage zwar noch recht stabil, aber seine Beine erhalten nun im Vergleich zur Luftmatratze keinen Auftrieb mehr und sinken ab. Erst durch ihre Bewegung gelingt es dem Schwimmer, sie wieder an die Wasseroberfläche zu bringen.
Ein Pullbuoy, der als Auftriebshilfe eingesetzt wird, besitzt ein

erheblich niedrigeres spezifisches Gewicht als das Wasser. Wird dieser Pullbuoy zwischen den Oberschenkeln eines Schwimmers eingeklemmt, so hebt er die Wirkung des relativ hohen spezifischen Gewichts der Beine auf, so dass diese nicht mehr absinken. Das spezifische Gewicht des Oberkörpers ist wegen seiner Hohlräume (Lungen usw.) ohnehin schon geringer als das der Beine und des Wassers. Insgesamt führt der Einsatz eines Pullbuoys zu einer waagrechten, jedoch relativ instabilen Lage des Körpers im Wasser.

Auswirkungen der Vortriebshilfe Flossen

Durch die Flossen wird die Abdruckfläche der Füße um ein Vielfaches erhöht, so dass selbst mit geringer Alternierungsfrequenz ein guter Vortrieb garantiert ist. Auch die Flexibilität des Materials hat eine nicht geringe Bedeutung. Mit dem Biegen der Flosse bei der Streckung des Beines verbessert sich auch der Abstoßwinkel der gesamten Abstoßfläche im Fußbereich (vgl. Abb.).

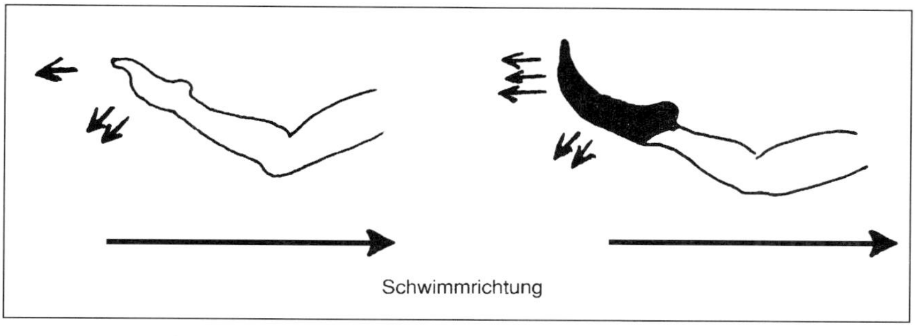

Abbildung 11: Vortriebswirkung der Flosse

Kurz zusammengefasst müssen Sie sich eigentlich nur 3 Fragen merken, um Fehler bei einer Korrektur eines gezeigten Schwimmstils enger einzukreisen:

1. Ist die Schwimmlage des Schwimmers ökonomisch günstig und bietet nur wenig Wasserwiderstand?

2. Versucht der Schwimmer seinen Antrieb optimal zu vergrößern, indem er seine Gliedmaßen ökonomisch einsetzt (Beugen der Arme, Suchen eines Abdruckwiderstandes, „S-ähnliche-Armführung“)?

3. Kann der Schwimmer in der Fortbewegung auch beide Aspekte miteinander verbinden?

So, das war es eigentlich schon. Konkretere Informationen zum Kraulschwimmen und zum Brustschwimmen lesen Sie bei den entsprechenden Unterrichtseinheiten.

5.2.2 Unterrichtseinheiten zu den unterrichtlichen Schwerpunkten

Erster unterrichtlicher Schwerpunkt:
Wir erlernen den Kraulbeinschlag (Bauch- und Rückenlage) im brusttiefen Wasser

Motorische Lernziele:

Die Schüler sollen am Ende dieser Teilunterrichtsreihe den Kraulbeinschlag in Bauch- und Rückenlage technisch richtig (Grobform) ausüben können.
Sie sollen sich mit Hilfe des Kraulbeinschlages in Bauch- und Rückenlage

1. ohne Flossen über eine Distanz von einer Querbahn ohne Unterbrechung fortbewegen können,
2. ohne Flossen, jedoch unter Zuhilfenahme eines Schwimmbrettes eine Distanz von 2 Querbahnen ohne Unterbrechung fortbewegen können,
3. mit Flossen über eine Distanz von mindestens 5 Querbahnen ohne Unterbrechung fortbewegen können,
4. mit und ohne Flossen zielgerichtet im Wasser bewegen können.

Der Kraulbeinschlag in Bauch- und in Rückenlage ist zweifelsohne die am einfachsten zu erlernende Beinschlagtechnik. Sie wird beim olympischen Kraul-, wie beim Rückenkraulschwimmen eingesetzt und bietet auch bei den noch zu erläuternden Mischtechniken genügend Vortrieb. Dadurch, dass sie so einfach zu erlernen ist, kommt es bei den Schülern schnell zu einer gewünschten Automatisierung der Bewegung, was wiederum die Anforderung bei der Koordination der Beinschlagtechnik mit der Armzugtechnik erheblich erleichtert. Das liegt daran, dass der Kraulbeinschlag als fortdauernde alternierende Bewegung unabhängig von zeitlich unterschiedlichen Koordinationsphasen bei der Gesamtbewegung eingesetzt werden kann. Beim Brustschwimmen zum Beispiel geschehen der Einsatz des Armzuges, der Beingrätsche und der Atmung in zeitlicher Abhängigkeit voneinander.

Einige Anmerkungen zu den Bewegungsanforderungen an die Schüler:
Bei Ausübung des Kraulbeinschlages ohne Schwimmbretter sollten die Arme immer in Schwimmrichtung gestreckt sein. Dies führt neben einer gewünschten Streckung der gesamten Körperlage auch zum Schutz des Kopfes bei eventuellen Kollisionen. Es gibt allerdings Fälle, wo die mangelnde Flexibilität im Bereich des Schultergürtels der Schüler dazu führt, dass die Schüler mit dieser Bewegungsaufgabe größere Schwierigkeiten haben. Wenn ihre Körperhaltung beim Anlegen der Arme an den Rumpf trotzdem gestreckt ist, so sollte auf die Armstreckung zugunsten des Lernfortschrittes verzichtet werden.
Bei Benutzung des Schwimmbrettes in der Rückenlage sollte dieses unter dem Kopf vom Schüler festgehalten werden.

Die Form eines Stundenverlaufsplanes wurde bewusst gewählt, da diese allen Lehrkräften bekannt ist. Die Einheiten stellen zwar modellhaft einen möglichen Verlauf einer Unterrichtsstunde dar, aber sie haben keinen zeitlich konkreten Umfang! In den meisten Fällen sind sie eher als „Lernzieleinheiten“ zu verstehen, die auf mehrere Unterrichtsstunden verteilt werden können bzw. auch müssen. Sie können nur als grobe Orientierung gelten, da die Unterrichtsbedingungen von vielfältigen Faktoren abhängen und an jeder Schule anders sind.

So betragen die reinen Schwimmzeiten an Grund- und Sonderschulen zwischen 20 (!!!) und 60 Minuten! Unter Umständen müssen die Unterrichtenden entweder ewas vom Stoff abhängen oder vorholen. Aber auch das Ausweiten einzelner Übungspunkte ist möglich, solange die Schüler nicht überlastet werden. Abhängig vom Leistungsstand der Schüler ist es durchaus zu erwarten, dass Einheiten komplett oder in Teilen wiederholt werden müssen. Die entsprechende Auswahl von lernzielorientierten Spielen soll dabei helfen, dass unnötige Langeweile beim Üben verhindert wird.

Die Phasen der nun vorgestellten Unterrichtseinheiten sind als Beispiele gedacht. Sie sind wichtige Anhaltspunkte für den Unterricht und stellen die aufeinanderfolgenden methodischen Schritte dar, die in der Unterrichtspraxis oft auf weitere Stunden ausgeweitet werden müssen. Ob Sie vorher, zwischendurch oder zum Abschluss lieber etwas mehr spielen möchten, bleibt natürlich Ihre Entscheidung. Auch ganze Spieltage im Schwimmbad sind denkbar, zumal sich die Spiele hervorragend zur Differenzierung eignen. Alle Spiele im Staffelbetrieb (am Ende einer Schwimmbahn gilt es eine Spielaufgabe zu erfüllen) ermöglichen es der Lehrkraft, für bestimmte Schüler individuell die Schwimmtechnik als Aufgabe zu geben, die sie noch üben wollen bzw. sollen. Nach einiger Zeit ist sogar möglich, dass die Schüler ganz unterschiedliche Schwimmstile während des Bahnenschwimmens benutzen.

Unterrichtseinheit 1- Einführung des Kraulbeinschlages in Bauch- und Rückenlage		
Phase	**Unterrichtsverlauf**	**methodisch - didaktischer Kommentar**
Einleitung	Schülerinformation am Versammlungsort - Vormachen des Kraulbeinschlages in Bauch- und Rückenlage durch Lehrkraft an Land (Bank/Beckenrand) und im Wasser. Nachmachen durch die Schüler an Land. -Materialbeschaffung	Die Schüler sollen zunächst Erfahrungen ohne den Einsatz von Flossen sammeln, da die große Vortriebswirkung sie so sehr begeistern wird, dass sie ein *nachfolgendes* Üben ohne Flossen zu sehr demotivieren würde.
Erarbeitung 1	Abstoßen vom Beckenrand + Gleiten *Wer kommt am weitesten?* in Bauchlage (BL) + Rückenlage (RL)	
2	dito, jedoch mit Unterstützung des Kraulbeinschlages (BL) + (RL)	
3	Kraulbeinschlag in Bauchlage vom Beckeninneren zum Beckenrand *Wer erreicht das rettende Ufer? Wer kann das aus noch größerer Entfernung? Wer schafft es mit Delfinsprüngen und dem Kraulbeinschlag?*	Zielorientierung zum Beckenrand erleichtert die gestreckte Körperhaltung Die Lehrkraft lässt gute Bewegungsvorbilder durch Schüler vormachen. Wenn möglich, demonstriert die Lehrkraft ungünstige Bewegungsvorbilder selbst (ohne die Namen der Schüler zu nennen!), während die Schüler vom Beckenrand zuschauen.

4	Abstoßen vom Beckenrand: Wechsel der Körperlage während des Schwimmens *Wer kennt den Drehwurmfisch? Wer kann sich besonders häufig drehen?*	
5	dito, jedoch unter Wasser *Wer kennt den Unterwasserdrehwurmfisch?*	
6	-in BL und RL unter und an der Wasseroberfläche durch Hindernisse (Reifen, gegrätschte Beine in vertikal und horizontal versetzten Positionen) -auf ein Ziel hin (Tauchring) -Erhöhung der Distanz -Ausatmung unter Wasser	Dazwischen gelegte Autoschläuche oder auftreibende Reifen können als Luftholstationen dienen
7	lernzielorientiertes Übungsspiel	geeignet sind: Schwimmspiele: 1-4, 6-8, 11, 13-15, 17-39 offenere Spielformen: 7, 13, 14, 17-24, 32, 34, 38, 39, 43, 48, 50
8	freies Spiel	
Abschluss	Abschlussbesprechung am Versammlungsort	Verbalisierung des Erlebten durch die Schüler - Materialentsorgung

Sicherheitshinweise: Als Sichthilfe ab 1 Meter unter Wasser keine Chlorbrillen einsetzen! Bei der Verwendung von Autoschläuchen darauf achten, dass die Ventile so überklebt sind, dass sie keine Hautabschürfungen mehr hervorrufen können.

Material: Schwimmbretter, Reifen, Tauchringe, (Autoschläuche)

Wenn Sie das Gefühl haben, dass bei der Bewegungsausführung bei einzelnen Schülern „irgendetwas nicht stimmt", kann Ihnen der folgende Fehlerdiagnosebogen zum Kraulbeinschlag eventuell eine Hilfe sein.

Name	beobachteter Fehler	mögliche Korrekturmaßnahme
	-Fehler: keine Körperstreckung bei der Ausführung des Kraulbeinschlages -Folge: hoher Frontalwiderstand	-Korrektur: *Stoße Dich vom Beckenrand ab und gleite durch 3 gehaltene Reifen. Berühre die Reifen nicht. Achte auf die Körperstreckung und nutze vorsichtig den Kraulbeinschlag für den Vortrieb.*

	-Fehler: Radfahrbewegung beim Kraulbeinschlag -Folge: geringer Vortrieb, viel Frontalwasserwiderstand	-Korrektur: *„Schwimm mit gestreckten Beinen".* Übung am Beckenrand. Besser noch Flossenschwimmen in sehr flachem Wasser (in Unterrichtseinheit 2 + 3)
	-Fehler: Po aus dem Wasser und Radfahrbewegung -Folge: tiefer Oberkörper, Behinderung der Atmung, viel Frontalwasserwiderstand	-Korrektur: Übung am Beckenrand. Flossenschwimmen in sehr flachem Wasser (in Unterrichtseinheit 2 + 3)
	-Fehler: Fußspitzen beim Abwärtsschlagen angezogen -Folge: kein optimaler Abdruckwiderstand, sogar bremsender Effekt	- (verbale) Korrektur:*„Strecke die Füße und drehe sie ein wenig nach innen."* (evtl. Flosseneinsatz in Unterrichtseinheit 2 + 3)
	-Fehler: nur Unterschenkelschlag -Folge: nur wenig Vortrieb, Füße weit über Wasser	-Korrektur: *„Strecke Deine Beine." „Der Beinschlag kommt aus der Hüfte." „Nicht das Wasser spritzen lassen. Versuch, leise zu schwimmen."* - evtl. langsamer Flossenbeinschlag in Unterrichtseinheit 2 + 3)
	-Fehler: unkoordinierte Zappelbewegung der Beine -Folge: geringe Auf- und Antriebswirkung	-Überkorrektur (s.u.): langsame und weite Bewegungen mit Flossen und großer Schlagweite

Tips für Korrekturen

Für diese, wie auch für alle anderen Unterrichtseinheiten gelten diese – übergeordneten – Korrekturprinzipien:

- *Bei mehreren Fehlern immer nur einen Fehler verbessern:* Oft verwirren uns eine Vielzahl von Fehlern. Manchmal ist eine Gesamtbewegung dermaßen von ihnen beeinträchtigt, dass es uns selbst schwerfällt, herauszufinden, was denn nun der eigentliche Hauptfehler ist. Noch schlimmer ergeht es den Kindern. Sie wären hoffnungslos überfordert, wenn wir ihnen all die Fehler auf einmal aufzeigen würden, die sie in ihrer Bewegung haben. Deshalb gilt: Immer nur einen Fehler verbessern! Bei der Frage, welchen Fehler man als erstes verbessern sollte, kann man sich daran orientieren, dass zunächst die Fehler, die den Vortrieb am meisten behindern, verbessert werden sollten (sehr oft: Körperlage, Körperspannung, kontraproduktive Bewegungen). Im Anschluss an die Unterrichtseinheiten sind die möglichen Fehler aufgelistet, um Ihnen beim Einkreisen des Problems zu helfen. Für das Brustschwimmen und das Kraulschwimmen wird Ihnen später eine eigene Liste von möglichen Fehlern aufgezeigt.

- *Rückführung der Gesamtkoordination auf einfachere Teilkoordinationen*: Manchmal sind die Schüler bei der Gesamtkoordination der Beinbewegung, der Armbewegung und der Atmung derart überfordert, dass sich Fehler einschleichen, die bei der vorherigen Teilbewegung (z.B. der Armbewegungen) nicht zu beobachten waren. Hier empfiehlt es sich, die Teilbewegung noch einmal von den Schülern üben zu lassen (oft als Differenzierungsziel für diesen Schüler, während die anderen Schüler die Schwimmbahn mit einer anderen Aufgabe bewältigen). Wenn wir beim Beispiel der fehlerhaften Armbewegung bleiben, sollte der Schüler die nächsten Schwimmbahnen nur mit den Armen schwimmen. Seine Beine sollten durch Auftriebskörper (Pullbuoys) entlastet werden, so dass der Schüler sich vollends auf seine Arme konzentrieren kann. Erst danach sollte die geübte und gesicherte Armbewegung wieder in die Gesamtbewegung integriert werden.
- *Visualisierung*: Wenn die Schüler nicht von selbst auf eine gute Bewegungslösung im Sinne des Individuellen Schwimmstils kommen, sollte ihnen ein Vorbild für eine gute Bewegungsausführung gegeben werden. Beispiel: Nach längerem Experimentieren innerhalb der von der Lehrkraft angebotenen Bewegungsmöglichkeiten entscheidet sich eine Schülerin für den WZ/ÜW in der Bauchlage (Kraularmzug, siehe Seite 128). Sie führt ihn in der Überwasserphase, wie auch in der Unterwasserphase mit gestreckten Armen durch. Dadurch wird ihr Gesamtschwimmstil sehr unruhig und die Schülerin verliert schnell ihre Kraft: Am Beispiel einer guten Bewegungsausführung (Schüler oder Lehrer) kann sie selbstverständlich schneller lernen als über laufende verbale Korrekturen. Auch der Einsatz von Videos ist ein sehr gutes Hilfsmittel, wenn es sich um das Erlernen eines olympischen Schwimmstils handelt. Leider fehlt hierfür meistens die Zeit.

Handlungsbegleitendes Sprechen: Oft ergibt sich zwischen den Schwimmschülern und dem Lehrer eine Art Geheimsprache.

Nachdem die Lehrkraft dem Schüler seinen Fehler erklärt hat und ein gutes Alternativvorbild gegeben hat (siehe Visualisierung), einigen sich beide auf ein (z.B. verbales) Signal, mit dem sie den Schüler an die richtige Bewegungsausführung und ihren zeitlichen Einsatz erinnern wollen: Um beim Beispiel der oben erwähnten Kraulschwimmerin zu bleiben: Die Lehrkraft bittet die Schülerin, beim Unterwasserarmzug ihre Arme etwas einzubeugen, um so ausdauernder und kraftsparender schwimmen zu können. Die Beugung der Arme in der Überwasserphase wird noch nicht korrigiert (siehe oben). Zwischen beiden wurde vereinbart, dass die Lehrkraft bei jedem Zug eines Armes zur Erinnerung „Beugen“ ruft.

- *Überkorrektur*: Manchmal ist es hilfreich, etwas zuviel des Guten zu tun. Das gilt vor allem dann, wenn das richtige Bewegungsvorbild trotz zusätzlicher verbaler Hilfestellungen nicht umgesetzt werden kann. Für unsere Kraulschwimmerin könnte eine entsprechende Hilfestellung lauten: „Versuche, mit jedem Kraularmzug mit Deinem Daumen immer eine Linie über Dein Brustbein und Deinen Bauch zu malen.“ Selbstverständlich macht die Lehrkraft die Bewegung vor. Einerseits ist der Arm beim Armzug nun natürlich etwas zu stark gebeugt, andererseits kann die Schülerin nun selbst kontrollieren, ob ihr Arm beim Armzug gestreckt war oder nicht. In jedem Fall ist die beschriebene Ausführung ökonomischer als die vorherige Schülerausführung. Nach und nach werden nun Korrekturen gegeben, die sich langsam an das ideale Bewegungsbild des Armzuges annähern.
- *taktile Hilfestellungen*: Wenn alle Stricke reißen, hilft nur noch eins: Die Lehrkraft muss ins Wasser, um einzelnen Schülern über Armführungen bzw. taktile Impulse wichtige Hilfestellungen zu geben. Da sich dazu nur sehr selten die Gelegenheit ergibt (wegen der Aufsichtspflicht müssen meistens die anderen Schüler das Becken verlassen), ist diese Möglichkeit eher selten anzuwenden. Taktile Hilfestellungen bei unserer Kraulschwimmerin, die trotz aller Korrekturhilfen ihre Arme immer noch nicht in der Zugphase beugen will, können sein: 1. Die richtige Bewegungsausführung wird durch die Armführung durch die Lehrkraft initiiert. 2. Die Schwimmerin schwimmt

über – von der Lehrkraft gehaltene – Stäbe. Jedesmal, wenn ihr Armzug mit gestreckten Armen ausgeführt wird, berührt sie die Stangen. Das gilt als taktiles Signal, die Arme weiter zu beugen. 3. Wenn Sie in einem Schwimmbad mit Hubboden unterrichten, stellen sie die Wassertiefe sehr flach. In diesem flachen Wasser ist es unmöglich, mit gestreckten Armen zu schwimmen.

Unterrichtseinheit 2 - Einführung des Kraulbeinschlages mit Flossen in Bauch- und Rückenlage		
Phase	**Unterrichtsverlauf**	**methodisch - didaktischer Kommentar**
Einleitung	Schülerinformation am Versammlungsort Materialbeschaffung	Vorstellung der Organisationsform „Schwimmen in Wellen" bei gleichzeitiger Gruppeneinteilung (siehe Abbildung S.123). Ausprobieren durch Gehen!
Erarbeitung 1	Die Schüler legen ihre Flossen an und probieren die Vortriebswirkung in Bauch- und in Rückenlage aus.	Das Anziehen und Ausziehen der Flossen geschieht immer unter Wasser. Org.form: Schwimmen in Wellen - Nachdem die Schüler den Beckenrand erreicht haben, ziehen sie die Flossen aus, gehen zum Startbeckenrand und ziehen sie an, bevor sie an der Reihe sind. Die Lehrkraft steht zur Korrektur am Zielbeckenrand und gibt den Schülern die entsprechenden Korrekturhinweise.
2	Jeder Schüler schwimmt einige Querbahnen (siehe Anmerkungen unten) den Kraulbeinschlag in Bauchlage und in Rückenlage. Immer, wenn ein Schüler beim Schwimmen erschöpft ist, geht er wenige Schritte, bis er glaubt, dass er wieder kann.	Bei der Ausführung des Kraulbeinschlages in Bauchlage liegt das Gesicht auf dem Wasser. Wer möchte, kann den Kopf schon kurzzeitig zum Atmen heben. Es ist aber noch kein verlangtes Lernziel. Org.form: Schwimmen in Wellen
3	Jeder Schüler schwimmt einige Bahnen Kraulbeinschlag wahlweise in Bauch- oder Rückenlage. Wer in einer Lage erschöpft ist (bzw. in der Bauchlage keine Luft mehr bekommt), dreht sich um in die andere Lage. Ziel ist, so wenig wie möglich zu gehen während der Schwimmstrecke.	Die Lehrkraft lässt gute Bewegungsvorbilder durch Schüler vormachen. Wenn möglich, demonstriert die Lehrkraft ungünstige Bewegungsvorbilder selbst (ohne die Namen der Schüler zu nennen!), während die Schüler vom Beckenrand zuschauen.

4	lernzielorientiertes Übungsspiel	geeignet sind: Schwimmspiele: 1-4, 6-8, 11, 13-15, 17-39 offenere Spielformen: 7, 13, 14, 17-24, 32, 34, 38, 39, 43, 48, 50
5	freies Spiel im Wasser	Beim freien Spiel im Wasser möchten viele Kinder gerne weiter mit ihren Flossen schwimmen. Dies führt leider sehr häufig zu Verletzungen bei Zusammenstößen. Eventuell kann die Lehrkraft den Flossenschwimmern einen Teil des Nichtschwimmerbeckens reservieren. Dann müssten die Flossenschwimmer allerdings weiter in Wellen schwimmen. Wenige Kinder können auch in der schnell erklärten Organisationsform „Kreisverkehr" schwimmen (Kreisverkehr = Schwimmen entlang der Beckenränder/Leinen unter Beibehaltung einer Schwimmrichtung).
Abschluss	Abschlussgepräch am Versammlungsort	Verbalisierung des Erlebten durch die Schüler - Materialentsorgung

Sicherheitshinweise: Auf die Gefahren hinweisen, die sich durch die erhöhte Geschwindigkeit beim Flossenschwimmen ergeben (Kopfverletzungen am Beckenrand)! Keine gegenläufigen Schwimmrichtungen beim Flossenschwimmen erlauben (Kopfverletzungen durch Zusammenstöße)! Das Laufen mit Flossen am Beckenrand untersagen (Stürze als Folge von unbeabsichtigtem Darauftreten der Mitschüler)! Flossen lassen sich am schnellsten und am materialschonendsten unter Wasser aus- und anziehen.

Material: Flossen, Schwimmbretter

Anmerkungen: Wenn Sie das Gefühl haben, dass bei der Bewegungsausführung bei einzelnen Schülern „irgendetwas nicht stimmt", kann Ihnen der Fehlerdiagnosebogen zum Kraulbeinschlag (vgl. Unterrichtseinheit 1) eventuell eine Hilfe sein.
Die Anzahl der zu schwimmenden Bahnen pro Erarbeitungsphase kann hier und auch in den folgenden Unterrichtseinheiten nicht angeben werden, da sie immer abhängig ist vom konditionellen Zustand der Schwimmer, der Anzahl der Schwimmer und der Ihnen aus vielerlei organisatorischen Gründen zur Verfügung stehenden Zeit.

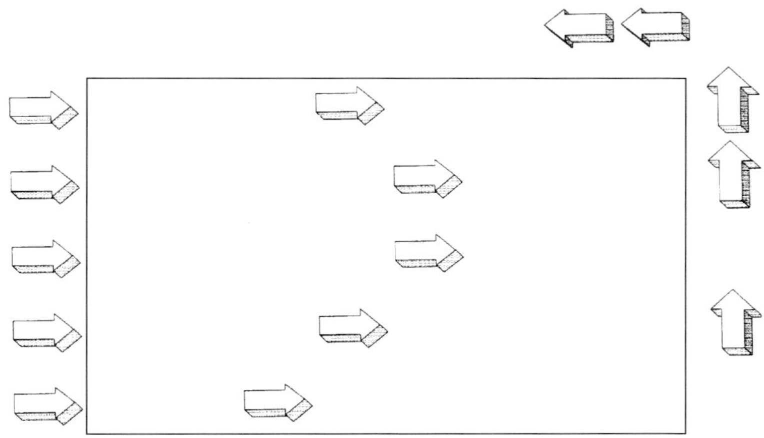

Organisationsform: Schwimmen in Wellen im Nichtschwimmerbecken

Die Schülerinnen und Schüler schwimmen in Gruppen nebeneinander. Wenn die Einschätzung der Lehrkraft es schon zulässt, sollten die Gruppenmitglieder etwa gleich schnell sein. Die 2. (...) Welle startet erst, wenn das letzte Gruppenmitglied der vorherigen Gruppe die Hälfte der Strecke geschafft hat. Wenn das nicht klappt, startet die Gruppe auf Zeichen der Lehrkraft. Achtung: Außerhalb des Beckens wird nicht gelaufen! Der Rückweg dient auch der Regeneration. Sollten die Schüler zu schnell erschöpft sein, ist die Gruppengröße der Wellen zu hoch! Sollten sie frühzeitig frieren, ist sie zu gering!

Unterrichtseinheit 3 - Ausdauerschulung beim Kraulbeinschlag in Bauch- und Rückenlage + Korrektur der Ausführungen		
Phase	**Unterrichtsverlauf**	**methodisch - didaktischer Kommentar**
Einleitung	Schülerinformation am Versammlungsort - Materialbeschaffung	Diese Einheit dient neben der Ausdauerschulung beim Kraulbeinschlag auch den Korrekturmöglichkeiten, die sich durch das Schwimmen mit den Flossen ergeben (vgl. Fehlerdiagnosebogen Kraulbeinschlag - Unterrichtseinheit 1)
Erarbeitung 1	Die Schüler schwimmen mehrere Bahnen mit Flossen und Schwimmbrett im Wechsel in Bauch- und in Rückenlage. Lagenwechsel während einer Bahn sind erwünscht, wenn sie es dem Schüler ermöglichen, die Bahn schwimmend zu beenden.	Org.form: Schwimmen in Wellen Bei -eventueller- Überbelastung einiger Schüler setzen sie bis zur Besserung aus.
2	Die Schüler schwimmen abwechselnd in Bauch- und Rückenlage mehrere Bahnen mit Flossen ohne Schwimmbretter.	Vorher Schülerhinweis: *Achtung, jetzt erhöhte Verletzungsgefahr am Beckenrand!* Die Lehrkraft stoppt unvorsichtige Schwimmer durch Berührung mit einer Schwimmnudel. Korrekturmöglichkeiten, siehe Korrekturbogen (Unterrichtseinheit 1)
3	Die Schüler schwimmen abwechselnd in Bauch- und Rückenlage 6 Bahnen ohne Schwimmbretter mit langsamen Beinbewegungen. *Schwimmt ganz leise! Spritzt nicht mit den Beinen! Achtet darauf, dass Eure Beine gestreckt sind! Achtet auch darauf, dass Eure Füsse ebenfalls gestreckt sind!*	
4	lernzielorientiertes Übungsspiel	geeignet sind folgende Spiele: Schwimmspiele: 1, 11, 15, 19, 21, 24-26, 30-34 offenere Spielformen: 14, 17-19, 21, 22, 24, 34, 38, 43
5	freies Spiel	Beim freien Spiel im Wasser möchten viele Kinder gerne weiter mit ihren Flossen schwimmen. Dies führt leider sehr häufig zu Verletzungen bei Zusammenstößen. Eventuell kann die Lehrkraft den Flossenschwimmern einen Teil des Nichtschwimmerbeckens reservieren. Dann müssten die Flossenschwimmer allerdings weiter

		in Wellen schwimmen. Wenige Kinder können auch in der schnell erklärten Organisationsform „Kreisverkehr" schwimmen.
Abschluss	Abschlussgespräch am Versammlungsort	Verbalisierung des Erlebten durch die Schüler - Materialentsorgung

Sicherheitshinweise: Kopfverletzungen am Beckenrand vorbeugen! Nicht gegengleiche Bahnen schwimmen! Nicht mit Flossen am Beckenrand gehen! Laufen am Beckenrand verbieten!

Material: Flossen, Schwimmbretter

Anmerkungen: Wenn Sie das Gefühl haben, dass bei der Bewegungsausführung bei einzelnen Schülern „irgendetwas nicht stimmt", kann Ihnen der Fehlerdiagnosebogen zum Kraulbeinschlag (siehe Unterrichtseinheit 1) eventuell eine Hilfe sein.
Die Anzahl der zu schwimmenden Bahnen pro Erarbeitungsphase kann hier nicht angegeben werden (siehe Unterrichtseinheit 2: Anmerkungen).

Unterrichtseinheit 4 - Abbau des Hilfsmittels Flossen und Ausdauersteigerung

Phase	Unterrichtsverlauf	methodisch - didaktischer Kommentar
Einleitung	Schülerinformation am Versammlungsort - Materialbeschaffung	
Erarbeitung 1	Spiel „Wer nicht taucht, der wirft!" Entsprechend den vorherigen Stunden werden die Schüler in Gruppen eingeteilt. Die Teilnehmer der Gruppe 1 sollen versuchen, so weit wie möglich (ohne Schwimmbrett) mit Flossen zu tauchen. In dem Moment, wo sie zum Luftholen auftauchen müssen, dürfen die Mitglieder der anderen Gruppen sie mit einem leichten Kugelbadball abwerfen. Wer getroffen wird, wird für einen Durchgang selbst zum Werfer. - Je weiter die Gruppenteilnehmer also tauchen, umso geringer ist das Risiko, getroffen zu werden. Taucht ein Gruppenmitglied bis zum anderen Beckenrand, darf es nicht mehr abgeworfen werden. - mehrere Durchgänge pro Gruppe (in Bauchlage und in Rückenlage)	Org.form: Schwimmen in Wellen Geworfen wird grundsätzlich vom Startbeckenrand. Je weiter die Schüler also tauchen, umso schwieriger sind sie zu treffen. Jeder Schüler erhält nur einen Ball. Die im Wasser liegenden Bälle bleiben bis zum Ende des Spiels im Wasser liegen. Verbieten des Hyperventilierens!

2	Die Schüler schwimmen mehrere Bahnen mit Schwimmbrett und nur einer Flosse (im Wechsel rechts + links mit Flosse) in Bauch- und in Rückenlage.	
3	Die Schüler schwimmen mehrere Bahnen mit Schwimmbrett in Bauch- und in Rückenlage <u>ohne Flossen</u>.	Wechsel der Schwimmlage zwischendurch erwünscht, wenn dadurch der Abbruch des Versuchs vermieden werden kann.
4	Vorgabeschwimmen: Die Schwimmgruppen schwimmen einen Wettkampf gegeneinander: Welche Mannschaft erreicht die meisten Punkte beim Schwimmen von Querbahnen? Jeder Schüler trifft vorher öffentlich seine Wahl. mindestens 3 Durchgänge (Bahnen)	Vor dem Unterricht eine Liste anlegen! Schwimmen mit Brett + 2 Flossen 1 Pkt Schwimmen mit Brett + 1 Flosse 2 Pkt Schwimmen o. Brett + 2 Flossen 3 Pkt Schwimmen o. Brett + 1 Flosse 4 Pkt Schwimmen o. Brett + o. Flossen 5 Pkt Abbruch des Versuchs 0 Pkt
5	freies Spiel	
Abschluss	Abschlussgespräch am Versammlungsort	Verbalisierung des Erlebten durch die Schüler - Materialentsorgung

Sicherheitshinweise: Die Lehrkraft muss bei dem Wettkampfeifer der Schüler dafür sorgen, dass sie nicht mit dem Kopf an den Beckenrand stoßen. Die Lehrkraft verbietet das Hyperventilieren beim Tauchen (siehe außerdem Sicherheitshinweise zum Tauchen)!

Material: Flossen, Kugelbadbälle, Schwimmbretter, Wettkampfliste

Anmerkungen: Wenn Sie das Gefühl haben, dass bei der Bewegungsausführung bei einzelnen Schülern „irgendetwas nicht stimmt", kann Ihnen der Fehlerdiagnosebogen zum Kraulbeinschlag (siehe Unterrichtseinheit 1) eventuell eine Hilfe sein.
Die Anzahl der zu schwimmenden Bahnen pro Erarbeitungsphase kann hier nicht angegeben werden (siehe Unterrichtseinheit 2: Anmerkungen).

<u>Zweiter unterrichtlicher Schwerpunkt:</u>
Wir erlernen verschiedene Armzugmuster im brusttiefen Wasser

Motorische Lernziele:
Die Schüler sollen 6 verschiedene Armzugmuster kennenlernen und ausprobieren.
Sie sollen aus diesen Armzugmustern mindestens einen (maximal drei) auswählen, mit denen sie sich am besten schwimmend

fortbewegen können.
Sie sollen mit Hilfe des/der ausgewählten Armzugmuster(s) zielgerichtet schwimmen.
Sie sollen konditionell in der Lage sein – mit Hilfe ihres Armzuges und eines Pullbuoys als Auftriebshilfe zwischen die Oberschenkel geklemmt –, eine Strecke von 2 Querbahnen im Nichtschwimmerbecken zu schwimmen.

Lehrziel:
Die Lehrer sollen die Schüler bei der Ausübung ihres Armzuges beobachten und ihnen eine Entscheidunghilfe bei der Wahl ihres/ihrer individuellen Armzugmuster(s) geben.

Der Schwerpunkt dieses Teils der Unterrichtsreihe liegt im Kennenlernen und Auswählen von verschiedenen Armzugmustern in Verbindung mit einer Bauch- oder Rückenlage.
Der Aufbau der Unterrichtsreihe muss so systematisch angelegt sein, dass die Schüler die Gelegenheit haben, aus einer Mehrzahl von sinnvollen Möglichkeiten die für sie geeignetste herauszufinden:

1. ***Brustschwimmen*** = Bauchlage(BL) - Parallelzug(PZ) - Unterwasserschwungphase (UW)	
2. ***Kraulschwimmen*** = Bauchlage(BL) - Wechselzug(WZ) - Überwasserschwungphase (ÜW)	
3. ***„Hundepaddeln"*** = Bauchlage(BL) - Wechselzug(WZ) - Unterwasserschwungphase (UW)	(soll für die Schüler auch unter diesem Namen eingeführt werden)
4. ***„Rückenrudern"*** = Rückenlage(RL) - Parallelzug(PZ) - Überwasserschwungphase (ÜW)	(soll für die Schüler auch unter diesem Namen eingeführt werden; uns eher bekannt als „Sportliches Altdeutsches Rückenschwimmen")
5. ***„Leises Rückenschwimmen"*** = Rückenlage(RL) - Parallelzug(PZ) - Unterwasserschwungphase (UW)	= Rückenlage(RL) - Wechselzug(WZ) - Überwasserschwungphase (ÜW) (soll für die Schüler auch unter diesem Namen eingeführt werden; uns eher bekannt als „Gemäßigtes Altdeutsches Rückenschwimmen")
6. ***Rückenkraulschwimmen*** = Rückenlage(RL) - Wechselzug(WZ) - Überwasserschwungphase (ÜW)	

Die folgenden Bilder zeigen Schüler bei der Ausführung der Schwimmstile. Die Ausführungen entsprechen der Grobform und genügen durchaus den Ansprüchen unseres Schwimmunterrichtes.

Abb.12: Brustschwimmen hier mit Kraulbeinschlag = Bauchlage (BL) – Parallelzug(PZ) – Unterwasserschwungphase (UW)

Beschreibung des Armzuges: Zu Beginn sind beide Arme gestreckt. Danach zieht der Schüler sie leicht nach außen (s. Foto) und knickt dann die Arme. Mit seinen Händen und Unterarmen sucht er den Abdruckwiderstand des Wassers und zieht sie zum Körper. Etwa auf Höhe der Schultern bringt er schnell die Unterarme zusammen, bevor er sie an der Wasseroberfläche führend wieder in die Streckung bringt. – Vergleiche auch mit Kapitel 5.4 „Erlernen des Brustschwimmens“.

Abb. 13: Kraulschwimmen = Bauchlage(BL) – Wechselzug (WZ) – Überwasserschwungphase (ÜW)

Beschreibung des Armzuges: siehe ausführlich bei der Beschreibung des Kraulschwimmen in Kapitel 5.3.

Abb. 14: „Hunde-paddeln“ hier mit Kraulbeinschlag = Bauchlage (BL) – Wechselzug(WZ) – Unterwasser-schwungphase (UW)

Beschreibung des Armzuges: Die Schülerin benutzt die Arme abwechselnd unter Wasser. Während sie mit einem Arm das Wasser nach hinten schiebt, bringt sie den anderen Arm möglichst strömungsgünstig wieder nach vorne.

Abb. 15: “Rücken-rudern“ hier mit Kraulbeinschlag =Rückenlage(RL) - Parallelzug(PZ) - Überwasser-schwungphase (ÜW)

Beschreibung des Armzuges: Der Schwimmer schwingt beide Arme parallel über Wasser nach hinten (s. Foto). Nachdem sie hinter dem Kopf ins Wasser getaucht sind, knickt er sie ein und schiebt mit Armen und Händen das Wasser in Richtung Füße. In der letzten Phase werden die Arme dabei wieder gestreckt und verlassen – wenn sie die Oberschenkel erreicht haben – wieder das Wasser.

Abb.16: „leises Rückenschwimmen“ hier mit Kraulbeinschlag (eine Lösung, die die Kinder -zumindest vorrübergehend sehr gerne wählen) = Rückenlage(RL) - Parallelzug(PZ) - Unterwasserschwungphase (UW)

Beschreibung des Armzuges: Der Schwimmer hat zu Beginn seines Armzuges die Arme gestreckt am Körper. Dann beginnt er bei sukzessiv einknickenden Armen die Ellbogen nach hinten zu führen. Wenn diese etwa die Schulterhöhe erreicht haben, leiten seine Unterarme während der Streckung der Arme eine schiffschraubenähnliche Halbkreisbewegung nach außen ein.

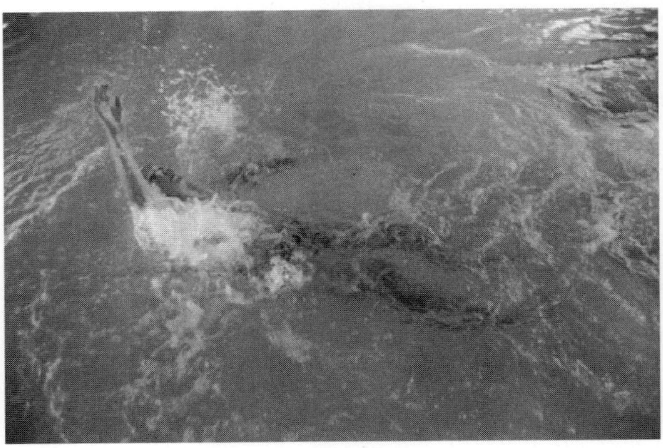

Abb. 17: Rückenkraulschwimmen = Rückenlage(RL) – Wechselzug (WZ) – Überwasserschwungphase (ÜW)

Beschreibung des Armzuges: Die Arme werden wechselseitig eingesetzt. Zunächst wird der Arm in Verlängerung der Körperlängsachse gestreckt nach hinten gebracht. In der anschließenden Zugphase wird der Arm unter Wasser gebeugt. Wenn die Hand die Höhe der Schulter passiert hat, wird vorrangig die Hand und der Unterarm für ein Abdrücken vom Wasser genutzt.

Zum Schluß ist der Arm wieder gestreckt und wieder bereit, durch die Luft nach hinten zu schwingen.

Dem aufmerksamen Leser ist es bestimmt gleich aufgefallen: *Zwei der beschriebenen Armzugmuster ergeben mit dem Kraulbeinschlag kombiniert automatisch jeweils einen olympischen Schwimmstil (Kraul und Rückenkraul). Es ist also nicht ausgeschlossen, dass einige Schüler doch sofort einen olympischen Schwimmstil (als ihren Individuellen Schwimmstil) auswählen.*

Noch einige kurze Anmerkungen zu den beschriebenen Armzugmustern:

Parallelzug (PZ) bedeutet, dass beide Arme parallel die gleiche Bewegung ausführen (z.B. beim Brustschwimmen und beim „Sportlichen Altdeutschen Rückenschwimmen). Im Gegensatz dazu arbeiten beim Wechselzug (WZ) die Arme im Wechsel (vgl. Kraul- und Rückenkraulschwimmen).
Außerdem wird unterschieden zwischen einer Unterwasserschwungphase (UW, z.B. beim Brustschwimmen + „Hundepaddeln") und einer Überwasserschwungphase (ÜW, z.B. beim Kraulschwimmen und Rückenkraulschwimmen).

Die Kombination „Bauchlage (BL) – Parallelzug (PZ) – Überwasserschwungphase (ÜW) = Delfinschwimmen" wird den Schülern nicht angeboten, da sie sehr kraftraubend ist. Obwohl einige begabte Schwimmanfänger diese Technik zunächst ohne weiteres erlernen, entscheiden sie sich im späteren Verlauf fast immer für ökonomischere Lösungen. Leistungsstärkere Schüler können es später als Differenzierungsaufgabe üben.

Die Kombination Rückenlage (RL) – Wechselzug (WZ) – Unterwasser(UW) wird den Schülern ebenfalls nicht angeboten, da eine spätere Ausführung zu einer extrem schlingernden Bewegung führt.

Beim Brustarmzug BL/PZ/UW kann es zu einer Streckung der Arme nach hinten in der Druckphase kommen (vgl. Tauchzug nach Start und Wende beim Sportbrustschwimmen). Allerdings gestaltet sich dann die Schwungphase sehr schwierig, da die Arme möglichst körpernah (strömungsgünstig) wieder in die Ausgangsstellung zurückzubringen sind. Sonst reißt nämlich der

Gesamtvortrieb ab. Ebenso gut können nach der Zugphase die Ellbogen schnell zusammengebracht werden und danach die Schwungphase eingeleitet werden. Diese Lösung sollten Sie auch den Schwimmanfängern vorstellen.

Methodische Vorgehensweise:
Das Erlernen der Armzugmuster soll den Schülern durch folgende methodische Maßnahmen (nach dem Prinzip der sukzessiv ausgeblendeten Hilfestellungen) erleichtert werden:

Wenn genügend Schwimmmatten vorhanden sind, kann auf eine sofortige Ausübung des Armzuges zunächst verzichtet werden. Die Anforderungen würden somit entzerrt und die Schüler könnten zunächst mit der Vortriebs- und Steuerwirkung ihrer Armzugmuster experimentieren. Leider sind die Bäder nur selten so gut ausgestattet.

In letzter Zeit haben bunte Schwimmnudeln (Stangen aus Kunststoffschaummaterial, ca. 1,70 m lang) unsere Bäder erobert. Sie sind vielfältig einsetzbar und auch sehr viel billiger als die Schwimmmatten. Wegen ihrer Länge bieten sie ebenfalls guten Auftrieb. Allerdings werden die Beine jetzt nicht mehr unterstützt. Die Schwimmnudeln werden entweder unter die Achseln (Brustarmzug, Hundepaddeln) geklemmt oder unter den Bauch gelegt (Kraularmzug, aber auch möglich bei Brustarmzug und Hundepaddeln) oder unter den Rücken gelegt („Leises Rückenschwimmen", „Rückenrudern" und Rückenkraulschwimmen). Wenn die Schüler die Schwimmnudeln lieber einklemmen, dann häufig deshalb, weil sie Angst haben, sie würden sie sonst beim Schwimmen verlieren. Der Brustarmzug kann allerdings besser ausgeführt werden, wenn die Schwimmnudel unter dem Bauch liegt. Außerdem hat die Lagerung in der Nähe der Körpermitte eine ausgleichendere Wirkung auf die Auftriebsverteilung des Körpers.

Die im Folgenden verwandten Auftriebshilfen sind Pullbuoys (=zwei zylinderförmige Auftriebshilfen, die entweder durch ein Seil miteinander verbunden sind oder in einem Stück hergestellt wurden), deren Auftriebswirkung jedoch bei weitem nicht so groß ist, wie die der Luftmatratze oder der Schwimmnudeln. Dennoch halten sie, wenn der Schüler sie zwischen den Oberschenkeln einklemmt, die Beine an der Wasseroberfläche. Die insgesamt instabilere Wasserlage stellt sehr viel höhere Anforderungen an die Armarbeit des Schwimmanfängers, da er diese nun zusätzlich zur Fortbewegung und Steuerung auch noch zum Ausbalancieren der Körperlage benötigt!

Das dritte Bewegungsgesetz von Newton, das besagt, dass jede Aktion eine gleiche und entgegengesetzte Reaktion bewirkt, bekommt zunehmende Bedeutung. So führt z.B. ein ungleichmäßiges Ziehen der Arme auf der Luftmatratze nur zu einer Änderung der Bewegungsrichtung, die relativ einfach zu korrigieren ist. Da die Pullbuoys jedoch eine nicht so große Auftriebswirkung wie die Luftmatratzen haben, die durch ihre Form zudem noch so breitflächig und somit stabil unter dem Körper des „Schwimmers“ verteilt ist, kann ein ungleichmäßiges Ziehen der Arme zu Verwindungen oder sogar Rotationen des Körpers führen. Ein Absinken des Unterkörpers, hervorgerufen durch eine hohe Kopfhaltung, wird durch die Pullbuoys jedoch verhindert.

Zusammengefasst lässt sich feststellen, dass die Schüler auf Grund der komplexer gewordenen Anforderungen ihren Armzug konzentrierter und dosierter ausführen müssen als den Beinschlag in den vergangenen Unterrichtseinheiten.

Während dieser Phase der Unterrichtsreihe müssen die Lehrer die Schüler laufend beobachten, um herauszufinden, welche Körperlage und welcher Armzug dem einzelnen Schüler am besten gelingt. Dazu gehören unbedingt zwischengeschobene Informationsaustauschphasen, in denen die Schüler ihre Erfahrungen verbalisieren sollen. Schließlich soll der auf diese Weise gefundene „Armzug-Schwimmstil“ weiter geübt und hinsichtlich biomechanischer Grundsätze verbessert, d.h. ökonomisiert werden. Wie schon zuvor erwähnt, kann es durchaus sein, dass einige Schüler mehrere Armzugmuster und unter Umständen auch Bauch- und Rückenlage (im Wechsel) bevorzugen. Dies ist auch nicht weiter schlimm. Erfahrungen haben gezeigt, dass sie später neben der als erste bevorzugten Mischtechnik auch noch andere anwenden, um eine möglichst hohe Schwimmdistanz zurückzulegen. Unter Umständen können dies sogar Armzugmuster sein, die sie nach vorherigen Beobachtungen zuvor nicht so gerne und auch nicht so erfolgreich benutzt haben. Der Hauptgrund ist meistens, dass sie die eine Mischtechnik für den Vortrieb und eine andere eher für den Auftrieb benutzen, d.h., dass sie im zweiten Fall die Schwimmgeschwindigkeit herabsetzen, um atmen zu können. Manchmal benutzen sie aber auch eine andere Armzugtechnik, um die Muskeln etwas anders zu beanspruchen und sich somit eine kurzfristige Erholung zu verschaffen.

> Sollten einige Schüler von sich aus andere – aber grundsätzlich ökonomische – Schwimmstile erfinden, die sich nicht an den vorgeschlagenen Übungen orientieren, ist dies nicht unerwünscht! Diese Schüler haben durch eigenes Experimentieren einen Individuellen Schwimmstil für sich gefunden oder sie bringen früher erlernte Teilfertigkeiten mit ein (z.B. Brustbeinschlag. Schwimmen in Seitlage). Während die anderen Schüler Bahn für Bahn die vorgeschlagenen Übungen schwimmen, können diese Schüler währenddessen Ihren Schwimmstil verbessern.

Alles ist viel weniger kompliziert, als es sich bis hierhin liest. Deshalb schnell zurück zur Praxis:

Unterrichtseinheit 5 - Kennenlernen der verschiedenen Armzugmuster mit Hilfe von Schwimmnudeln (Die Erarbeitungsphasen sind so umfangreich, dass sie über mehrere Unterrichtsstunden verteilt werden müssen!)		
Phase	**Unterrichtsverlauf**	**methodisch - didaktischer Kommentar**
Einleitung	Schülerinformation am Versammlungsort - Materialbeschaffung	Die Unterrichtseinheit „Erlernen des Armzuges bei Verwendung einer Schwimmmatratze" wird nicht dargestellt. Sollten Sie mehrere Matratzen in Ihrem Schwimmbad haben, ist es empfehlenswert, die Schüler eine Unterrichtseinheit mit verschiedenen Armzugmustern experimentieren zu lassen. Hierbei empfiehlt sich die Organisationsform „Schwimmen in Dreier-Gruppen".
Erarbeitung 1	Einführung der Organisationsform „Schwimmen in Dreier-Gruppen"	Die Schüler bilden Dreiergruppen und führen das Organisationsprinzip zum besseren Verständnis kurz im Laufen durch. Beschreibung siehe S. 136.
2	Einführung aller Armzugmuster im Vorwärts- und Rückwärtsgehen: Der Lehrer macht sie jeweils vorher an Land vor.	Der Körper der Schüler ist beim Gehen ins Wasser getaucht, nur der Kopf schaut noch heraus.

	BRUST (BL-PZ -UW) KRAUL (BL-WZ-ÜW) HUNDEPADDELN (BL-WZ-UW) LEISES RÜCKENSCHWIMMEN (RL-PZ-ÜW) RÜCKENRUDERN (RL-PZ-ÜW) RÜCKENKRAUL (RL-WZ-ÜW)	Org.form: Schwimmen in Dreier-Gruppen
3 4	Ausprobieren der Armzüge mit Hilfe von Schwimmnudeln. Zunächst sollen die Schüler wieder experimentieren. Die Schüler schwimmen die Armzüge je nach Vorgabe durch die Lehrkraft:	Da einige Schüler vermutlich auch in der Rückenlage schwimmen möchten, sollte die Organisationsform „Schwimmen in Wellen" oder „Schwimmen in Dreiergruppen" aufrechterhalten bleiben. Die Schwimmnudel (eine pro Gruppe) wird dann als Staffelstab überreicht.
	BRUST (BL-PZ -UW)	-Nudel unter den Achseln einklemmen (später unter den Bauch legen)
	KRAUL (BL-WZ-ÜW)	-Nudel unter den Bauch legen
	HUNDEPADDELN (BL-WZ-UW)	-Nudel unter den Achseln einklemmen (später unter den Bauch legen)
	LEISES RÜCKENSCHWIMMEN (RL-PZ-ÜW)	-Nudel unter den Achseln einklemmen (später unter den Rücken legen)
	RÜCKENRUDERN (RL-PZ-ÜW)	-Nudel unterhalb der Schulterblätter positionieren
	RÜCKENKRAUL (RL-WZ-ÜW)	-Nudel unterhalb der Schulterblätter positionieren
5	lernzielorientiertes Spiel zum LZ Schwimmen von verschiedenen Armzugmustern mit Hilfe von Schwimmnudeln	geeignete Spiele sind: Schwimmspiele: 1-4, 6-8, 10, 13-15, 17-19, 21-28, 30-39 offenere Spielformen: 7, 13, 14, 22, 26, 31, 32, 38, 47
6	freies Spiel	
Abschluss	Abschlussbesprechung am Versammlungsort	Verbalisieren des Erlebten durch die Schüler - Materialentsorgung

Sicherheitshinweise: Beim Schwimmen in Dreier-Gruppen darf erst gestartet werden, wenn der vorherige Schwimmer den Beckenrand berührt hat. Die Lehrkraft erinnert die Schüler an die Einhaltung der Bahn der jeweiligen Gruppe. Beim Schwimmen in Rückenlage achten die am Beckenrand wartenden Gruppenmitglieder darauf, dass der Schwimmer nicht mit dem Kopf an den Rand stößt.

Material: Schwimmmatratzen, Schwimmnudeln, Pullbuoys

In dieser Einheit geht es zu Beginn zunächst nur darum, Erfahrungen zu sammeln. Eventuell zu sehende Fehler sollten zu Gunsten des Lobes für gute Versuche noch nicht korrigiert werden.

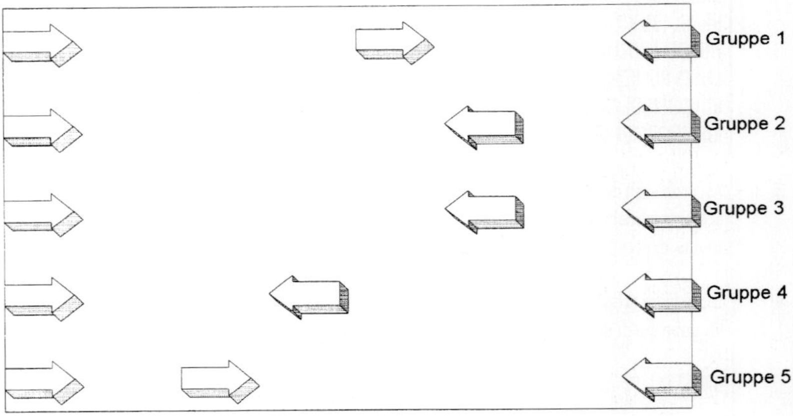

Organisationsform Schwimmen in Dreiergruppen - Pendelstaffel

Es werden Gruppen à 3 Schüler gebildet, denen eine Bahn (gedachte Raumlinie) zugeordnet wird. Während ein Schüler schwimmt, erholen sich die anderen beiden am Beckenrand. Sie starten erst, wenn der Schwimmer am Beckenrand angeschlagen hat.

Unterrichtseinheit 6 - Kennenlernen der verschiedenen Armzugmuster mit Hilfe von Pullbuoys
(Die Erarbeitungsphasen sind so umfangreich, dass sie über mehrere Unterrichtsstunden verteilt werden müssen!)

Phase	**Unterrichtsverlauf**	**methodisch - didaktischer Kommentar**
Einleitung	Schülerinformation am Versammlungsort - Materialbeschaffung	
Erarbeitung 1	Experimentieren mit dem Auftriebskörper Pullbuoy: *Wer kann ihn transportieren, wenn er zwischen den Beinen eingeklemmt ist?*	(Möglichkeiten könnten sein: Gehen, Hüpfen, Delfinsprünge, ... aber auch der -wie auch immer geartete-Einsatz der Arme zum Schwimmen)
2	Schwimmen mit Pullbuoys. Die Schüler stoßen sich in **Bauchlage** vom Beckenrand ab. *Wenn Ihr merkt, dass Ihr nicht mehr weitergleitet, versucht den Gleitweg mit diesem (...) Armzug zu verlängern.*	Org.form: Schwimmen in Dreier-Gruppen - Pullbuoys zwischen den Oberschenkeln eingeklemmt (ein Pullbuoy pro 3-er Gruppe langt, da er wie ein Staffelstab übergeben wird).

	Die Schüler schwimmen insgesamt 6 Bahnen (2 Durchgänge pro Armzug) Die Armzugtechniken sind: BRUST (BL-PZ -UW) KRAUL (BL-WZ-ÜW) HUNDEPADDELN (BL-WZ-UW) Schülergespräch am Versammlungsort: Erfahrungsaustausch: *Welcher Armzug hat Dir am Besten gefallen?*	Wenn ein Schüler den Versuch abbricht, darf er sich hinstellen und es erneut versuchen (usw. bis zum Beckenrand). Wenn ein Schüler konditionell überfordert ist, legt er den Weg in Delfinsprüngen zurück. Das gilt auch für alle folgenden Übungseinheiten. Bei der Ausführung der Armzüge in Bauchlage bleibt zur Erhaltung der günstigen Strecklage das Gesicht im Wasser.
3	Die Schüler stoßen sich in **Rückenlage** vom Beckenrand ab. *Wenn Ihr merkt, dass Ihr nicht mehr weitergleitet, versucht den Gleitweg mit diesem (...) Armzug zu verlängern.* Die Schüler schwimmen insgesamt 6 Bahnen (2 Durchgänge pro Armzug) Die Armzugtechniken sind: LEISES RÜCKENSCHWIMMEN (RL-PZ-UW) RÜCKENRUDERN (RL-PZ-ÜW) RÜCKENKRAUL (RL-WZ-ÜW) Schülergespräch am Versammlungsort: Erfahrungsaustausch: *Welcher Armzug hat Dir am Besten gefallen?*	Wenn ein Schüler den Versuch abbricht, darf er sich hinstellen und es erneut versuchen (usw. bis zum Beckenrand) Org.form: Schwimmen in Dreier-Gruppen Wer gegen Ende seiner Schwimmbahn erschöpft ist, geht den Rest bis zum Beckenrand.
4	Die Schüler stoßen sich in **Bauchlage** vom Beckenrand ab, gleiten und versuchen danach mit ihrem „Lieblingsarmzug in der Bauchlage" den Gleitweg zu verlängern. Sie schwimmen so soweit wie möglich. Kurz vor der Erschöpfung drehen sie sich in die Rückenlage und schwimmen mit ihrem „Lieblingsarmzug in der Rückenlage" solange es geht.	Der Start beginnt deshalb in der Bauchlage, weil so zu Beginn die Atemwege vom Wasser verschlossen sind. Durch das Drehen in die Rückenlage bekommen die Schüler ihre Atemwege wieder frei. Auf ein lernzielorientiertes Spiel wird in dieser Einheit bewußt verzichtet, um die Aufmerksamkeit der Schüler voll auf die Ausführung der Armzüge zu lenken.
5	freies Spiel	
Abschluss	Abschlussbesprechung am Versammlungsort	Verbalisieren des Erlebten durch die Schüler - Materialentsorgung

Sicherheitshinweise: Beim Schwimmen in Dreier-Gruppen darf erst gestartet werden, wenn der vorherige Schwimmer den Beckenrand berührt hat. Die Lehrkraft erinnert die Schüler an die Einhaltung der Bahn der jeweiligen Gruppe. Beim Schwimmen in Rückenlage achten die am Beckenrand wartenden Gruppenmitglieder darauf, dass der Schwimmer nicht mit dem Kopf an den Rand stößt.
Material: Pullbuoys
In dieser Einheit geht es wiederum zunächst erst einmal darum, Erfahrungen zu sammeln. Eventuell zu sehende Fehler sollten zu Gunsten des Lobes für gute Versuche nicht zu früh korrigiert werden.

Unterrichtseinheit 7 - Beurteilung der verschiedenen Armzugmuster durch die Schüler + Ausbau der Schwimmdistanz
(Die Erarbeitungsphasen sind so umfangreich, dass sie über mehrere Unterrichtsstunden verteilt werden müssen!)

Phase	Unterrichtsverlauf	methodisch - didaktischer Kommentar
Einleitung	Schülerinformation am Versammlungsort - Materialbeschaffung	
Erarbei-tung 1	Wiederholung aller Armzugmuster im Vorwärts- und Rückwärtsgehen: BRUST - (BL-PZ -UW) KRAUL - (BL-WZ-ÜW) HUNDEPADDELN - (BL-WZ-UW) LEISES RÜCKENSCHWIMMEN - (RL-PZ-ÜW) RÜCKENRUDERN - (RL-PZ-ÜW) RÜCKENKRAUL - (RL-WZ-ÜW)	Der Körper ist beim Gehen ins Wasser getaucht, nur der Kopf schaut noch heraus. Org.form: Schwimmen in Dreier-Gruppen *Erinnert Ihr Euch noch, mit welchen Armzügen ihr beim letzten Mal gut geschwommen seid?*
2	Die Schüler schwimmen mit zwischen den Oberschenkeln eingeklemmten Pullbuoys mindestens 5 Bahnen ihres Lieblingsarmzuges in der <u>Bauchlage</u> (BL). *Wenn Ihr meint, dass Ihr doch den falschen Armzug als Lieblingsarmzug gewählt habt, probiert einfach einen anderen aus und vergleicht Eure Erfolge.* BRUST - (BL-PZ -UW) KRAUL - (BL-WZ-ÜW) HUNDEPADDELN - (BL-WZ-UW)	Wenn die Schüler erschöpft sind oder nicht mehr genügend Sauerstoff haben, stellen sie sich hin, erholen sich kurz und starten dann mit einem Delfinsprung erneut, um den gleichen Armzug wieder zu benutzen. Der Kopf bleibt zur Aufrechterhaltung der günstigen Körperstrecklage im Wasser. Org.form: Schwimmen in Dreier-Gruppen

3	Die Schüler schwimmen mit zwischen den Oberschenkeln eingeklemmten Pullbuoys mindestens 5 Bahnen ihres Lieblingsarmzuges in der Rückenlage (RL). Auch hier gilt für die Schüler: *Wenn Ihr meint, dass Ihr doch den falschen Armzug als Lieblingsarmzug gewählt habt, probiert einfach einen anderen aus und vergleicht Eure Erfolge.* LEISES RÜCKENSCHWIMMEN - (RL-PZ-ÜW) RÜCKENRUDERN - (RL-PZ-ÜW) RÜCKENKRAUL - (RL-WZ-ÜW)	Der Kopf soll zur Aufrechterhaltung der günstigen Körperstrecklage im Wasser in Verlängerung der Körperlängsachse im Wasser liegen. Wenn die Schüler das Kinn auf die Brust legen, sackt ihr Po ab und die Körperlage wird sofort strömungsungünstiger. Org.form: Schwimmen in Dreier-Gruppen
4	Schülergespräch am Versammlungsort: Erfahrungsaustausch: *Welcher Armzug hat Dir am Besten gefallen? Welchen Armzug magst Du überhaupt nicht? Kannst Du Dir vorstellen, eine Bahn zu schwimmen, ohne Dich hinzustellen? Welche Armzüge würdest Du dazu benutzen?*	Die Einbeziehung der Schülererfahrungen gibt einerseits den Schülern die Möglichkeit auf Mitbestimmung bei der Entwicklung ihres zukünftigen Individuellen Schwimmstils. Andererseits entlasten die Eigenreflektionen der Schüler die Lehrkraft bei der gedanklichen „Protokollierung" der unterschiedlichen Schwimmstile der Schüler. (Diese „Protokolle" beziehen sich vorrangig auf Schüler, die noch Schwierigkeiten bei den Bewegungsausführungen haben, da sich die Lehrkraft natürlich nicht alle Schwimmausführungen aller Schüler merken kann.)
5	Die Schüler stoßen sich in **BL** vom Beckenrand ab, gleiten und versuchen danach mit ihrem „Lieblingsarmzug in der Bauchlage" den Gleitweg zu verlängern. Sie schwimmen so (mit eingeklemmten Pullbuoys) so weit wie möglich. Kurz vor der Erschöpfung drehen sie sich in die Rückenlage und schwimmen mit ihrem „Lieblingsarmzug in der Rückenlage" so lange es geht. Um an den anderen Beckenrand zu gelangen, dürfen sie ihre Armzugtechniken/ Körperlagen so oft wie nötig wechseln. Allerdings sollten sie sich auf drei Grundtechniken beschränken! mehrere Durchgänge	Die Beschränkung auf drei Grundtechniken hat das Ziel, dass die Schüler sich sobald wie möglich entscheiden, welche Techniken sie tatsächlich am liebsten mögen und sich dann spezialisieren können. Erst dann können auch die Korrekturversuche der Lehrkraft verarbeitet werden. Wenn die Schüler erschöpft sind oder nicht mehr genügend Sauerstoff haben, stellen sie sich hin, erholen sich kurz und starten dann mit einem Delfinsprung erneut, um den gleichen Armzug wieder zu benutzen. Sollten die Schüler später bei der Ausdauererweiterung ihres Individuellen Schwimmstiles doch mal mehr als drei Armzugmuster benutzen, ist das dann nicht so schlimm. Org.form: Schwimmen in Dreiergruppen

6	lernzielorientiertes Spiel zum LZ Schwimmen einer Querbahn mit drei Armzugtechniken.	geeignete Spiele sind: Schwimmspiele: 1-4, 6-8, 10, 13-15, 17-19, 21-28, 30-39 offenere Spielformen: 7, 13, 14, 22, 26, 31, 32, 38, 47 Wenn die Schüler erschöpft sind oder nicht mehr genügend Sauerstoff haben, stellen sie sich hin, erholen sich kurz und starten dann mit einem Delfinsprung erneut, um den gleichen Armzug wieder zu benutzen.
7	freies Spiel	Verbalisieren des Erlebten durch die Schüler - Vorstellen der Entscheidungsbögen (im Anhang) und Überlegungen der Schüler, welchen Armzug und welche Körperlage sie wohl in der nächsten Unterrichtsstunde verwenden möchten. Materialentsorgung
Abschluss	Abschlussbesprechung am Versammlungsort	

Sicherheitshinweise: Beim Schwimmen in Dreier-Gruppen darf erst gestartet werden, wenn der vorherige Schwimmer den Beckenrand berührt hat. Die Lehrkraft erinnert die Schüler an die Einhaltung der Bahn der jeweiligen Gruppe. Beim Schwimmen in Rückenlage achten die am Beckenrand wartenden Gruppenmitglieder darauf, dass der Schwimmer nicht mit dem Kopf an den Rand stößt.

Material: Pullbuoys, Entscheidungsbögen (Kopiervorlage im Anhang)

Unter Umständen kann es notwendig werden, diese Einheit durch 2 bis 3 Wiederholungen zu verlängern, um genügend Zeit für Korrekturmaßnahmen zu haben. Benutzen Sie dazu die lernzielorientierten Spiele.
Wenn Sie das Gefühl haben, dass bei der Bewegungsausführung bei einzelnen Schülern „irgendetwas nicht stimmt", kann Ihnen der Fehlerdiagnosebogen (am Ende der Verlaufsbeschreibung von Unterrichtseinheit 10) zum Armzug eventuell eine Hilfe sein.

Unterrichtseinheit 8 - Auswahl von drei „Lieblingsarmzugtechniken" durch die Schüler

Phase	Unterrichtsverlauf	methodisch - didaktischer Kommentar
Einleitung	Schülerinformation am Versammlungsort + Materialbeschaffung	
Erarbeitung 1	lernzielorientiertes Spiel zum LZ Schwimmen einer Querbahn (jetzt möglichst ohne Pause) mit nur noch drei Armzugtechniken bei zwischen den Beinen eingeklemmtem Pullbuoy.	geeignete Spiele sind: Schwimmspiele: 1-4, 6-8, 10, 13-15, 17-19, 21-28, 30-39 offenere Spielformen: 7, 13, 14, 22, 26, 31, 32, 38, 47

	Die Lehrkraft erinnert die Schüler vorher noch einmal an den Entscheidungsbogen der vorherigen Unterrichtseinheit und bittet sie, entsprechend ihrer Auswahl die drei Armzugtechniken auszuführen.	hier und im Folgenden: Wenn Schüler doch noch mal erschöpft sind oder nicht mehr genügend Sauerstoff haben, stellen sie sich hin und starten nach dem Luftholen dann mit einem Delfinsprung erneut, um den gleichen Armzug wieder zu benutzen.
2	lernzielorientiertes Spiel zum LZ Schwimmen einer Querbahn nur mit dem Kraulbeinschlag (!) in Bauch- und Rückenlage mit möglichst wenig Flossenhilfe	Wiederholung und Festigung - zur Entlastung der in dieser Einheit stark beanspruchten Armmuskulatur geeignete Spiele sind: Schwimmspiele: 1-4, 6-8, 11, 13-15, 17-39 offenere Spielformen: 7, 13, 14, 17-24, 32, 34, 38, 39, 43, 48, 50
3	lernzielorientiertes Spiel zum LZ Schwimmen einer Querbahn (ohne Pausen) mit bis zu drei Armzugtechniken. WDH - Erarbeitungsphase 1	geeignete Spiele sind: Schwimmspiele: 1-4, 6-8, 10, 13-15, 17-19, 21-28, 30-39 offenere Spielformen: 7, 13, 14, 22, 26, 31, 32, 38, 47
4	Schülergespräch am Versammlungsort: Festlegung der drei beliebtesten Armzugtechniken, die zum Schwimmen genutzt werden	zur besseren Übersicht und als Protokollhilfe trägt die Lehrkraft die Auswahl in den Entscheidungsbogen ein.
5	freies Spiel	
Abschluss	Abschlussbesprechung am Versammlungsort	Materialentsorgung

Sicherheitshinweise: entsprechend den Spielen

Material: Pullbuoys, Flossen, Entscheidungsbogen (siehe Anhang), Spielmaterial gemäß Beschreibung bei den ausgewählten Spielen.

Die Entscheidung, die auf dem Bogen von den Schülern getroffen wird, ist nicht absolut bindend. Sie soll vielmehr das Gespür der Schüler für ihre Lieblingsarmzugmuster intensivieren. Ein späterer Wechsel ist völlig in Ordnung. Die Anzahl der Armzugmuster soll jedoch auf 3 begrenzt bleiben.
Wenn Sie das Gefühl haben, dass bei der Bewegungsausführung bei einzelnen Schülern „irgendetwas nicht stimmt", kann Ihnen der Fehlerdiagnosebogen zu den Armzugtechniken (vgl. Unterrichtseinheit 10) eventuell eine Hilfe sein. Für notwendige weitere Unterrichtseinheiten zu dem Zielschwerpunkt benutzen Sie am besten die angegebenen lernzielorientierten Spiele.

Unterrichtseinheit 9 - Ausdauerverbesserung bei den Armzugtechniken		
Phase	**Unterrichtsverlauf**	**methodisch - didaktischer Kommentar**
Einleitung Erarbei- tung 1	Schülerinformation am Versammlungsort „Wetten, dass - 30 Minuten Schwimmen" Für dieses Spiel werden 3 oder 4 gleich leistungsstarke Gruppen gebildet. Ihre Mitglieder sollen innerhalb der vorgegebenen Gesamtzeit von 30 Minuten soviele Bahnen wie möglich schwimmen. Die Zeit ist in drei Unterzeiten a' 10 Minuten unterteilt. Jede Mannschaft gibt vor Beginn dieser 10 Minuten-Blöcke eine Wette ab: *Wir wetten, dass unsere Mannschaft in 10 Minuten .... Bahnen schwimmen kann!* Dazu müssen sich die einzelnen Mannschaftsmitglieder aufgrund ihrer bisherigen persönlichen Leistungen natürlich beraten, um realistische Zahlen abgeben zu können. Die Mannschaft mit den meisten Bahnen bekommt 3 Punkte. Überbietet die Mannschaft die von ihr gewettete Bahnenzahl bekommt sie 2 Punkte. Erreicht sie sie nicht, bekommt sie keinen Punkt. Die Mannschaft, deren Leistung am nächsten zur eigenen Schätzung liegt, bekommt 1 Extra-Punkt. Die gleiche Wertung gilt für die beiden anderen 10-Minuten-Blöcke. In der Gesamtwertung bekommt die Mannschaft mit den meisten geschwommen Bahnen (30 Minuten) 2 Extrapunkte.	Wettkampfbedingungen: 1. Der Start erfolgt durch Abstoßen vom Beckenrand. 2. Folgeschwimmer starten erst, wenn der vorherige Schwimmer den gegenüberliegenden Beckenrand berührt hat. 3. Die Schwimmer verlassen das Becken an der Zielseite und gehen zurück zum Start (Org.form „Schwimmen in Wellen"). - Bei Laufen erfolgt eine Zeitstrafe 4. Jede Mannschaft hat zwei Bahnen, d. h. sie kann (muss aber nicht) parallel zwei Schwimmer im Wasser haben. 5. Die Schwimmer dürfen den Beckenboden nicht berühren, sonst zählt die Bahn nicht. 6. Der Individuelle Schwimmstil (aus den bis max. drei ausgewählten Armtechniken) ist freigestellt. Geschwommen wird mit zwischen den Oberschenkeln eingeklemmten Pullbuoys. Wer will, darf auch seine Beine dabei einsetzen (ohne Flossen). Ein leichter Kraulbeinschlag funktioniert auch bei eingeklemmten Pullbuoys. Ein Schwimmen nur mit den Beinen (ohne Brett) gilt ebenfalls. Die Lehrkraft führt genau Protokoll. Insbesondere die max. erreichten Bahnen aller Gruppen insgesamt innerhalb von 10 min, wie auch der 30 min sind für zukünftige Ausdauerspiele als Vergleichszahlen interessant. Die Wettregel hat einerseits den Sinn, dass die Schüler lernen sollen, ihre Leistungen realistischer einzuschätzen. Andererseits gleicht der Glücksfaktor (beste Schätzleistung) die eventuelle Leistungsschwäche einer Gruppe auf dem Punktekontostand wieder aus. Schüler, die an diesem Tag nicht aktiv am Schwimmunterricht teilnehmen können, werden als Schiedsrichter eingesetzt.

		weitere geeignete Ausdauerspiele sind : Schwimmspiele: 1, 10, 15, 18, 19, 21, 24-27, 30-34 offenere Spielformen: 14, 22, 38, 47
2	freies Spiel	
Abschluss	Abschlussbesprechung am Versammlungsort	- Materialentsorgung

Sicherheitshinweise: Rangeleien durch die Übermotivation einzelner Schüler müssen sofort unterbunden werden. Das Springen ins Wasser ist verboten. Schüler, die gerade nicht schwimmen, sitzen auf der Bank oder dem Boden (auf einem Schwimmbrett), jedoch nicht in Beckennähe.

Material: vorbereitete Wettkampfliste, Pullbuoys

Heute können sie nur vereinzelt Schülern „Tips" für eine bessere Ausführung ihrer Schwimmtechnik geben. In der nächsten Einheit haben sie ausgiebige Gelegenheit dazu. Für notwendige weitere Unterrichtseinheiten zu dem Zielschwerpunkt benutzen Sie am besten die angegebenen lernzielorientierten Spiele.

Unterrichtseinheit 10 - Korrektur der Bewegungsausführungen beim Armzug

Phase	**Unterrichtsverlauf**	**methodisch - didaktischer Kommentar**
Einleitung	Schülerinformation am Versammlungsort	Bislang konnte der Schwimmstil in seiner Grobform noch nicht ausführlich hinsichtlich seiner Ökonomie beurteilt werden. Die Schüler haben anhand einer groben Gesamtvorstellung der Armbewegungen nach dem Versuch und Irrtum Prinzip ihre Erfolge erreicht. Auch in dieser Einheit kann es nicht um den letzten Schliff gehen. Es geht aber um das Beheben von Kardinalfehlern, die zu einem unökonomischen Schwimmstil führen und daher sehr kraftraubend für die Schüler sind.
Erarbeitung 1	Es werden vier Gruppen gebildet. Die Schüler schwimmen ihren 1. Lieblingsarmzug, so weit sie können, vor. Diesmal wechseln sie die Lage nicht, sondern gehen bis zum Beckenrand. Dort erhält jeder Schwimmer eine Rückmeldung über die Qualität seines Armzuges. 5 Durchgänge	
2	dito mit dem 2. Lieblingsarmzug	Bezüglich detaillierterer Bewegungsbeschreibung siehe Kapitel „Ein wenig nasse Theorie" Grundsätzlich ist die Beurteilung des Armzuges auf folgende Kernfragen reduzierbar:

3	dito mit dem 3. Lieblingsarmzug	Ist die gesamte Körperlage gestreckt und strömungsgünstig? Werden die Arme in der Vorbereitungsphase auf strömungsgünstige Art nach vorne gebracht? **Frontalwasserwiderstand gering halten!** Drücken sich die Schwimmer mit den Händen und Unterarmen vom Wasser ab? Nutzen sie dabei den vollen Umfang ihrer Bewegung? **Abdruckwiderstand suchen!**
4	lernzielorientiertes Spiel zum LZ Schwimmen einer Querbahn mit drei Armzugtechniken.	geeignete Spiele sind: Schwimmspiele: 1-4, 6-8, 10, 13-15, 17-19, 21-28, 30-39 offenere Spielformen: 7, 13, 14, 22, 26, 31, 32, 38, 47 Die Lehrkraft nutzt während dieses Spiels die Gelegenheit, bestimmte Kinder weiter zu korrigieren. Unter Umständen lässt sie diese Kinder zu Korrekturzwecken mit Schwimmnudeln und Brettern schwimmen (s.u.). Begründung siehe Fehlerdiagnosebogen im Anschluss
5	Die vier Mannschaften, die zu Beginn gebildet wurden, werden für die letzte Übungsform wieder gebildet. Zwei Mannschaften begeben sich ins Wasser und bilden mit Reifen je einen Tunnel, den die anderen Mannschaften so durchschwimmen sollen, dass sie die Reifen nicht berühren. 3 Durchgänge, danach Wechsel	
6	freies Spiel	
Abschluss	Abschlussgepräch am Versammlungsort - Verbalisieren des Erlebten	Wegräumen der Materialien

Sicherheitshinweise:

Material: Pullbuoys, Schwimmnudeln, Schwimmbretter - Material entsprechend den Spielen

Für notwendige weitere Unterrichtseinheiten zu dem Zielschwerpunkt benutzen Sie am besten die angegebenen lernzielorientierten Spiele. Wenn Sie das Gefühl haben, dass bei der Bewegungsausführung bei einzelnen Schülern „irgendetwas nicht stimmt", kann Ihnen der folgende Fehlerdiagnosebogen zum Armzug eventuell eine Hilfe sein.

Fehlerdiagnosbogen zum Armzug		
Name	**beobachteter Fehler**	**mögliche Korrekturmaßnahme**
	-Fehler: Die Körperlage ist in der Bauchlage nicht gestreckt. -Folge: Die Körperlage ist strömungsungünstig und der Schwimmer ermüdet schnell.	-Korrektur: *Stoße Dich vom Beckenrand ab und gleite durch 3 gehaltene Reifen. Berühre die Reifen nicht. Achte auf die Körperstreckung und nutze vorsichtig den Armzug für den Vortrieb.* Die Ringe werden nicht ganz ins Wasser gehalten, sondern nur so tief, dass eine günstige Körperlage das Durchschwimmen zulassen würde. Das Berühren der Reifen ist gleichzeitig der taktile Impuls für den Schüler, seinen Körper noch mehr zu strecken und ihn parallel zur Wasseroberfläche zu halten.
	-Fehler: Der Körper ist in der Rückenlage nicht gestreckt. -Folge: Der Po sinkt nach unten und die Körperlage ist strömungsungünstig, so dass der Schwimmer schnell ermüdet.	Korrektur: *Lege Deinen Kopf mehr in den Nacken. Versuche, Dir vorzustellen, wie Du Deinen Bauch an die Wasseroberfläche hebst.*
	-Fehler: Der Körper hat keine Spannung. -Folge: Der Körper schlingert und die Koordination des Armzuges wird erschwert und die Vortriebsbilanz verschlechtert.	Korrektur: Wiederholung des Gleitens unter sukzessiver Erweiterung mit Armzügen.
	-Fehler BRUSTARMZUG - (BL-PZ-UW): Die Auswärtsbewegung der Arme führt zu weit nach hinten (=Tauchzug beim Brustschwimmen) -Folge: später beim Brustschwimmen schlechte Koordination von Armen und Beinen	-Korrektur: Armzug soll vor den Schultern ausgeführt werden, daher Übung der richtigen Ausführung auf dem Bauch liegend am Beckenrand, dann auf Luftmatratze oder Schwimmfloß oder der Schwimmnudel
	-Fehler BRUSTARMZUG - (BL-PZ-UW): Handflächen liegen aneinander („Beten„) -Folge: zu spätes Wasserfassen	-Korrektur: Handflächen sollen beim Vorbringen der Arme nach unten zum Beckenboden zeigen
	-Fehler: Ellenbogen ziehen zuerst - „Der Schüler rührt im Wasser." -Folge: Ausweichen des Wasserwiderstandes - geringer Antrieb	-Korrektur: 1. Schwimmen mit Schwimmmatte oder Schwimmnudel unter der Aufgabenstellung, zuerst mit den Händen und Unterarmen das Wasser zu greifen, es dann nach hinten zu schieben,

		• (BRUST)und noch vor der Schulter die Arme zusammenzubringen, • (HUNDEPADDELN) und noch vor dem Bauch den Arm wieder nach vorne zu schieben. 2. (KRAUL) Schwimmen mit der Aufgabenstellung, zuerst mit den Händen und den Unterarmen das Wasser zu greifen und den Armzug bis zum Bauch durchzuziehen, dabei das Wasser nach hinten zu schieben und die Arme über Wasser wieder nach vorne zu bringen:
	-Fehler BRUST - (BL-PZ-UW) + HUNDEPADDELN (BL-WZ-UW): Beim Vorbringen der Arme strecken die Schwimmer sie nicht parallel zur Wasseroberfläche, sondern eher nach vorne unten. -Folge (später beim Schwimmen mit höheren Geschwindigkeiten): Hoher Frontalwasserwiderstand, Heben des Oberkörpers in der Streckung	-Korrektur: *Du musst die Hände beim Vorbringen nach oben zur Wasseroberfläche bringen.* -z.B. beim Heiße Bälle schubsen - Die Schüler sollen durch eine Kugelbadballmenge schwimmen und die „heißen Bälle" mit ihren Händen vor sich her schieben. -z.B. beim Berühren der Hände der Lehrkraft/ eines Mitschülers an der Wasseroberfläche -z.B. beim „Klavierspielen" - Die Schüler sollen beim Vorbringen der Arme mit den Fingerspitzen auf der Wasseroberfläche „Klavier spielen", so dass es immer ein wenig spritzt.
	-Fehler KRAUL - (BL-WZ-ÜW): Arme werden während der Schwungphase seitlich über das Wasser geführt -Folge: schlingernde Gesamtbewegung	-Korrektur: *Lasse Deinen Kopf im Wasser! Stelle Dich zum Einatmen erst einmal kurz hin* (bis die Schwimmlage einwandfrei ist!). *Bewege Deine Arme hoch über das Wasser* (Grobform noch ohne Armbeugen).
	-Fehler: Ellbogen taucht zuerst ins Wasser -Folge: Bremswirkung	-Korrektur: *Deine Hand muss weit vorne zuerst ins Wasser tauchen.*
Korrekturprinzipien: Bei der Korrektur sollte die Gesamtkoordinationsanforderung deutlich verringert werden. Der Armzug wird eventuell erst noch einmal im Gehen ausprobiert. Es können z.B. auch Auftriebskörper eingesetzt werden, um sich nur noch auf die Ausübung des Armzuges zu konzentrieren. Diese Auftriebshilfen werden nach der Verbesserung der Bewegungsausführung natürlich langsam wieder zurückgenommen.		

Dritter unterrichtlicher Schwerpunkt:
Wir schwimmen „unser(e) Armzugmuster" zusammen mit dem Kraulbeinschlag im brusttiefen Wasser

Motorische Lernziele:
Die Schüler sollen ihren bisherigen Schwimmstil (bestehend aus ihrem/ihren individuellen Armzug/Armzügen in der Bauchlage oder Rückenlage) mit dem Kraulbeinschlag koordinieren,

- indem sie zu diesem Beinschlag, den sie mit Flossen ausführen, bei einer Beckendurchquerung die Anzahl der Koordinationszyklen (s.u.) sukzessiv steigern, bis die Gesamtkoordination von Armen und Beinen synchron erfolgt.
- dito, jedoch ohne Flossen.

In diesem Teil der Unterrichtsreihe wird der individuelle „Armzug-Schwimmstil" der Schüler mit dem Kraulbeinschlag verbunden, der in der vorherigen Unterrichtsreihe erlernt wurde. Somit wird bei den meisten Schülern der Grundstein für ihren Individuellen Schwimmstil in seiner Gesamtkoordination (ohne Atmung als Zielschwerpunkt) gelegt. Sollte sich die bisher bevorzugte Körperlage im Wasser beim Beinschlag von derjenigen beim Armzug unterscheiden, so ist zu bedenken, dass der Vortrieb, der beim Kraulbeinschlag (ohne Flossen) erzeugt wird, deutlich geringer ist als der der Armzugtechniken. Andererseits bietet die beim Beinschlag gemachte Erfahrung bei einer höheren Ausdauerbelastung eine zusätzliche Möglichkeit zum Wechsel des Schwimmstils.

Die Beinschlagbewegung wird zunächst noch mit Flossen unterstützt, die dem Schwimmer so viel Vortrieb geben, dass er sich auf den Armzug konzentrieren kann.
Dieser permanente Vortrieb durch die Beinarbeit erleichtert den Schülern die Koordination von Armen und Beinen, da sie bei eventuell auftretenden Koordinationsstörungen nicht sofort hilflos sind, sondern sich für den nächsten Augenblick (!) auch nur mit dem Beinschlag fortbewegen können. Der zeitlich synchrone Einsatz von Arm- und Beinarbeit muss allerdings übergeordnetes Ziel bleiben.
Außerdem geben die Flossen eine starke kinästhetische Rückmeldung über die Beintätigkeit. Das ist vor allem für die

Schüler interessant, die in der Brustlage schwimmen und die Arbeit der Beine nicht optisch kontrollieren können.

Die gesamtkoordinierte Schwimmbewegung werden die Schüler trotzdem nicht sofort über eine längere Strecke ausüben können. Wenn es ihnen gelingt, diese Bewegung anfangs als Einer- bis Dreier-Koordinationszyklus aufrechtzuerhalten, so ist das in dieser Lernphase schon ein beachtlicher Erfolg. *Ein Einer-Koordinationszyklus bedeutet die Ausführung eines kompletten Armzugmusters zum permanenten Kraulbeinschlag, ein Zweier-Koordinationszyklus die von zwei kompletten, usw... . Ein Armzugmuster ist komplett, wenn alle seine drei (bzw. zwei) Phasen ausgeführt werden.*

Zum Schluss wird die Gesamtbewegung ohne Flossen geschwommen. Der Individuelle Schwimmstil wird nun ohne Hilfsmittel ausgeführt. Mit ihm sollen die Schüler versuchen, eine Beckenlänge zu bewältigen.

Aus methodischen Gründen soll bis zum Ende dieser Phase die Auswahl der Armzugmuster, die zum permanenten Kraulbeinschlag eingesetzt werden, weiterhin auf drei begrenzt bleiben. An die Konzentration der Schüler werden ohnehin schon erhöhte Anforderungen durch die Koordinationsversuche gestellt, so dass diese in Verbindung mit mehr als drei Armzugmustern entschieden zu komplex werden. Auch die Lehrer würden mit ihren Beobachtungsaufgaben wohl überfordert.

Unterrichtseinheit 11 : Koordination des Armzuges (der Armzüge) zum Beinschlag - Einführung		
Phase	**Unterrichtsverlauf**	**methodisch - didaktischer Kommentar**
Einleitung	Schülerinformation am Versammlungsort	Materialbesorgung
Erarbeitung 1	Schwimmen der 3 beliebtesten Armzugmuster (in beiden Schwimmlagen) mit Pullbuoys zwischen den Oberschenkeln und Flossen an den Füßen. Ohne Armzugmusterwechsel jeweils 1 Bahn pro Armzugmuster: *Benutzt die Flossen nur so stark, dass Ihr die Pullbuoys nicht verliert. Macht nur einen langsamen Beinschlag. Hauptantrieb sind die Arme!*	Org.form: Schwimmen in Dreier-Gruppen
2	Schwimmen der 3 beliebtesten Armzugmuster ohne Pullbuoys mit Flossen. Ohne Armzugmusterwechsel jeweils 1 Bahn pro Armzug muster: *Fangt mit einem langsamen Beinschlag an und versucht, während der Schwimmstrecke 2 x Euren Armzug zu benutzen. Hört aber nicht mit dem Beinschlag auf!*	Org.form: Schwimmen in Dreier-Gruppen
3	dito. jedoch mit 4 Armzügen zum langsamen Beinschlag	Org.form: Schwimmen in Dreier-Gruppen
4	lernzielorientiertes Spiel zum LZ *Versucht, Eure Arme so oft wie möglich zum langsamen Beinschlag einzusetzen.*	geeignete Spiele sind: Schwimmspiele: 2-4, 6-8, 11, 13-15, 17, 19, 21-26, 28, 30-39 offenere Spielformen: 7, 13, 14, 19-22, 24, 26, 32, 38, 43,
5	freies Spiel	
Abschluss	Gemeinsame Besprechung am Versammlungsort und Verbalisieren des Erlebten	Materialentsorgung
Sicherheitshinweise: Flossen außerhalb des Wassers ausziehen!		
Material: Flossen, Pullbuoys		
Die richtige Ausführung des Armzuges und des Beinschlages ist in dieser Einheit nicht ganz so bedeutsam. Wichtiger ist, dass Sie die Schüler für die gelungenen Koordinationszyklen loben!		

Unterrichtseinheit 12 : Koordination des Armzuges (der Armzüge) zum Beinschlag - Erhöhung der Koordinationszyklen		
Phase	**Unterrichtsverlauf**	**methodisch - didaktischer Kommentar**
Einleitung	Schülerinformation am Versammlungsort	Materialbesorgung
Erarbeitung 1	Schwimmen der 3 beliebtesten Armzugmuster ohne Pullbuoys mit Flossen. Ohne Armzugmusterwechsel jeweils 1 Bahn pro Armzugmuster: *Fangt mit einem langsamen Beinschlag an und versucht, während der Schwimmstrecke mindestens 4 x Euren Armzug zu benutzen. Hört aber nicht mit dem Beinschlag auf!*	Org.form: Schwimmen in Dreier-Gruppen
2	Spiel zum LZ: *Versucht, Eure Arme so oft wie möglich zum langsamen Beinschlag* (immer noch mit Flossen) *einzusetzen.*	geeignete Spiele sind: Schwimmspiele: 2-4, 6-8, 11, 13-15, 17, 19, 21-26, 28, 30-39 offenere Spielformen: 7, 13, 14, 19-22, 24, 26, 32, 38, 43,
3	Spiel zum LZ *Versucht, Eure Arme so oft wie möglich zum langsamen Beinschlag einzusetzen. Ihr dürft dabei pro Bahn nur eine Flosse benutzen. Wechselt die Beine dabei ab.*	geeignete Spiele (s.o.)
4	freies Spiel	
Abschluss	Gemeinsame Besprechung am Versammlungsort und Verbalisieren des Erlebten	Materialentsorgung
Sicherheitshinweise: Flossen außerhalb des Wassers ausziehen!		
Material: Flossen, Pullbuoys		
Die richtige Ausführung des Armzuges und des Beinschlages ist in dieser Einheit nicht ganz so bedeutsam. Wichtiger ist, dass Sie die Schüler für die gelungenen Koordinationszyklen loben!		

Unterrichtseinheit 13 : Koordination des Armzuges (der Armzüge) zum Beinschlag - Erhöhung der Koordinationszyklen		
Phase	**Unterrichtsverlauf**	**methodisch - didaktischer Kommentar**
Einleitung	Schülerinformation am Versammlungsort	Materialbesorgung
Erarbeitung 1	Schwimmen der 3 beliebtesten Armzugmuster ohne Pullbuoys und ohne Flossen. 3 x mit Armzugmusterwechsel nach Wunsch der Schüler. *Versucht, bis zur anderen Beckenseite zu schwimmen. Wenn Ihr müde werdet, stellt Euch kurz hin und fangt erneut an.*	Org.form: Schwimmen in Dreier-Gruppen JETZT SCHWIMMEN DIE SCHÜLER ZUM ERSTEN MAL OHNE HILFSMITTEL !!! Es kann durchaus sein, dass die Schüler vergessen, ganze Koordinationszyklen zu schwimmen. Das heißt, dass sie entweder nur mit den Armen oder nur mit den Beinen ihren Vortrieb erzeugen. Das ist während dieser Übung und während des nächsten Spiels auch noch nicht so schlimm!
2	lernzielorientiertes Spiel zum LZ *Versucht, bis zur anderen Beckenseite zu schwimmen. Wenn Ihr müde werdet, stellt Euch kurz hin und fangt erneut an.*	geeignete Spiele sind: Schwimmspiele: 2-4, 6-8, 10, 11, 13-15, 17, 21-26, 28, 30-39 Achtung! Das Schwimmen ohne Hilfsmittel wird für die Schüler jetzt sehr anstrengend. Denken Sie daran, die Belastung vernünftig zu dosieren, auch um Misserfolge durch Überforderung zu vermeiden.
3	freies Spiel	
Abschluss	Gemeinsame Besprechung am Versammlungsort und Verbalisieren des Erlebten	Die Ergebnisse dieser Übungseinheit müssen in Folgeeinheiten -am besten mit Spielen- immer wieder gefestigt werden, bis sowohl Arme als auch Beine 100 % Anteil am Vortrieb haben. Das kann – nach einigen Übungseinheiten – später aber auch während der nächsten Unterrichtseinheiten geschehen, die das Erlernen der regelmäßigen Atmung zum Lernzielschwerpunkt haben. Materialentsorgung
Sicherheitshinweise: -		
Material: Pullbuoys		

Die richtige Ausführung des Armzuges und des Beinschlages ist in dieser Einheit nicht ganz so bedeutsam. Wichtiger ist, dass Sie die Schüler für die gelungenen Koordinationszyklen loben! Erst wenn der Vortrieb zu mindestens jeweils ca. 80 % von Armen und Beinen erfolgt, können Sie wieder mehr Wert auf die Korrekturen des Beinschlages und/oder der Armzugmuster legen. - vgl. Korrekturbögen Unterrichtseinheit 1 und 10.
In den weiteren Einheiten zur Festigung der Koordinationszyklen werden viele Schüler während der lernzielorientierten Spiele von sich aus dazu übergehen, die Anzahl der Armzugmuster von drei auf zwei oder sogar nur einen zu reduzieren.

Vierter unterrichtlicher Schwerpunkt:
Wir atmen regelmäßig während des Schwimmens im brusttiefen Wasser

In Kapitel 5.1. wurde nach den Lernvoraussetzungen gefragt, die die Schüler mitbringen sollten, um an einer Schwimm(-lern)-AG teilzunehmen. Bezüglich der Atmung wurde in dem Bogen zu den Aufgaben der Wasserbewältigung nur der Item „Atmen: unter Wasser aus/über Wasser ein“ angegeben. Dieser kurze Punkt bedarf nun jedoch einer genaueren Aufschlüsselung .

Bereits in der Phase der Wassergewöhnung haben die Schüler erfahren, dass das Wasser auch auf den Brustkorb einen Druck ausübt. Einige Schüler werden dies eventuell als beklemmend empfunden haben. Ist der Brustkorb unterhalb der Wasseroberfläche, so wird die Einatmung im Vergleich zur Situation außerhalb des Wassers eindeutig erschwert. Der Schüler muss kräftig gegen den Wasserdruck einatmen. Andererseits erfordert ein Ausatmen unter Wasser ebenfalls einen erhöhten Krafteinsatz. Dieses Ausatmen wurde während der Wasserbewältigung sowohl durch den Mund als auch durch die Nase geübt (auch der regelmäßige Wechsel zwischen Ein- und Ausatmung über einen längeren Zeitraum). Außerdem haben die Schüler während des Gleitens schon erste Erfahrungen mit dem Ein- und Ausatmen in der Bewegung gemacht.

Die Zielstellung während dieses Unterrichtsschwerpunktes liegt darin, dass die Schüler zu ihrem bisherigen Individuellen Schwimmstil die Atmung einsetzen sollen. Einige Schüler – vor allem die, die häufig die Rückenlage benutzen – werden dies wahrscheinlich schon längst versucht und auch erfolgreich geschafft haben. Dennoch werden nun besondere Anforderungen an sie gestellt: Ihre Atemzyklen, die immer aus Ein- und Ausatmung bestehen, sollen nun im regelmäßigen Wechsel erfolgen. Dazu muss die Häufigkeit der Atemzyklen bei der Bewältigung einer vorgegebenen Schwimmstrecke sukzessiv gesteigert werden. Eine Regelmäßigkeit zwischen Ein- und Ausatmung hat sich erst dann eingestellt, wenn in der Bewegung zehn- bis fünfzehnmal hintereinander geatmet wird, ohne dass Atemnot auftritt. Dabei sollte das Zeitverhältnis zwischen Ein- und Ausatmung etwa 1 : 3 betragen. In der Bauchlage schwimmende Schüler sollen von Beginn an versuchen, unter Wasser auszuatmen. So wird sichergestellt, dass es zu keinem Abriss des Bewegungsflusses kommt, da der Schwimmer nach der kurzen Zeitspanne zur Einatmung die Kopfhaltung wieder in die ökonomischere Gesamtschwimmlage integriert. Andernfalls würde ein andauerndes Anheben des Kopfes ein Absinken der Beine zur Folge haben.

Motorische Lernziele:
Die Schüler sollen ihre Atmung in ihren bisherigen Individuellen Schwimmstil integrieren, indem sie

- die Anzahl der Atemzyklen sukzessiv erhöhen,
- regelmäßig ein- und ausatmen,
- unter Wasser ausatmen, wenn sie die Bauchlage benutzen.

Unterrichtseinheit 14: Regelmäßiges Atmen während des Schwimmens		
Phase	**Unterrichtsverlauf**	**methodisch - didaktischer Kommentar**
Einleitung	Schülerinformation am Versammlungsort	Materialbesorgung
Erarbeitung 1	Schwimmen mit Kraulbeinschlag und Flossen in Bauchlage ohne Schwimmbrett *Holt vor dem Start Luft. Legt Euer Gesicht in das Wasser und gleitet mit dem Beinschlag. Atmet sofort durch Mund und Nase unter Wasser aus und sagt bei jedem Ausatmen „Luft raus!". Dann hebt Ihr den Kopf, atmet ein, legt ihn wieder ins Wasser und atmet aus („Luft raus"), usw. Atmet, während Ihr die Bahn schwimmt, so regelmäßig wie möglich.* mehrere Bahnen	Org.form: Schwimmen in Dreier-Gruppen Um die Komplexität der Koordination Individueller Schwimmstil und Atmung zu entzerren, wird der Vortrieb zunächst auf den bekannten Kraulbeinschlag reduziert. Den meisten Schülern gelingt es, unter Wasser laut „Luft raus" zu sagen. Das dient als akustische Erinnerungshilfe und trägt zur Rhythmisierung bei. Sollte noch ein Rest von Luft vorhanden sein, sollen die Schüler ihn durch die Nase ausatmen.

2	dito, jedoch in Rückenlage - Auch jetzt sagen die Schüler laut „Luft raus!"	Org.form: Schwimmen in Dreier-Gruppen Durch das laute Sprechen hat der Lehrer eine bessere Möglichkeit zur Lernzielkontrolle.
3	<u>Der Individuelle Schwimmstil in Verbindung mit der Atmung:</u> • Schüler, deren Individueller Schwimmstil nur in der Rückenlage geschwommen wird, atmen aus und sagen dabei laut „Luft raus!" Sie sollen dies schon so regelmäßig wie möglich tun. • Schüler, deren Individueller Schwimmstil nur in der Bauchlage geschwommen wird, erhalten den Auftrag, pro Bahn zunächst nur 2 x ein- und unter Wasser wieder auszuatmen, um dem Sauerstoffmangel zumindest in Ansätzen entgegenzuwirken. Wenn ihnen dies gelingt, sollen sie pro Bahn versuchen, eine Ausatmung mehr zu schaffen. • Schüler, die während des Schwimmens einer Bahn die Schwimmlagen wechseln, können in Rückenlage starten und dort solange regelmäßig (mit lautem Sprechen, s.o.) atmen, bis sie in die Bauchlage wechseln. Dann sollen sie unter Wasser ausatmen (Sprechen: „Luft raus!") und danach noch in der Bauchlage einatmen, bevor sie ein zweites Mal unter Wasser ausatmen. Erst dann sollten sie ihre Schwimmlage wieder wechseln. Die Schüler sollen dies auf mehreren Bahnen üben.	Die Integration der Atmung in der Bauchlage dauert länger als in der Rückenlage. Diese Schwimmer werden deshalb länger üben müssen als die anderen Schüler. Insgesamt ist es wahrscheinlich, dass nur sehr wenige Schüler nach einer Unterrichtseinheit während des Schwimmens regelmäßig ein- und ausatmen können. Solange gilt es, dies in den folgenden Stunden mit lernzielorientierten Spielen zu üben.
4	Lernzielorientiertes Spiel zum Lernziel „Integration der Atmung in den Individuellen Schwimmstil"	Geeignete Spiele sind: Schwimmspiele: 2-4, 6-8, 10, 11, 13-15, 17, 21-26, 28, 30-39
5	Freies Spiel	offenere Spielformen: 13-15, 19-22, 24, 26, 31, 32, 38, 41, 43, 45-47
Abschluss	Gemeinsame Besprechung am Versammlungsort und Verbalisieren des Erlebten	Materialentsorgung

Sicherheitshinweise: Die Flossen außerhalb des Wassers ausziehen!
Material: Flossen, Material laut Spielbeschreibung
Auf dem Papier liest es sich schon etwas „wuselig", wenn beschrieben wird, wie die Lernanforderungen an die jeweils unterschiedlichen Schwimmstile herangetragen werden. In der Praxis ist es aber deutlich einfacher: Die Schüler schwimmen ihre Bahnen und erhalten nach Beendigung einer Bahn eventuell einen Korrekturhinweis. Auch bei der großen Differenzierung beschränken sich die Korrekturen -in dieser Einheit- vorrangig auf die Atmung. Und das heißt eigentlich nur: Egal in welchem Schwimmstil ein Schüler schwimmt, er soll so regelmäßig wie möglich atmen!

Fünfter unterrichtlicher Schwerpunkt:
Wir schwimmen im tiefen Wasser

Bislang sind die Schüler im ca. brusttiefen Wasser schon oft eine Querbahn geschwommen. Ihre Atmung wurde dabei so regelmäßig, dass sie während des Schwimmens nicht mehr in eine Sauerstoffnot geraten. Immer häufiger werden sowohl die Arme, als auch die Beine gleichzeitig für die Gesamtschwimmbewegung eingesetzt. Alle Schüler haben gelernt, dass sie nicht gleich untergehen, wenn sie keine Vortriebsbewegungen mehr machen, sondern auch den Auftrieb nutzen können. Aber im Notfall können sie sich einfach hinstellen!

Weil es bei Ihnen vermutlich schon zu lange her ist, dass Sie sich noch daran erinnern können, wann Sie das erste Mal im tiefen Wasser geschwommen sind, möchte ich Ihnen ein Beispiel aus einer anderen Sportart geben:

Instruktor auf dem Flugplatz:
„Meine Damen und Herren! Ich habe Ihnen jetzt am Boden alles beigebracht, was Sie für einen Fallschirmsprung wissen und können müssen. Sie müssen es jetzt nur noch anwenden. Ich kann Ihnen dabei nicht mehr helfen!"

Vermutlich können Sie die emotionale Belastung einiger Schüler erahnen: Was passiert, wenn ich zu k.o. zum Schwimmen bin, wenn ich Wasser schlucke, wenn mich mitten im Becken mein Mut verlässt, wenn ich vor Aufregung ohnmächtig werde, ...?

Dieser besondere Tag bedarf besonderer organisatorischer Entscheidungen:
Sollte eine ganze Gruppe von Schülern zur gleichen Zeit die gleichen Lernvoraussetzungen für das Schwimmen im tiefen Wasser erbringen, empfehle ich, die anderen Schüler (Kinder, die schon schwimmen können + Kinder, die die Lernvoraussetzungen noch nicht erfüllen) in der Schule zu lassen. Somit können sich zwei Lehrkräfte ganz auf die Schwimmkandidaten konzentrieren!

Wenn nur einzelne Kinder die Lernvoraussetzungen erfüllen, müssen während der Schwimmprobe die anderen Kinder auf der Bank sitzen. Bedenken Sie aber bitte, was die Zuschauer für einen Eindruck bekommen, wenn der einzelne Vorschwimmer „Probleme bekommt"! Am besten lassen Sie zuerst die sicheren Kandidaten schwimmen.

Unterrichtseinheit 15: Schwimmen im tiefen Wasser		
Phase	**Unterrichtsverlauf**	**methodisch - didaktischer Kommentar**
Einleitung	Schülerinformation am Versammlungsort	siehe Unterrichtsvorbereitung in der Reihe „Sicherheitshinweise"
Erarbeitung 1	Alle Schüler schwimmen 2 bis 5 Bahnen mit ihrem Individuellen Schwimmstil im brusttiefen Wasser.	zur Erinnerung an das eigene Leistungsvermögen
2	Jeder Schüler schwimmt einzeln in Begleitung einer Lehrperson eine Querbahn im tiefen Wasser. Wenn möglich, schwimmt er auch sofort zurück. Auf dem Rückweg sollte sich der Abstand zwischen der betreuenden Lehrkraft und dem Schüler langsam vergrößern.	siehe Sicherheitshinweise zum Abbau der persönlichen Nähe des Helfers
3	Jeder Schüler schwimmt einzeln eine Strecke mindestens in der Länge der Querbahn auf der Längsbahn am Beckenrand entlang. Eine Lehrkraft begleitet ihn am Beckenrand. Das Ende der Strecke sollte vorher markiert sein und hinter der Markierung noch Raum lassen für leistungsstarke Schüler.	zum Abbau der persönlichen Nähe des Helfers Ab jetzt kann es sein, dass nicht alle Schüler in dieser Unterrichtseinheit so schnelle Fortschritte machen, wie im Folgenden beschrieben. Betrachten Sie die folgenden Erarbeitungsschritte daher als Differenzierungsmaßnahmen für

		mutige und leistungsstarke Schüler. Die anderen Schüler müssen allerdings auch die Gelegenheit bekommen, „ihre Distanzen“ zu sichern (siehe auch die Sicherheitshinweise).
4	Mutige Schüler schwimmen (freiwillig) eine Längsbahn vom Start bis zur Trennleine beim Nichtschwimmerbecken. Den Abstand vom Beckenrand (Längsseiten) bestimmen sie selbst.	zum Abbau der „Geländehilfe Beckenrand„
5	Mutige Schüler schwimmen freiwillig eine 25-Meter-Bahn. Start ist der Rand des Nicht-schwimmerbeckens. Den Abstand zum Beckenrand bestimmen sie selbst.	s.o.
6	Mutige Schüler schwimmen freiwillig die längste Strecke im Schwimmbad: diagonal von Ecke zu Ecke.	Die gelungene Bewältigung der längsten Strecke im Schwimmbad soll den Schülern verdeutlichen, dass sie, wenn sie sich später einmal beim Schwimmen im tiefen Wasser müde fühlen, früher schon viel weiter ohne Pause geschwommen sind, um wieder zurück an den Beckenrand zu gelangen.
7	Schwimmen aller Schüler im tiefen Wasser: Die Schüler verteilen sich an den Rändern des Schwimmerbeckens. Sie haben genügend Abstand untereinander, so dass sie sich nicht untereinander behindern. Jeder Schüler wirft ein Schwimmbrett so weit ins Wasser, wie er sich zutraut, es sich schwimmend zurückzuholen.	Die Lehrkräfte bleiben in günstiger Stellung am Beckenrand.
Abschluss	Gemeinsame Besprechung am Versammlungsort und Verbalisieren des Erlebten - Ausblick auf die Möglichkeit, die „Seepferdchen-Prüfung“ zu machen.	

Sicherheitshinweise: Bevor die Schüler die Schwimmhalle betreten, legt eine Lehrkraft Rettungsgerät wie einen Schwimmreifen, eine Schwimmnudel oder eine Rettungsleine bereit. Sie sollten relativ unauffällig an der günstigsten Stelle für einen eventuellen Einsatz deponiert sein. Die Lehrkraft, die die einzelnen Schüler im Wasser begleitet, sollte die sichere der beiden Schwimmer sein. Insgesamt reicht bei der Betreuung meistens schon ein sicheres Auftreten beim Mutzusprechen. Sollte ein Schüler dennoch in Panik geraten und sich an den Lehrer klammern, wirft die am Beckenrand stehende Lehrkraft zuerst dem Lehrer den Reifen zu, damit er seine Kräfte gezielt zur Hilfe einsetzen kann. Danach hält die am Becken stehende Lehrkraft zusätzlich die Rettungsstange in Richtung der Schwimmenden bzw. wirft eine Rettungsleine herüber. Die schwimmende Lehrkraft bestimmt, ob sie diese Hilfsmittel nutzen will. Grundsätzlich sollten sich beide Kollegen schon vorher darüber klar sein, dass die Lehrkraft an Land deutlich besser ihre Kraft zur Rettung einsetzen kann, als die schwimmende Lehrkraft.

Die Ziele dieser Einheit müssen in Bezug auf die Ausdauerleistungen in Folgestunden weiter ausgebaut werden. Solange dies nicht der Fall ist, können die Schüler noch nicht am Längsbahnenbetrieb teilnehmen (wenn z.B. mehrere Schulen sich die Halle teilen müssen). Auf jeden Fall dürfen Sie zunächst nur die Außenbahnen benutzen!!!
Anmerkung: ***Erneuern Sie regelmäßig ihre Rettungsfähigkeit !!!*** (siehe die eventuellen Vorgaben der einzelnen Bundesländer hierzu)

Material: Rettungsreifen, Schwimmnudel, Rettungsleine, Schwimmbretter

Während der nächsten Unterrichtsstunden zeigen die Schüler von sich aus immer häufiger die schon beschriebenen Spezialisierungen bei den Schwimmstilen. Wurden zuvor noch drei verschiedene Schwimmstile benutzt, um die Schwimmstrecke zu bewältigen, so beschränken sich die Schüler zunehmend auf 2 oder auch nur eine Technik. Einige bevorzugen hierbei die Rückenlage, weil sie mehr Wert auf regelmäßige Sauerstoffzufuhr legen. Andere schwimmen lieber in der Bauchlage, in der sie sich besser orientieren können (weil sie sehen, wo sie hinschwimmen).

5.2.3 Zusammenfassender Lernzielkatalog zum Erlernen des Individuellen Schwimmstils

Wir erlernen den Kraulbeinschlag (Bauch- und Rückenlage) im brusttiefen Wasser

Die Schüler sollen den Kraulbeinschlag in Bauch- und Rückenlage technisch richtig (Grobform) ausüben können. Die Lernziele sind chronologisch geordnet und tragen dem Leistungsfortschritt der Schüler beim Kraulbeinschlag Rechnung.
Sie sollen sich mit Hilfe des Kraulbeinschlages in Bauch- und Rückenlage

1. ohne Flossen über eine Distanz von einer Querbahn ohne Unterbrechung fortbewegen können,

2. ohne Flossen, jedoch unter Zuhilfenahme eines Schwimmbrettes eine Distanz von 2 Querbahnen ohne Unterbrechung fortbewegen können,
3. konditionell in der Lage sein, sich mit Flossen über eine Distanz von mindestens 5 Querbahnen ohne Unterbrechung fortbewegen zu können,
4. mit und ohne Flossen zielgerichtet im Wasser bewegen können.

Wir erlernen verschiedene Armzugmuster im brusttiefen Wasser

1. Die Schüler sollen 6 verschiedene Armzugmuster kennenlernen und ausprobieren.
2. Sie sollen aus diesen Armzugmustern mindestens einen (maximal drei) auswählen, mit denen sie sich am besten schwimmend fortbewegen können.
3. Sie sollen mit Hilfe des/der ausgewählten Armzugmuster(s) zielgerichtet schwimmen.
4. Sie sollen konditionell in der Lage sein – mit Hilfe ihres Armzuges und eines Pullbuoys als Auftriebshilfe zwischen die Oberschenkel geklemmt – eine Strecke von 2 Querbahnen im Nichtschwimmerbecken zu schwimmen.

Wir schwimmen „unser(e) Armzugmuster“ zusammen mit dem Kraulbeinschlag im brusttiefen Wasser

Die Schüler sollen ihren bisherigen Schwimmstil (bestehend aus ihrem/ihren individuellen Armzug/Armzügen in der Bauchlage oder Rückenlage) mit dem Kraulbeinschlag koordinieren,
1. indem sie zu diesem Beinschlag, den sie mit Flossen ausführen, bei einer Beckendurchquerung die Anzahl der Koordinationszyklen sukzessiv steigern, bis die Gesamtkoordination von Armen und Beinen synchron erfolgt.
2. dito, jedoch ohne Flossen.

Wir atmen regelmäßig während des Schwimmens im brusttiefen Wasser

Die Schüler sollen ihre Atmung in ihren bisherigen individuellen Schwimmstil integrieren, indem sie
1. die Anzahl der Atemzyklen sukzessiv erhöhen,
2. regelmäßig ein- und ausatmen,
3. unter Wasser ausatmen, wenn sie die Bauchlage benutzen.

Wir schwimmen im tiefen Wasser

Die Schüler sollen sich trauen, mit ihrem Individuellen Schwimmstil eine Längsbahn durch das tiefe Becken zu schwimmen.

Auf Wunsch vieler Kolleginnen und Kollegen möchte ich im Folgenden noch etwas genauer auf die olympischen Schwimmstile Kraul (Freistil) und Brustschwimmen eingehen. Erwähnenswert ist noch das (einfach zu erlernende) Rückenkraulschwimmen, auf das ich aber im Rahmen dieser Arbeit nicht mehr eingehe.

5.3 Erlernen des Kraulschwimmens

Bewegungsbeschreibung des Kraulschwimmens (Grobform)

Der Bewegungsrhythmus des Kraulschwimmens besteht aus den drei Komponenten *Rhythmus des Lufteinatmens und Ausatmens*, *Rhythmus der Armbewegungen* und *Rhythmus der Beinbewegungen*. Diese Rhythmen muss der Kraulschwimmer harmonisch in Verbindung bringen.

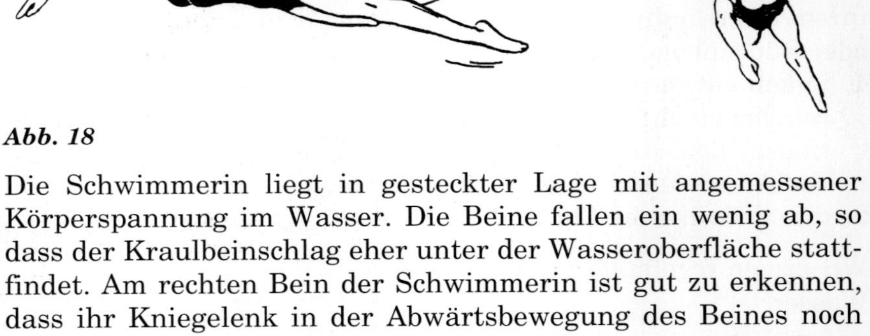

Abb. 18

Die Schwimmerin liegt in gesteckter Lage mit angemessener Körperspannung im Wasser. Die Beine fallen ein wenig ab, so dass der Kraulbeinschlag eher unter der Wasseroberfläche stattfindet. Am rechten Bein der Schwimmerin ist gut zu erkennen, dass ihr Kniegelenk in der Abwärtsbewegung des Beines noch leicht eingebeugt ist. Das linke Bein ist schon zur Streckung gekommen. Beide Füße sind bis in die Spitzen gestreckt und leicht nach innen gedreht. Der Impuls für den Beinschlag kommt aus der Hüfte. Das Gesicht der Schwimmerin liegt unter Wasser. Sie atmet aus. Ihr linker Arm verlässt etwa in Beckenhöhe gerade das Wasser (Einleitung der Schwungphase). Die rechte Hand greift das Wasser. Die Schwimmerin beginnt mit ihm die Zugphase.

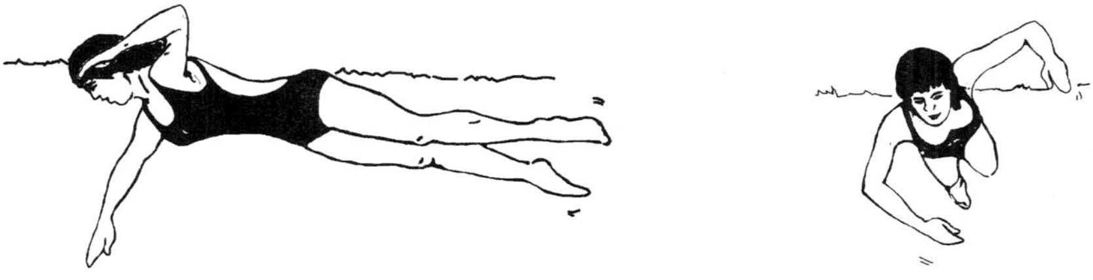

Abb. 19

Die Schwimmerin bringt ihren linken Schwungarm in der Überwasserphase weiter nach vorne. Er wird bald seine Beugung aufgeben und vor dem Kopf ins Wasser tauchen und sich dann unter Wasser wieder strecken. Der rechte Arm hat bis zur dargestellten Position schon Arbeit für die Zugphase geleistet. In der Frontalansicht ist schön zu sehen, wie gebeugt er ist. Die Schwimmerin führt ihren Arm aber nicht einfach gebeugt nach hinten sondern *schreibt* bei der Beugung während sie den Arm nach hinten zieht eine Art spiegelverkehrtes „S“ ins Wasser (linker Arm = richtige „S“- Bewegung), das im nächsten Augenblick in der Druckphase beendet werden wird. Sie sucht damit nach weiteren Möglichkeiten im Wasser zur Ausnutzung des Abdruckwiderstandes.

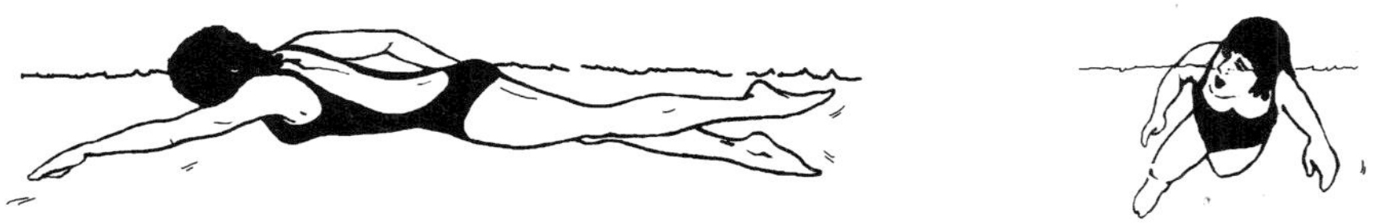

Abb. 20

In dieser Abbildung hat der rechte Arm die Druckphase schon fast abgeschlossen. Er wird gleich das Wasser etwa in Höhe des Hüftgelenkes für die Schwungphase verlassen. Der linke Arm der Schwimmerin hat nach dem Eintauchen schon mit seiner Zugphase begonnen. In der Frontalsicht ist an der Schulterachse zu erkennen, dass die Schwimmerin beginnt, ihren Körper zur Atemseite zu drehen.

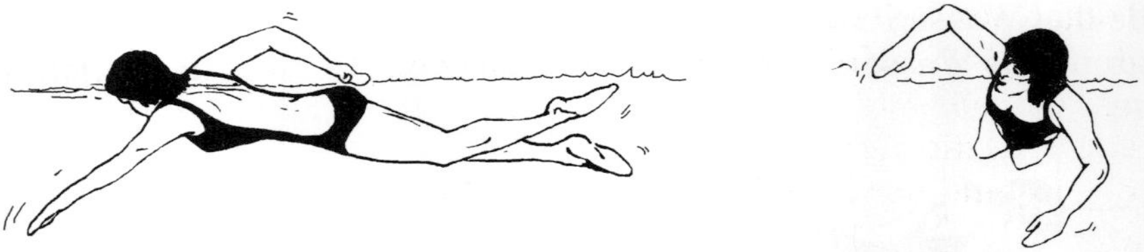

Abb. 21

Die Schwimmerin hat sich weiter gedreht und atmet nun auf ihrer rechten Seite ein. Der rechte Arm ist in der Schwungphase so gebeugt, dass der Ellbogen den höchsten Punkt bildet. Kurz bevor die rechte Hand vor dem Kopf wieder ins Wasser taucht, stoppt die Schwimmerin die Einatmung und beginnt mit der Rotation, die die Schulterachse wieder parallel zur Wasseroberfläche bringen wird. Während dieser Zeit ist der linke Arm in seiner Zugphase gebeugt.

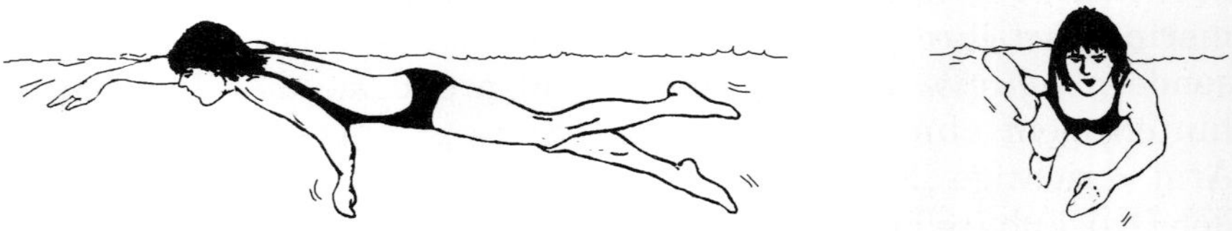

Abb. 22

Der rechte Arm ist vor dem Kopf eingetaucht und kurz vor seiner Streckung. Der linke Arm beginnt mit seiner Druckphase. Das Gesicht liegt wieder im Wasser. Die Schwimmerin atmet aus. Die Gesamtbewegung würde am Ende dieser Phase wieder mit Abb. 18 beginnen.

Kurzzusammenfassung der Bewegungsmerkmale, dargestellt in Fragen.

Alle wichtigen Aspekte des Kraulschwimmens werden jetzt in Frageform dargestellt. In dieser kurzen Fassung können Sie sie praxisgerecht im Unterricht zur Korrektur einsetzen.

Fragen zur Gesamtkörperhaltung:

1. Ist die Körperlage des Schwimmers gestreckt?
2. Hat der Schwimmer eine – angemessene – Körperspannung?

Fragen zur Beinarbeit:

3. Sind die Knie in der Abwärtsbewegung der Beine leicht eingebeugt?
4. Sind die Füße gestreckt?
5. Kommt der Impuls für den Beinschlag aus dem Hüftbereich?

Fragen zur Atmung:

6. Atmet der Schwimmer wirklich ein?
7. Atmet er zur Seite ein?
8. Dreht er nur den Kopf oder – richtigerweise – die ganze Schulterachse mit Kopf zur Atmung?
9. Atmet er unter Wasser aus?
10. Dreht er den Kopf unnötig weit aus dem Wasser heraus, um zu atmen?

Fragen zur Armbewegung:

11. Ist der Arm während der Zugphase gebeugt?
12. Benutzt der Schwimmer den Arm auch für eine Druckphase?
13. Drückt er den Arm während der Druckphase bis zum Hüftgelenk durch?
14. Ist der Ellbogen während der Schwungphase der höchste Punkt?

<u>Sechster unterrichtlicher Schwerpunkt:</u>
Üben der Gesamtkoordination Kraulschwimmen (fakultativ: Rückenkraul)

Eigentlich ist das Kraulschwimmen ja schon geübt worden, da die Kombination des Wechselzuges-über-Wasser in Verbindung mit dem Kraulbeinschlag bereits einer der Übungsvorschläge war. Deshalb werden einige Schüler diesen Schwimmstil schon als einen schnellen Stil erkannt haben. Vielleicht ist er auch schon ein Bestandteil ihres Individuellen Schwimmstils. Jetzt kommt es zunächst darauf an, die Anzahl der Koordinationszyklen zu erhöhen. Das heißt, die Schüler sollen den Anteil der Bein- und der Armbewegung auf jeweils 100 % bringen: Beine und Arme arbeiten ohne Erholungspausen auf der gesamten Schwimmstrecke, ohne dass zur Erholung ein anderes Armzugmuster benutzt wird oder zur Atmung die Körperlage gewechselt wird. Da das Kraulschwimmen ja zu den alternierenden Techniken (Wechselschlagtechniken) gehört, ist es für die meisten Schüler von

Beginn an relativ einfach, die Koordinationszyklen zu verlängern. Die Schüler sollen versuchen, mit einem Mal Luftholen eine halbe Querbahn zu schwimmen. Am Ende dieser halben Bahn erhalten sie die notwendigen Korrekturhinweise von der Lehrkraft, die sich natürlich zunächst nur an der Grobform der Bewegungsausführungen orientiert. Der Schwimmstil wird solange geübt, bis er diesen Anforderungen entspricht. Es versteht sich von selbst, dass die Schüler zum Erlernen des Kraulstils zunächst noch einmal im Nichtschwimmerbecken üben dürfen. Die Sicherheit, dass sie sich dort jederzeit wieder hinstellen können, hat positive Auswirkungen auf die Konzentration, mit der sich die Schüler dem Kraulstil widmen!

Eine Hürde stellt allerdings die zukünftige Integration der Atmung dar. Die Schüler sollen deshalb versuchen, unter einem Arm in der Schwungphase (wenn der Arm über Wasser wieder nach vorne gebracht wird) seitlich einzuatmen. Oft haben die Schüler Lieblingsseiten, auf denen sie atmen. Diese gilt es herauszufinden. Sie bekommen dann die Aufgabe, jedes Mal auf ihrer Lieblingsseite einzuatmen, wenn der Schwungarm ihrer Lieblingsseite in der Luft ist, danach den Kopf wieder ins Wasser zu legen, um unter Wasser auszuatmen (= 1 Atemzyklus). Sie sollen dies zunächst einmal, dann zweimal, dreimal usw. versuchen. Wichtig ist, dass durch eventuelle Fehler beim Atmen unter Sauerstoffnot nicht die Grobform der Bewegungsausführung leidet. Dann sollte die Anzahl der Atmungszyklen besser wieder verringert werden. Noch ein kleiner Tip: Versuchen Sie nicht, die Schüler anzuhalten, sofort mehrere Atemzyklen aufeinanderfolgen zu lassen. Besser ist es, wenn sie ihnen eine Strecke vorgeben, auf der sie 1 mal (2 mal, 3 mal, ...) atmen sollen. Gute Hilfe leisten dabei Markierungen auf dem Beckenboden (Gummiringe, o.ä.), die anzeigen, wann die Schüler atmen sollen (wenn sie über sie hinwegschwimmen).

Da das Üben des Kraulschwimmens auch wieder im Bahnenbetrieb geschieht, ergeben sich folgende Möglichkeiten der Differenzierung im Unterricht:

Die Schüler, die das Kraulschwimmen erlernen möchten (oder auf Grund ihrer Begabung auch erlernen sollten) bilden eine Gruppe. Die Schüler, die weiterhin ihren Individuellen Schwimmstil festigen wollen, bilden die andere Lerngruppe(n). Sie können im Bahnenbetrieb z.B. ihre Ausdauerfähigkeit üben. Die Organisationsformen (Schwimmen in Wellen, Schwimmen in Dreiergruppen) können ebenso wie die Spielaufgaben am Beckenrand für alle Gruppen aufrechterhalten bleiben. Lediglich die Bewegungsanforderungen werden unterschiedlich sein. Der Schwerpunkt bei den Korrekturen liegt vermutlich bei der Kraulgruppe, da die anderen Schüler ihren Individuellen Schwimmstil zu diesem Zeitpunkt schon relativ sicher beherrschen.

Sie können auch Differenzierungszonen anbieten, in denen die anderen Schüler offene Bewegungssituationen vorfinden und die Kraulschwimmer eine Übungsquerbahn für sich alleine haben. Solange sie im Nichtschwimmerbecken üben, sollte die Zone für die offene Unterrichtssituation nicht an der Trennleine zum Schwimmerbecken sein, solange nicht alle Schüler gelernt haben, im tiefen Wasser zu schwimmen. Wenn alle Schüler sicher im tiefen Wasser schwimmen können, spricht nichts gegen eine Parallelzone im tiefen Wasser.

Unterrichtseinheit 16: Wir erlernen das Kraulschwimmen (Grobform)		
Phase	**Unterrichtsverlauf**	**methodisch - didaktischer Kommentar**
Einleitung	Schülerinformation am Versammlungsort	
Erarbeitung 1	Kraulschwimmen nach Vorbild der Lehrkraft, eines begabten Schülers oder aus der Vorstellung der Schüler Schwimmen bis zu einer Markierung unter der Zielvorgabe, Beine und Arme gleichzeitig und fortwährend am Vortrieb zu beteiligen	Der Rest der Strecke wird gegangen.
2	Kraulschwimmen über eine festgelegte Distanz (vom Start bis zur Beckenmitte, später durchaus auch weiter) mit dem Ziel auf der 1. Bahn 1 mal zu atmen, auf der zweiten Bahn 2 mal (usw.). Die Erhöhung der Anzahl der Atemzyklen orientiert sich an den individuellen Schülerleistungen	

4	Spiel zum Lernziel „Erhöhung der Atemzyklen" freies Spiel	geeignete Spiele sind: lernzielorientierte Spiele: 2-11, 13-15, 17, 18, 21-39
Abschluss	Erfahrungsaustausch der Schüler	

Sicherheitshinweise: –

Material: –

Es ist völlig klar, dass Sie die Teilschritte dieser Unterrichtseinheit über mehere Unterrichtsstunden üben lassen müssen. Wenn möglich nutzen Sie dazu so oft es geht die lernzielorientierten Spiele.

Das Erlernen des *Rückenkraulschwimmens* geschieht bei gleicher methodischer Vorgehensweise. Auf den ersten Blick erscheint die Atmung in der Rückenlage keine Probleme zu bereiten. Allerdings wird bei der zusätzlichen Koordination des Armzuges oft doch viel Wasser in das Gesicht der Schüler gelangen. Beim Rückenkraulschwimmen ist darauf zu achten, dass der Schwimmer eine gestreckte Körperhaltung im Wasser einnimmt. Der Impuls des Beinschlages erfolgt aus der Hüfte, die Beine selbst werden bei der Aufwärtsbewegung zur Wasseroberfläche leicht gebeugt. Sie sollten dabei die Wasseroberfläche nicht zu weit durchstoßen, da der gewünschte Abdruckwiderstand nur im Wasser gefunden werden kann. Die Arme werden wechselseitig eingesetzt. Zunächst wird der Arm in Verlängerung der Körperlängsachse gestreckt nach hinten gebracht. Hierbei sollte der Schwimmer die Körpermittelachse nicht über- oder unterschreiten, da er sonst in Schlangenlinien schwimmt bzw. den Frontalwasserwiderstand erhöhen und die nachfolgende Zugphase verkürzen würde. In dieser Zugphase wird der Arm unter Wasser gebeugt (bei Unterstützung durch ein leichtes Rollen der Schulterachse in Richtung des beschriebenen Unterwasserarbeitsarmes). Wenn die Hand die Höhe der Schulter passiert hat, wird vorrangig die Hand und der Unterarm für ein Abdrücken vom Wasser genutzt.

Beachten Sie beim Üben des Rückenkraulschwimmens, dass die lernzielorientierten Spiele und die offeneren Spielformen oft wegen der Verletzungsgefahr nur bedingt eingesetzt werden können.
Geeignete Spiele sind:
Schwimmspiele: 2-4, 6-8, 10, 11, 13-15, 17, 21-26, 28, 30-39
offenere Spielformen: 2, 7, 13-15, 19-22, 24, 26, 31, 32, 38, 41, 43, 45-47, 60

5.3.1 Fehler beim Kraulschwimmen erkennen und verbessern

Für die Korrektur der Fehler beim Kraulschwimmen gelten zunächst die gleichen Prinzipien wie schon zuvor bei der Korrektur des Individuellen Schwimmstils: Zur Korrektur grober Fehler wird die Gesamtbewegung wieder rückgeführt in die Teilbewegung (entweder Armarbeit oder Beinarbeit), in der der Fehler auftritt. Unter der eventuellen Zuhilfenahme von Flossen, Pullbuoys, Schwimmbrettern oder Schwimmnudeln soll die gesamtkoordinative Anforderung so gering gehalten werden, dass der Schüler sich so gut wie möglich auf die richtige Ausführung seiner Schwimmbewegung konzentrieren kann. Hat er seinen Fehler behoben, können die Hilfsmittel sukzessiv wieder zurückgenommen werden und die Teilbewegung schließlich auch wieder in die Gesamtbewegung integriert werden.

Sollten bestimmte Fehler auch nach verbalen Berichtigungen nicht ausbleiben, hilft Ihnen die Aufstellung der häufigsten Fehler und ihrer Korrektur vielleicht weiter:

Fehlermöglichkeiten bei der Körperlage:

- **Fehler**: Körper hat nur ungenügende Streckung und ungenügende latente Spannungsbereitschaft – **Folge**: schlingernde Gesamtbewegung
- **Korrektur**: Pfeilgleiten mit alternierenden Zusatzaufgaben, wie z.B. Beinschlag, einseitiger (ein- bis mehrmaliger) Armzug, bei vorrangiger Förderung der Aufrechterhaltung der Körperspannung
- **Fehler**: Hüftknick – **Folge**: Verschlechterung der Vortriebsbilanz
- **Korrektur**: Flossenschwimmen mit gestreckten Beinen in sehr flachem Wasser (Rückmeldung an den Schüler: *Wenn die Knie den Beckenboden berühren, war die Hüfte zu sehr geknickt.*); Pfeilgleiten mit alternierenden Zusatzaufgaben, wie z.B. Beinschlag, einseitiger (ein- bis mehrmaliger) Armzug, bei vorrangiger Förderung der Aufrechterhaltung der Körperspannung
- **Fehler**: starke Seitenlage – **Folge**: schlingernde Bewegung
- **Korrektur**: Überkorrektur zur horizontalen Schultergürtelhaltung (taktile Kontakte durch Lehrkraft oder eingewiesenen Partner zur Kontrolle), Übungen zur Flexiblisierung des Schultergürtels
  Achtung: ein leichtes Schulterrollen ist in der Feinform des Kraulschwimmens durchaus erwünscht. In Verbindung mit einer mangelnden und nicht behebbaren Flexibilität des Schultergürtels ist diese Rollbewegung sogar absolut notwendig zur Aufrechterhaltung einer stabilen Körperlage.

Fehlermöglichkeiten beim Armzug:

- **Fehler**: Arme werden während der Schwungphase seitlich über das Wasser geführt – **Folge**: schlingernde Gesamtbewegung
- **Korrektur**: „Bewege Deine Arme hoch über das Wasser“ (in der ersten Grobform noch ohne Armbeugen)
- **Fehler**: Ellbogen taucht zuerst ins Wasser – **Folge**: Bremswirkung
- **Korrektur**: Hand muss weit vorne zuerst ins Wasser tauchen
- **Fehler**: Ellbogen zieht zuerst – **Folge**: zu wenig Vortrieb
- **Korrektur**: „Deine Hand und dein Unterarm ziehen zuerst. Schiebe mit Deinen Händen und Unterarmen das Wasser nach hinten“ – eventuell Armzugübung zuerst noch einmal im Gehen, dann auf Schwimmmatte oder der Schwimmnudel

Fehlermöglichkeiten während des Atmens:

- **Fehler**: Atmung nach vorne – **Folge**: Unterbrechung der Schwimmbewegung
- **Korrektur**: Kraulbeinschlag mit Schwimmbrett oder einem Pullbuoy in den Händen, Kopf unter Wasser, zur Einatmung den „Atemarm“ durchziehen, abdrücken und über Wasser nach vorne bringen. Während der Überwasserschwungphase seitlich einatmen.
- **Fehler**: Hände greifen zu weit außerhalb der äußeren Längsachsenlinien ein oder übergreifen sogar die mittlere Körperlängsachsenlinie (Überwasserschwungphase) – **Folge**: unökonomisches Schwimmen bzw. leicht bis stark schlingernde Körperachse
- **Korrektur**: jeweilige Überkorrektur
- **Fehler**: Hand geht unter Wasser über die Körpermitte (Unterwasserzugphase / S-Zug) – **Folge**: starkes Schlingern und Rollen
- **Korrektur**: im Gehen bei gebeugtem Oberkörper im hüfttiefen Wasser – „Kontrolliere mit den Augen Deinen Schwimmzug unter Wasser.“
- **Fehler**: weite Ausformung des S (Unterwasserzugphase / S-Zug) – **Folge**: Zick-Zack-Schwimmen
- **Korrektur**: im Gehen bei gebeugtem Oberkörper im hüfttie-

fen Wasser – „Kontrolliere mit den Augen Deinen Schwimmzug unter Wasser."

Fehlermöglichkeiten beim Beinschlag:

- **Fehler**: Radfahrbewegung beim Kraulbeinschlag – **Folge**: geringer Vortrieb, viel Frontalwasserwiderstand
- **Korrektur**: „Schwimme mit gestreckten Beinen". Übung am Beckenrand. Besser noch Flossenschwimmen in sehr flachem Wasser (vgl. auch Fehler: Hüftknick)
- **Fehler**: Po aus dem Wasser und Radfahrbewegung – **Folge**: tiefer Oberkörper, Behinderung der Atmung, viel Frontalwasserwiderstand
- **Korrektur**: Flossenschwimmen in sehr flachem Wasser
- **Fehler**: Fußspitzen beim Abwärtsschlagen angezogen – **Folge**: kein optimaler Abdruckwiderstand, sogar bremsender Effekt
- **Korrektur**:"Strecke die Füße und drehe sie nach innen." evtl. Flosseneinsatz
- **Fehler**: nur Unterschenkelschlag – **Folge**: nur wenig Vortrieb, Füße weit über Wasser
- **Korrektur**: „Strecke Deine Beine." „Der Beinschlag kommt aus der Hüfte." „Nicht das Wasser spritzen lassen. Versuch, leise zu schwimmen." – langsamer Flossenbeinschlag
- **Fehler**: unkoordinierte Zappelbewegung der Beine – **Folge**: geringe Auf- und Antriebswirkung
- **Korrektur**: langsame und weite Bewegungen mit Flossen und großer Schlagweite

5.4 Erlernen des Brustschwimmens

Bewegungsbeschreibung des Brustschwimmens (Grobform)

Abb. 23

Die Schwimmerin befindet sich noch in der Gleitlage. Ihre Körperhaltung ist unter Spannung gestreckt. Die Beine liegen geschlossen nebeneinander. Mit den Armen beginnt die Schwimmerin bereits, das Wasser zu greifen. Sie atmet ins Wasser aus.

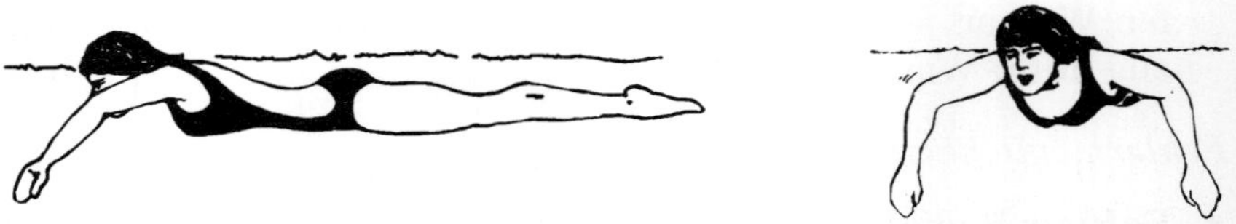

Abb. 24

Die Schwimmerin zieht ihre Arme weiter nach hinten und beugt dabei ausgehend von der vorherigen Streckung die Arme immer mehr ein. Die Körperabdruckflächen vom Wasser sind die Hände, die Unterarme (durch Eindrehen der Arme sind es die Innenseiten) und etwas weniger die Innenseiten der Oberarme. Der Kopf beginnt, sich zu heben. Die Beine sind immer noch gestreckt.

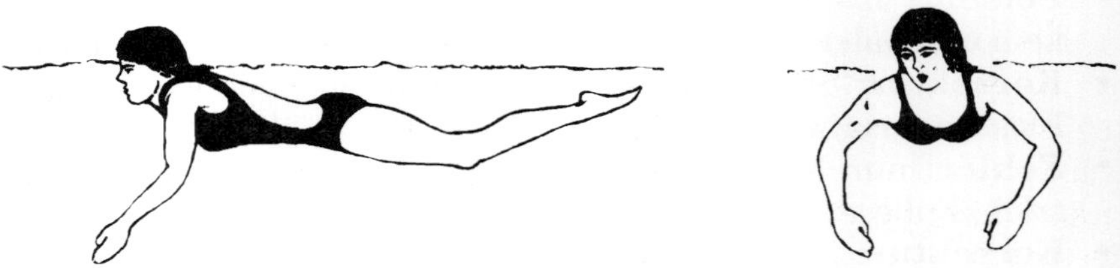

Abb. 25

Die Arme werden noch weiter eingebeugt und die Hände bewegen sich aufeinander zu. Einen Teil des Vortriebes nutzt die Schwimmerin, um ihren Kopf aus dem Wasser zu heben. Sie atmet jetzt ein. Die Beine geben ihre Streckung auf und bereiten sich darauf vor, bald die Arme von ihrer Antriebsarbeit abzulösen.

Abb. 26

Die Schwimmerin bringt aktiv ihre Ellbogen nach innen und stoppt die Bewegung erst, bevor sie ihre Rippen berührt. Ihre Unterarme liegen danach wieder parallel nebeneinander (Es gibt also keine Druckphase während der Armarbeit des Brustarmzuges.). Sie beugt ihre Beine weiter ein und gibt dabei die geschlossene Beinhaltung auf. Ihre Knie wandern bis ca. auf Schulterbreite nach außen. Sie werden jedoch nicht unter den Körper gezogen, sondern stoppen kurz vor Erreichen der Höhe der Hüftgelenke! Die Schwimmerin stellt ihre Fußspitzen etwas nach außen (Charly-Chaplin-Haltung). Die Schwimmerin legt ihr Gesicht wieder ins Wasser.

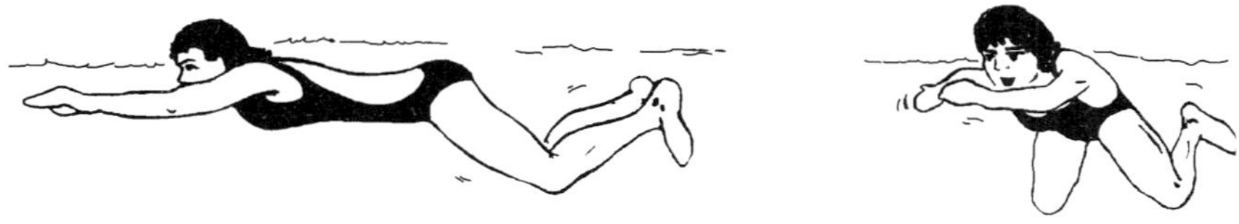

Abb. 27

Die Schwimmerin stößt sich mit ihren auswärts gestellten Füßen vom Wasser ab (Abruckflächen sind die Innenseiten der Unterschenkel und die Innenseiten der Füße!). Ihre Füße beschreiben eine kreisähnliche Bewegung nach außen, bevor sie von den sich nach hinten streckenden Beinen wieder zusammengeführt werden. Die Arme nutzen diese Antriebsarbeit der Beine in der Zwischenzeit aus. Sie werden immer weiter gestreckt, um so wenig Wasserwiderstand wie möglich zu bilden und sind am Ende in ihrer vollständigen Streckung wieder bereit, ihren Anteil für den Vortrieb zu übernehmen.

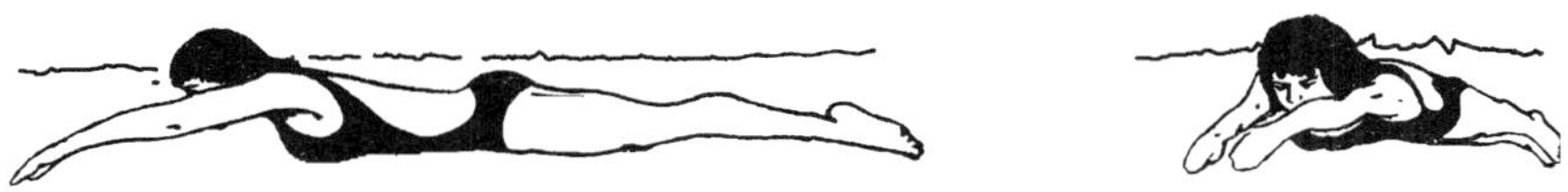

Abb. 28

Jetzt ist die Schwimmerin wieder in der Strecklage, in der sie erneut ins Wasser ausatmet.

Wie Sie beim Lesen sicherlich bemerkt haben, ist der Vortrieb nicht kontinuierlich durch die Bein- und Armarbeit abgedeckt. Es lässt sich vereinfacht sagen, dass zunächst die Arme und dann die Beine arbeiten. Eine Ruhephase gönnen sich die an der Arbeit nicht beteiligten Extremitäten jedoch keinesfalls. „Sie sind in der

Zwischenzeit bemüht, wieder in die günstigste Anfangsstellung für ihren neuen Arbeitseinsatz zu kommen.“

Dadurch, dass die Schwimmerin ihren Kopf ins Wasser zur Ausatmung eintaucht, ist eine deutlich bessere Stromlinienform gewährleistet, als wenn sie über Wasser ein- und ausatmen würde. Immer dann, wenn ein Brustschwimmer seinen Kopf nach oben hebt, geraten seine Beine tiefer ins Wasser. Autobauer würden einen solchen „CW-Wert“ nur ungern in Kauf nehmen. Eine bessere Stromlinienlage ist ökonomischer, weil kraftschonender. Außerdem belastet das fortwährende Hochhalten des Kopfes die Wirbelsäule!

TIP: Manchmal kann man beobachten, dass die Kinder sich beim Erlernen des Brustbeinschlages sehr schwer tun und später oft eine sogenannte „Schere“ (=unsymmetrischer Beinschlag) schwimmen. Hier können Sie ihnen helfen, indem sie den betroffenen Schülern zunächst eine Stoßgrätsche beibringen: Bei der Stoßgrätsche werden die Knie nicht wie bei der Schwunggrätsche zunächst in geschlossener Beinhaltung gebeugt! Stattdessen werden sie beim Einbeugen der Beine nach außen geführt. Es sieht ähnlich aus wie bei einem Frosch. Danach stoßen die Beine mit den Füßen noch weiter nach außen, bevor die gestreckten Beine wieder zusammengeführt werden. Dieses weite Entfernen der Beine von ihrer Symmetrieachse hilft den Kindern, unsymmetrische Beinbewegungen zu vermeiden. Wenn sie zudem noch in sehr flachem Wasser üben, erhalten sie eine Rückmeldung darüber, falls ein Bein immer den Beckenboden berührt (= unsymmetrischer Beinschlag).

TIP: Denken Sie auch daran, dass der Brustbeinschlag in der Rückenlage für hervorragenden Vortrieb sorgt! Viele Kinder, die bislang bei ihrem Individuellen Schwimmstil die Rückenlage bevorzugt haben, nutzen nach dem Kennenlernen des Brustbeinschlages nicht mehr den Kraulbeinschlag! In Verbindung mit dem PZ/UW („leises Rückenschwimmen“) und dem PZ/ÜW („Rückenrudern“) erreichen sie jetzt sehr hohe Geschwindigkeiten! Denken Sie an den Ausgangspunkt dieses Buches und beurteilen Sie die Leistung des Kindes nach dem sichersten Schwimmstil, den das Kind schwimmen kann und nicht den gebräuchlichsten, den es können sollte (gebräuchlich, weil über Jahre nichts anderes gelehrt wurde). Wichtigstes Ziel bleibt die Erhaltung der Freude an der Bewegung im Wasser und nicht das Trimmen auf einen olympischen Schwimmstil, vor allem dann, wenn er dem Kind nicht behagt!

Kurzzusammenfassung der Bewegungsmerkmale, dargestellt in Fragen.

Wenn Sie Ihre Schüler bei der Ausübung des Brustschwimmens beobachten, benutzen Sie einfach den folgenden Fragenkatalog mit 13 Fragen, die ihnen helfen, Fehler in der Bewegungsausführung schneller zu erkennen und einzukreisen.

Fragen zur Gesamtkörperhaltung:

1. Ist die Körperlage des Schwimmers gestreckt in der Gleitphase?
2. Hat der Schwimmer eine – angemessene – Körperspannung?

Fragen zur Beinarbeit:

3. Erfolgt der Beineinsatz symmetrisch?
4. Werden die Füße so gestellt, dass sie größtmögliche Abdruckfächen ergeben?
5. Werden die Beine unnötig weit unter den Körper gezogen?

Fragen zur Atmung:

6. Atmet der Schwimmer wirklich ein?
7. Atmet er unter Wasser aus?
8. Atmet er mit dem Gesicht in Schwimmrichtung ein?

Fragen zur Armbewegung:

9. Ist der Arm während der Zugphase gebeugt?
10. Sind die Innenseiten der Hände, der Unterarme und der Oberarme die Hauptabdruckflächen vom Wasser?
11. Werden die Ellbogen <u>aktiv</u> nach innen zu den Rippen geführt?
12. Werden die Arme gestreckt nach vorne gebracht und bieten möglichst wenig Wasserwiderstand, während die Beine den Vortrieb übernehmen?

Fragen zur Gesamtkoordination:

13. Erfolgt die zeitliche Koordination beim Wechsel zwischen Arm- und Beinarbeit gut aufeinander abgestimmt?

Siebter unterrichtlicher Schwerpunkt:
Erlernen des Brustbeinschlages in Bauch- und in Rückenlage

Während beim Kraulschwimmen die Arme und Beine etwas ähnliches machen, nämlich alternierende (abwechselnde) Bewegungen, ist die Arm- und Beinarbeit beim Brustschwimmen von parallelen Bewegungen gekennzeichnet. Beide Arme ziehen beim Brustschwimmen nach hinten. Beim Hundekraulen tut dies jeweils nur ein Arm, während der andere schon wieder nach vorne in die Ausgangsstellung gebracht wird. Deshalb gibt es beim Hundekraulen auch keine Pause und der Armantrieb erfolgt fortwährend. Beim Brustarmzug müssen die Arme jedoch erst gemeinsam wieder nach vorne in die Ausgangsstellung gebracht werden. Die Folge ist, dass der Vortrieb für einen Moment abreißt. Um diesen Moment so kurz wie möglich zu halten, setzt sozusagen als Zweitmotor jetzt die Beinarbeit zur Unterstützung ein. Aber auch diese geschieht parallel und deshalb müssen die Beine nach ihrer Vortriebsleistung ebenfalls wieder in die Ausgangsstellung gebracht werden. Das ruft wiederum die Arme auf den Plan, um nun ihrerseits eine Unterbrechung des Vortriebes zu vermeiden. Insgesamt gelingt es aber beiden nicht, für ein gleichmäßiges Tempo zu sorgen. Das liegt an dem sehr viel stärkeren „Heckmotor Beine“.

Leider können die Schwimmanfänger ihre – im Vergleich zum Kraulbeinschlag schwierigere – Beinarbeit nicht mit den Augen beobachten. Hinzu kommt, dass sowohl die Arme als auch die Beine in Richtung Körpermitte gezogen werden. Geschieht dies gleichzeitig, kann der Schwimmer keinen entscheidenden Vortrieb erzeugen. Die Koordination des Wechsels zwischen Arm- und Beinarbeit ist relativ schwierig zu erlernen. Deshalb bevorzugen viele Kinder – zunächst – lieber die alternierenden Techniken.

Unterrichtseinheit 17: Wir erlernen den Beinschlag des Brustschwimmens in Bauch- und in Rückenlage (Grobform)		
Phase	**Unterrichtsverlauf**	**methodisch - didaktischer Kommentar**
Einleitung	Schülerinformation am Versammlungsort	Beschaffung von benötigten Unterrichtsmaterialien
Erarbeitung 1	Wiederholung des schon bekannten Brustarmzuges (PZ/BL/UW) beim Gehen durch das Wasser und danach mit Hilfe von Pullbuoys zwischen den Oberschenkeln.	dient der Bewusstmachung bei den Schülern, dass sie schon Elemente des neu zu erlernenden Schwimmstils kennen.
2	Vorführen des richtigen Beinschlages beim Brustschwimmen durch die Lehrkraft oder einen begabten Schüler oder einen Film. Die Schüler üben die richtige Bewegungsausübung zunächst im Sitzen. Sie sollten dazu auf einer höheren Stufe o.ä. sitzen. Nehmen Sie die Füße eines Schülers und und führen Sie die richtige Bewegung vor. Beginnen Sie mit den gestreckten Beinen, die leicht auseinander parallel nach vorne gehalten werden. Beugen Sie die Knie und fahren Sie mit den Fersen über den Boden. Führen Sie nun die Unterschenkel unter einer leichten Auswärtsdrehung der Füße in einer kreisförmigen Bewegung nach außen und weiter nach vorne, bis die Beine wieder in ihrer Ausgangsstellung angelangt sind. Während der Kreisbewegung öffen Sie den Abstand zwischen den Knien und weisen die Schüler darauf hin. Zur Verdeutlichung der Kreisbewegung, können sie diese den Schülern mit bunter Kreide auf den Boden malen. Die Schüler sollen diese Linien dann mit den Füßen nachfahren. (Lappen und Putzeimer nicht vergessen!)	Diese Beinbewegung kann nicht an Land in der Bauchlage geübt werden, da das „zum-Körper-ziehen-der-Beine" auf dem Boden nicht möglich ist. Der Vorteil, dass die Schüler die Bewegung im Sitzen beobachten können, ist auch gleichzeitig ein Nachteil: Beim Brustschwimmen in der Bauchlage haben sie nämlich keine Möglichkeit mehr, ihre Beinbewegungen visuell zu kontrollieren. Sie können die Bewegung tatsächlich nur kinästhetisch erfühlen. Handlungsbegleitend sprechen Sie diese Wortfolge: „An! Aus! Zusammen!" Sie steht verkürzt für„Beine anziehen! Füße auswärtsstellen und Kreisbewegung nach außen! Beine zusammenführen!" Lassen Sie alle Schüler diese Worte immer wieder bei der Ausführung wiederholen.
3	Die Schüler schwimmen in <u>Rückenlage</u> mit einem Schwimmbrett unter dem Kopf oder auf der Brust gehalten. Sie probieren den an Land geübten Beinschlag aus.	Schwimmen in Dreier-Gruppen - Laufende Korrektur vom Beckenrand **Achtung!!! Schwimmer, denen der Brustbeinschlag in der Rückenlage auch ohne Brett gelingt, haben schon wieder einen neuen Schwimmstil erlernt, der für sich oder in Verbindung mit den Armzügen PZ/UW oder PZ/ÜW hervorragend für das Ausdauerschwimmen geeignet ist.**

4	Die Schüler stützeln im flachen Wasser und üben den Beinschlag.	Durch das Stützeln haben sie mehr Zeit bei der Bewegungsausführung. Sie können sich in Ruhe auf das Anziehen der Beine konzentrieren, bevor sie nach dem Ausstellen der Fußspitzen den peitschenartigen kreisförmigen Beinschlag ausprobieren. TIP: Oft kann man dies auch gut am Beckenrand probieren: Die Schüler stützeln in BL rückwärts, bis sie den Beckenrand mit den ausgestreckten Beinen erreichen. Dann beugen sie die Beine ein und stellen die Fußspitzen nach außen. Gleichzeitig stützeln sie wieder weiter zur Wand zurück, so dass die Füße so gut wie möglich mit dem Innenrist die Wand berühren. Aus dieser Position stoßen sie sich ab. Das Gefühl für den Abdruckpunkt und die Dynamik der Bewegung kann hier besser geschult werden. Allerdings geht dies zu Lasten der kreisförmigen Bewegungsausführung, die später natürlich beim Schwimmen im freien Wasser weiter geübt werden muss.
5	Die Schüler schwimmen den Beinschlag in der Bauchlage. Sie halten dabei ein Schwimmbrett vor den Kopf.	Schüler, die nicht mehr schwimmen können, gehen den Rest der Strecke. (Lassen Sie sie den Rest nicht mit dem Kraulbeinschlag schwimmen, da sie die Kraft noch benötigen.) Schwimmen in Dreiergruppen.
6	lernzielorientiertes Spiel	Geeignete Spiele sind: Schwimmspiele: 2-4, 6-8, 11-15, 17, 19, 21-26, 28, 30-39 offenere Spielformen: 7, 13, 14, 17-22, 24, 26, 31, 32, 38, 39, 43, 45, 47, 48, 55, 59, 60
7	freies Spiel	
Abschluss	Erfahrungsaustausch der Schüler und Wegräumen der Materialien	

Sicherheitshinweise: –

Material: Pullbuoys, Schwimmbretter und Materialien laut lernzielorientiertem Spiel

Es ist völlig klar, dass Sie mit einigen Schülern die Teilschritte dieser Unterrichtseinheit über mehrere Unterrichtsstunden üben müssen. Im Rahmen von Differenzierungsmaßnahmen lassen Sie die Schüler, die noch Schwierigkeiten haben, während des Bahnenschwimmens die Teilschritte üben, die sie noch festigen

müssen. Die anderen können währenddessen durchaus auch schon die Koordination des Armzuges mit dem Beinschlag üben. Wenn möglich nutzen Sie dazu so oft es geht die lernzielorientierten Spiele.
TIP: Für einige Schüler kann es sinnvoll sein, den Brustbeinschlag zunächst in weitere Teilbewegungen zu zergliedern: a. Die Schüler schwimmen zunächst noch mit geschlossenen Beinen, beugen die Beine und erzeugen den Vortrieb mit einem „Delfinkick". b. Zusätzlich zum „Delfinkick" stellen sie zuvor ihre Fußspitzen nach außen, um mehr Abdruckfläche zu erreichen. c. Sie integrieren die kreisförmige Bewegung in den beschriebenen Beinschlag.

Achter unterrichtlicher Schwerpunkt:

Koordination des Brustbeinschlages mit dem Brustarmzug und der Atmung (olympischer Schwimmstil);

Koordination des Brustbeinschlages in Rückenlage mit dem Parallelzug unter Wasser („gemäßigtes altdeutsches Rückenschwimmen") und dem Parallelzug über Wasser („sportliches Altdeutsches Rückenschwimmen")

Unterrichtseinheit 18: Wir koordinieren den Armzug mit der Atmung und dem Beinschlag		
Phase	**Unterrichtsverlauf**	**methodisch - didaktischer Kommentar**
Einleitung	Schülerinformation am Versammlungsort	Beschaffung von benötigten Unterrichtsmaterialien
Erarbeitung 1	Wiederholung des schon bekannten Brustarmzuges (PZ/BL/UW) beim Gehen durch das Wasser und danach mit Hilfe von Pullbuoys zwischen den Oberschenkeln.	
2	Alle Schüler üben die Atmung während des Gehens im Wasser. Sie beugen dazu ihren Oberkörper nach vorne. Während sie die gebeugten Arme nach hinten ziehen, heben sie den Kopf aus dem Wasser und atmen ein. Wenn sie die Arme zur Streckung nach vorne bringen, legen sie ihr Gesicht aufs Wasser und atmen aus.	

3	Partnerarbeit: Ein Schüler begibt sich in die Bauchlage. Der andere Schüler steht zwischen seinen Beinen und hält seine Oberschenkel fest. Er schiebt seinen Partner durch das Wasser und ruft ihm zu, wann er ins Wasser ausatmen soll („Luft raus!"). Dies macht der Partner während des Brustarmzuges, während er die Arme zur Streckung nach vorne bringt.	
4	Die Schüler sollen die Atmung in ihren Brustarmzug integrieren, während sie mit einem zwischen den Oberschenkeln eingeklemmten Pullbuoy schwimmen.	
5	Als Koordinationsübung sollen die Schüler im Wasser folgende Bewegung ausführen: Sie gleiten nach dem Abstoßen vom Beckenrand ein kurzes Stück und erhöhen kurzzeitig durch den Brustarmzug die Gleitgeschwindigkeit. Danach ziehen sie die Beine zum Körper und stellen sich hin. Sofort nach dem Berühren des Beckenbodens stoßen sie sich erneut ab und nehmen wieder die Gleitlage, erhöhen wieder durch den Brustarmzug die Geschwindigkeit, stellen sich wieder hin, ... usw. (keine Delfinsprünge!!!)	Diese Zwischenübung soll den ungefähren Zeitpunkt verdeutlichen, an dem die Schüler später mit ihrer Beinarbeit beginnen sollen. Organisationsform: Schwimmen in Wellen
6	Die Schüler schwimmen einige Bahnen mit dem Schwimmbrett und wiederholen den Brustbeinschlag. Auf der nächsten Bahn schwimmen sie ohne Brett. Sie beginnen mit dem Gleiten nach dem Abstoßen. Wenn sie merken, dass die Gleitgeschwindigkeit nachlässt, machen sie einen Armzug (nur die Zugphase) bis sie die Ellbogen an die Rippen geführt haben. Dann sollen sie die Beine anziehen und gleichzeitig mit der peitschenartigen Kreisbewegung der Beine die Arme nach vorne zur Streckung bringen.	Die Schüler sollen ruhig schwimmen, damit es zu keinem Strömungsabriss beim Gleiten kommt. Da sie schon das Auftreiben und das Gleiten gelernt haben, geraten sie dabei auch nicht in Hektik. Auf die Atmung wird zunächst noch verzichtet. Nach jedem gelungenem Zyklus stellen sie sich hin und beginnen erneut mit einem Schwebesprung und dem Versuch eines Zyklus von Arm- und Beinbewegung.

7	Während der folgenden 5 bis 10 Minuten versuchen die Schüler, soviele gelungene Koordinationszyklen wie möglich zu schwimmen. Danach werden drei Mannschaften gebildet. Für jeden gelungenen Koordinationszyklus erhält die Mannschaft einen Punkt. Jede gelungene Atmung bedeutet einen Zusatzpunkt.	Org.form: Schwimmen in Wellen
8	freies Spiel	
Abschluss	Verbalisieren der Erfahrungen	Wegräumen von Materialien

Sicherheitshinweise: Laufen ist in der Halle verboten!

Material: Pullbuoys, Schwimmbretter

Mit dem Üben der Gesamtkoordination sind die meisten Schüler noch einige Unterrichtseinheiten beschäftigt. Wichtig ist die Erhöhung der Gesamtkoordinationszyklen (Arme und Beine) und später die Einbindung der Atmung. Auf keinen Fall sollten Sie jetzt aber mit den Schülern nur noch das Brustschwimmen üben. Aber ich denke, Sie bekommen selbst früh genug mit, wann das Üben zu lästig wird und der Spaßfaktor zu kurz kommt. Dann wird es Zeit, die Schüler wieder ihre Individuellen Schwimmstile benutzen zu lassen, sie spielen zu lassen oder offene Unterrichtssituationen anzubieten.

Das Schwimmen des Brustbeinschlages in der Rückenlage ist -wie oben beschrieben- schon für sich eine gute Möglichkeit, sich zielgerichtet im Wasser fortzubewegen. In Verbindung mit einem Parallelzug unter Wasser („leises Rückenschwimmen") oder einem Parallelzug über Wasser („Rückenrudern") können sie zu einem vollständigen Schwimmstil erweitert werden. Da der Brustbeinschlag als Vortriebsquelle die Hauptarbeit übernimmt und die Rückenlage die Atmung sehr begünstigt, ist eine zusätzliche Koordination mit einem der beiden Armzüge schnell und einfach zu erlernen und wird deshalb hier nicht weiter beschrieben.Die Beschreibung der Armbewegungen finden Sie unter den Fotos, die die Individuellen Schwimmstile darstellen.

Beachten Sie bei der Ausübung des Rückenschwimmens die zum Teil nur eingeschränkte Eignung der lernzielorientierten Spiele oder der offeneren Spielformen., wegen der erhöhten Verletzungsgefahr.
Geeignete Spiele sind:
Schwimmspiele: 2-4, 6-8, 11, 13-15, 17, 21-26, 28, 30-39
offenere Spielformen: 7, 13-15, 18-22, 24, 26, 31, 32, 38, 41, 43, 45-47, 59, 60

5.4.1 Fehler beim Brustschwimmen erkennen und verbessern

Fehlermöglichkeiten bei der Schwunggrätsche

- **Fehler**: Beine werden zu weit unter den Bauch gezogen – **Folge**: Abriss des Vortriebs, Geschwindigkeitsverlust, Gesamtkoordinationsverlust
- **Korrektur**: taktile Rückmeldung durch die Lehrkraft oder eingewiesenen Partner
- **Fehler**: Knie beim Beugen weit über Schulterbreite – **Folge**: zu hoher Frontalwiderstand
- **Korrektur**: Schwimmen mit einem Pullbuoy, den die Schüler während des Beinschlages möglichst nicht verlieren sollen (Evtl. zusätzliches Zusammenbinden der Oberschenkel mit einem elastischen Breitband; *Achtung Gefahrenpotential!!! – Das Band nicht zu fest binden, da die Schüler sich bei Erschöpfung unter Umständen sonst nicht vom Pullbuoy trennen können und sich infolgedessen wegen der Auftriebswirkung nicht mehr hinstellen können!!!*)

Fehlermöglichkeiten bei der Stoßgrätsche

- **Fehler**: Fersen liegen beim Einbeugen der Beine nicht aneinander – **Folge**: ungleiches Anziehen bzw. Beugen (Schere)
- **Korrektur**: Führen der Beinbewegung durch die Lehrkraft oder eingewiesenen Partner
- **Fehler**: beide Knie werden beim Anziehen parallel zu einer Seite geführt – **Folge**: Schräglagenbildung (in Hüfte, evtl. sogar Schultern), Scherenschlag
- **Korrektur**: statische Übung außerhalb des Beckens, am Beckenrand, Visualisierung, evtl. zeitweilige Befreiung von der Vortriebswirkung des Beinschlages durch Schwungholen vom Beckenrand bzw. -boden.
- **Fehler**: Fußspitzen zeigen in der Abdruckphase nicht nach außen – **Folge**: zu wenig Abdruckwiderstand, Füße „stechen leer“ ins Wasser
- **Korrektur**: Abdruckmöglichkeit (kurz!) versinnlichen durch Einsatz von Flossen (nur bei Stoßgrätsche!), Abstoß von der Wand oder der Lehrkraft nach vorheriger Beinführung von derselben, Visualisierung

- **Fehler**: Beine bleiben beim Beugen geschlossen – **Folge**: Abdruck vom Wasser wie beim Delphinschwimmen, Instabilere Körperlage
- **Korrektur**: Beinführung, Visualisierung, Handlungsbegleitendes Sprechen („An!“ – „Aus!“ – „Zusammen!“)
- **Fehler**: Beine werden zu weit unter den Bauch gezogen – **Folge**: Abriss des Vortriebs, Geschwindigkeitsverlust, Gesamtkoordinationsverlust
- **Korrektur**: taktile Rückmeldung durch die Lehrkraft, zusätzlich verbal:“Nimm die Beine weit auseinander. Schwimm wie ein Frosch!“ *oder* „An!“ – „Aus!“ – „Zusammen!“

Fehlermöglichkeiten beim Armzug zur Schwunggrätsche

- **Fehler**: Arme ziehen weit nach außen – **Folge**: kräftezehrend
- **Korrektur**: durch enge „Tunnel“ schwimmen (Mitschüler, Seile), sich an 2 in schulterbreitem Abstand gespannten Seilen entlangziehen. Die Tiefe der Seile unter Wasser muss der individuellen Entfernung von Ellbogen und Handfläche angepasst werden; Schwimmen mit Schwimmnudel
- **Fehler**: Ellenbogen ziehen zuerst – **Folge**: Ausweichen des Wasserwiderstandes – geringer Antrieb
- **Korrektur**: Schwimmen mit Schwimmmatte oder Schwimmnudel unter der Aufgabenstellung, „zuerst mit den Händen das Wasser zu greifen, es dann nach hinten zu schieben, und noch vor der Schulter die Arme zusammenzubringen“
- **Fehler**: Strecken der Arme nach vorne unten – **Folge**: Heben des Oberkörpers in der Streckung, hoher Frontalwasserwiderstand
- **Korrektur**: die Hände beim Vorbringen nach oben zur Wasseroberfläche bringen (Schwimmbrettschubsen, Hände der Lehrkraft an der Wasseroberfläche berühren)
- **Fehler**: Schultern kommen weit aus dem Wasser (bei der Grobform der Anfänger) – **Folge**: Kraftverschwendung, anschließendes tiefes Abtauchen, dadurch Erhöhung des Frontalwasserwiderstandes und Schwungverlust
- **Korrektur**: Kopf soll aktiv angehoben werden; Armzug auf Schwimmmatte, oder Üben des Kopfhebens bei Schwimmen mit dem Schwimmbrett

- **Fehler**: zu frühe Beinbeugung noch während der Zugphase der Arme – **Folge**: rücktreibende Wirkung der Arme beim Vorbringen
- **Korrektur**: während der Grätsche sollen die Arme wieder nach vorne gestreckt werden – Übung ohne Zugphase des Brustarmzuges: Abstoßen von der Wand oder einem Partner
- **Fehler**: zu frühes Kopfheben schon während der Zugphase – **Folge**: Frühatmung, falsche Koordination
- **Korrektur**: Kopfheben erst in der Vorbereitungsphase (am Ende der Zugphase), Atmung erfolgt synchron mit dem Zusammenbringen der Hände
  Übung: Schwimmen zunächst ohne Atmung (evtl. auch ohne Beinschlag auf Schwimmmatte); Kopfheben und Atmung erfolgt erst bei Berührung durch Lehrkraft
- **Fehler**: Handflächen liegen aneinander („Beten") – **Folge**: zu spätes Wasserfassen
- **Korrektur**: Handflächen zeigen beim Vorbringen zum Beckenboden

Fehlermöglichkeiten beim Armzug zur Stoßgrätsche

- **Fehler**: die Auswärtsbewegung der Arme führt zu weit nach hinten – **Folge**: später schlechte Koordination von Armen und Beinen
- **Korrektur**: Armzug soll vor den Schultern ausgeführt werden, daher Übung am Beckenrand, dann auf Luftmatratze oder Schwimmfloß oder Schwimmnudel, wenn diese unter den Achseln des Schülers liegt.
- **Fehler**: Arme und Beine werden gleichzeitig bewegt – **Folge**: kaum Vortrieb, da die Vortriebswirkung der Arme durch Anziehen der Oberschenkel aufgehoben wird
- **Korrektur**: *„Warte mit dem Anziehen der Oberschenkel, bis die Zugphase der Arme abgeschlossen ist"*. Nochmaliges Üben der Koordinationssprünge (siehe Unterrichtseinheit 18, Erarbeitungsphase 5)

5.5 Lernzielorientierte Spiele für das Üben des Schwimmens

Ginge es darum, den Schülern im Schwimmunterricht einfach nur das Schwimmen beizubringen, müssten Sie mit ihnen nur üben, üben, üben, ... Bahn für Bahn. Weil das natürlich viel zu langweilig und auch zu monoton ist, wurde im Schwimmunterricht eigentlich immer schon zwischendurch gespielt. In dieser Veröffentlichung geht es mir vorrangig darum, dass so wenig wie nötig im Bahnenbetrieb geübt werden soll (manchmal lässt sich das nämlich tatsächlich nicht vermeiden), aber so viel wie möglich während des Übens gespielt wird. Das kann – muss aber nicht – in kleinen Wettkämpfen geschehen. Außerdem liegt mir viel an kleinen Geschichten, die den Schülern ein kindgerechtes Thema für ihre Spielhandlungen geben sollen. Wenn die Schüler mittags nach Hause kommen, sollen sie ihren Eltern nicht erzählen, dass sie heute den Brustbeinschlag geübt haben, sondern, dass sie heute (z.B.) Schatztauchen waren und Probleme mit ein paar Barracudas bekommen haben. Insbesondere die in Kapitel 6. dargestellten *offeneren Spielformen* haben fast alle eine Spielhandlung.

Grundsätzlich sind eine Vielzahl von Lauf- und Haschspielen aus der Turnhalle oder dem Freien auch für den Schwimmunterricht geeignet. Es sollte jedoch immer geprüft werden, inwieweit sie auch dem jeweiligen Lernziel zuträglich sind. Denn sie sollen ja über ihren Selbstzweck hinaus vorrangig einen methodischen Beitrag für das Erlernen des Schwimmens leisten. Nicht selten lässt sich eine Spielidee mit einer veränderten Aufgabenstellung an das Lernziel anpassen.
Im Folgenden wird nach der Darstellung eines Spielvorschlages angegeben, inwieweit es für einen Lernzielbereich geeignet ist.

Zur Erinnerung: Die Phasen der zuvor vorgestellten Unterrichtseinheiten waren als Beispiele gedacht. Wie schon beschrieben sollen sie Anhaltspunkte für Ihren Unterricht sein. Die einzelnen Phasen stellen nur die aufeinanderfolgenden methodischen Schritte dar. Ob Sie vorher, zwischendurch oder zum Abschluss lieber etwas mehr spielen möchten, bleibt natürlich Ihre Entscheidung. Das gilt auch für die Entscheidung, ob und wann Sie freie Spielphasen (nicht lehrerbestimmte), völlig offene Spielformen (siehe Kapitel 6) oder lernzielorientierte Spiele anbieten.

Die meisten der nun vorgestellten Spiele sollen in der Staffelform ausgeführt werden.

Diese Staffelorganisationsformen haben folgende Vorteile:
- schnelle Gewöhnung der Schüler an eine Ausdauerbelastung über längere Strecken (mindestens Querbahn), die Anzahl der Bahnen kann dem Leistungsstand der Schüler entsprechend sukzessiv gesteigert werden;
- bessere Beobachtungs- und Korrekturmöglichkeit für die Lehrer;
- Verminderung der Gefahr von Zusammenstößen (v.a. in Rückenlage!);
- die Organisationsform ist einfach zu erlernen und kann, da sie nicht allzu häufig gewechselt wird, von den Schülern schnell wiedererkannt werden. Als Organisationsform lässt sich weiterhin das „Schwimmen in Wellen“ verwenden. Beim „Schwimmen in Dreier-Gruppen“ muss nur noch die *Spielschwimmbahn* definiert werden. Der Rückweg erfolgt ohne Spielaufgabe.

Schwimmt ein Schüler im Eifer des Wettkampfes nicht in der geforderten Schwimmtechnik, so könnte dieses Mannschaftsmitglied beispielsweise auch schon einmal unverrichteter Dinge zurückkehren, d. h. ohne die Spielaufgabe erfüllen zu dürfen.

Diese Spiele lassen sich gut zur Differenzierung einsetzen, da die Lehrkraft bestimmen kann, mit welcher Technik die Schüler die Querbahn bewältigen sollen. So können z.B. einige Schüler auf schnellen Zuruf durch die Lehrkraft noch einmal ihren Kraulbeinschlag üben, während andere ein bestimmtes Armzugmuster in einer bestimmten Körperlage üben sollen. Insbesondere, wenn der Lehrgang schon weiter fortgeschritten ist, nehmen Schüler, die schon ein wenig schwimmen können, ohne Probleme an den gleichen Spielen teil, wie Schüler, die es gerade erst erlernen.

Ich habe versucht, den Aufwand an Medien so gering wie möglich zu halten. Dennoch benötigen Sie einen kleinen Grundstock von

Materialien, die Sie dann jedoch immer wieder (auch in veränderten Formen) einsetzen können. Schließlich haben Sie für Ihre anderen Unterrichtsfächer ja auch einen wiederverwendbaren Materialfundus angelegt. Der Einsatz lohnt sich in jedem Fall, da die Schüler die Spiele erheblich lieber annehmen, als das langweile Üben im Bahnenbetrieb!

Schwimmspiel 1

Pyramidenbau

Die Aufgabenstellung bei dieser Umkehrstaffel ist einfach.

Welche von drei (oder mehreren) Mannschaften kann zuerst am gegenüberliegenden Beckenrand eine Pyramide aus mehreren Pullbuoys errichten. Der Transport der Steine richtet sich nach dem Stundenziel. Entweder es wird immer nur ein Pullbuoy auf einer Luftmatratze mitgenommen, oder gute fortgeschrittene Schüler klemmen ihn zwischen die Oberschenkel, bzw. halten ihn in den Händen, während sie mit Flossen schwimmen.

Material: Pullbuoys in ausreichender Anzahl, evtl. Auf- oder Vortriebshilfen (Luftmatratze, Schwimmmatte, Flossen).

Pyramiden lassen sich auch mit kleinen Filmdosen oder Weinkorken (umsonst im Fotofachgeschäft bzw. in der Gastronomie erhältlich) bauen. Diese lassen sich während des Schwimmens gut unter die Badebekleidung klemmen.

Eignung dieses Spiels für untenstehende Schülerlernziele (bei Pullbuoy-Transport zwischen den Oberschenkeln)	BL	RL
Kraulbeinschlag (einschl. Flossen)	+	+
Erlernen verschiedener Armzugmuster mit Luftmatratze oder Schwimmnudel oder Pullbuoy	+	+
Verknüpfung des individuellen Armzuges mit Kraulbeinschlag (einschl. Atmung)	-	-
Erlernen der Beingrätsche	-	-
Verknüpfung der Grätsche mit (PZ/UW) in BL (Brustschwimmen) Verknüpfung der Grätsche mit (PZ/UW u. ÜW) in RL (leises Rückenschwimmen / Rückenrudern)	-	-
Ausdauererweiterung o — Schnelligkeit o		
+ = gut geeignet o = bedingt geeignet - = nicht geeignet		

Schwimmspiel 2

Eimer füllen

Die Organisationsform ist ähnlich wie beim 'Pyramidenbau'.

Die Schwimmer der Mannschaften versuchen, in einer Umkehrstaffel (= Schwimmen bis zum gegenüberliegenden Beckenrand + Aufgabe erfüllen + Zurückschwimmen + Start des nächsten Schwimmers) einen am gegenüberliegenden Beckenrand stehenden Eimer mit Wasser zu füllen. Sie benutzen dazu die dort ebenfalls bereitliegenden Schaumstoffsteine (Schwämme), die sie ins Wasser tauchen, damit sie sich vollsaugen können und dann über dem Eimer ausdrücken. Sie haben beim Ausdrücken nur einen Versuch. Die Mannschaft, deren Eimer zuerst überläuft, hat gewonnen.

Material: (gleich große) Plastikeimer, Schaumstoffsteine (Schwämme), Auftriebshilfen gemäß LZ

Eignung dieses Spiels für untenstehende Schülerlernziele	BL	RL
Kraulbeinschlag (einschl. Flossen)	+	+
Erlernen verschiedener Armzugmuster mit Luftmatratze oder Schwimmnudel oder Pullbuoy	+	+
Verknüpfung des individuellen Armzuges mit Kraulbeinschlag (einschl. Atmung)	+	+
Erlernen der Beingrätsche	+	+
Verknüpfung der Grätsche mit (PZ/UW) in BL (Brustschwimmen)	+	
Verknüpfung der Grätsche mit (PZ/UW u. ÜW) in RL (leises Rückenschwimmen / Rückenrudern)		+
Ausdauererweiterung o Schnelligkeit +		
+ = gut geeignet o = bedingt geeignet - = nicht geeignet		

Schwimmspiel 3

Dosenwerfen

Warum nicht einmal Dosenwerfen im Schwimmbad? Anstatt scharfer Blechdosen nehmen wir einfach Plastikbecher. Geworfen wird mit kleinen Bällen (z.B. aus dem Kugelbad). Die Organisationsform ist dieselbe wie bei den beiden zuvor beschriebenen Spielen. Mal sehen, welche Mannschaft die meisten Becher umwirft. Ringtennis ist eine beliebte Alternative.

Material: Plastikbecher, kleine Wurfbälle oder Ringtennis-Sets

Eignung dieses Spiels für untenstehende Schülerlernziele	BL	RL
Kraulbeinschlag (einschl. Flossen)	+	+
Erlernen verschiedener Armzugmuster mit Luftmatratze oder Schwimmnudel oder Pullbuoy	+	+
Verknüpfung des individuellen Armzuges mit Kraulbeinschlag (einschl. Atmung)	+	+
Erlernen der Beingrätsche	+	+
Verknüpfung der Grätsche mit (PZ/UW) in BL (Brustschwimmen)	+	
Verknüpfung der Grätsche mit (PZ/UW u. ÜW) in RL (leises Rückenschwimmen / Rückenrudern)		+
Ausdauererweiterung o Schnelligkeit +		
+ = gut geeignet o = bedingt geeignet - = nicht geeignet		

Schwimmspiel 4

Clownsgesicht

Welche Mannschaft malt das schönste Clownsgesicht? Die Schüler schwimmen dazu in einer Umkehrstaffel bis zum gegenüberliegenden Beckenrand, steigen aus, malen kurz und schwimmen wieder zurück. Aber aufgepasst! Jeder Schwimmer darf dem vorgemalten Schädelumriss nur ein Körperteil zuordnen, also nur ein Ohr, nur ein Auge...bevor er wieder zu seiner Mannschaft zurückschwimmt, um den nächsten Picasso ins Rennen zu schicken.

Material: Tapetenrolle, Schere, Klebeband, geeignete Stifte – Beim Malen mit ausgestreckten Armen wird die Tapete nicht nass.

Eignung dieses Spiels für untenstehende Schülerlernziele		**BL**	**RL**
Kraulbeinschlag (einschl. Flossen)		+	+
Erlernen verschiedener Armzugmuster mit Luftmatratze oder Schwimmnudel oder Pullbuoy		+	+
Verknüpfung des individuellen Armzuges mit Kraulbeinschlag (einschl. Atmung)		+	+
Erlernen der Beingrätsche		+	+
Verknüpfung der Grätsche mit (PZ/UW) in BL (Brustschwimmen) Verknüpfung der Grätsche mit (PZ/UW u. ÜW) in RL (leises Rückenschwimmen / Rückenrudern)		+ 	 +
Ausdauererweiterung o	Schnelligkeit +		
	+ = gut geeignet	o = bedingt geeignet	- = nicht geeignet

Schwimmspiel 5

Wasserburg

In drei Durchgängen versucht jeweils eine von drei Mannschaften, eine „Wasserburg“ zu verteidigen. Diese besteht aus einer Luftmatratze, auf der drei Eimer stehen. Alternativ können die Eimer auch am Beckenrand stehen. Es sollten in jedem Fall ca. 2 m Abstand zwischen Torwart und Eimer sein, damit die Werfer eine Chance haben. Die beiden anderen Mannschaften schwimmen nun zusammen vom Beckenrand bis zu einer Position, in der je ein Ball pro Schwimmer liegt. Sie sollen versuchen, mit diesen Bällen die Eimer, die auf der Luftmatratze stehen, zu treffen. Die Burgwächter haben ihrerseits die Aufgabe, die Bälle abzuwehren. Nach dem ersten Angriff versuchen es die angreifenden Raubritter noch einmal. Dann wird eine andere Mannschaft zu den Burgwächtern. Gewonnen hat die Mannschaft, die die wenigsten Treffer abbekommen hat. Der Schwimmweg der Rittersleut' kann durch zuvor zu umrundende Male verlängert werden.

Material: Eimer, leichte Wurfbälle, mit denen man einen Eimer umwerfen kann

Sicherheit: Die Zuständigkeit der Torwarte durch Zonen regeln. Außerdem sollten sie leicht versetzt stehen, damit sie bei „Torwartparaden“ nicht zusammenstoßen.

Eignung dieses Spiels für untenstehende Schülerlernziele	BL	RL
Kraulbeinschlag (einschl. Flossen)	+	-
Erlernen verschiedener Armzugmuster mit Luftmatratze oder Schwimmnudel oder Pullbuoy	o	-
Verknüpfung des individuellen Armzuges mit Kraulbeinschlag (einschl. Atmung)	+	-
Erlernen der Beingrätsche	+	-
Verknüpfung der Grätsche mit (PZ/UW) in BL (Brustschwimmen) Verknüpfung der Grätsche mit (PZ/UW u. ÜW) in RL (leises Rückenschwimmen / Rückenrudern)	+ -	
Ausdauererweiterung o Schnelligkeit o		
+ = gut geeignet o = bedingt geeignet - = nicht geeignet		

Schwimmspiel 6

Unterwasserpuzzle

Aus Kunststoff gefertigte Großpuzzles mit kleinen Griffen an jedem Puzzlestück haben schon bei der Wassergewöhnung und Wasserbewältigung kleine Wunder bewirkt. Am Umkehrpunkt der Schwimmstrecke (= gegenüberliegender Beckenrand) legt jeder Schwimmer ein Teil des Puzzles, welches er sich vom Beckenrand nimmt, am Beckengrund an und schwimmt zu seiner Mannschaft zurück. Welches Mannschaftspuzzle ist zuerst fertig?

Material: Unterwasserpuzzles (erh. im Fach-Versand-Handel)

Eignung dieses Spiels für untenstehende Schülerlernziele	BL	RL
Kraulbeinschlag (einschl. Flossen)	+	+
Erlernen verschiedener Armzugmuster mit Luftmatratze oder Schwimmnudel oder Pullbuoy	+	+
Verknüpfung des individuellen Armzuges mit Kraulbeinschlag (einschl. Atmung)	+	+
Erlernen der Beingrätsche	+	+
Verknüpfung der Grätsche mit (PZ/UW) in BL (Brustschwimmen)	+	
Verknüpfung der Grätsche mit (PZ/UW u. ÜW) in RL (leises Rückenschwimmen / Rückenrudern)		+
Ausdauererweiterung o Schnelligkeit +		
+ = gut geeignet o = bedingt geeignet - = nicht geeignet		

Schwimmspiel 7

Schwimmbadmemory

Die Spielidee besteht darin, dass den Startern von zuvor gebildeten Mannschaften bei einer Umkehrstaffel jeweils ein Foto gezeigt wird, welches etwas abbildet, was mit dem Schwimmbad zu tun hat (Badehose, Shampooflasche, Handtuch...). Je ein Vertreter der Mannschaften soll sich das entsprechende Bild merken und zur gegenüberliegenden Beckenseite schwimmen. Dort liegen verdeckte Fotos. Sie dürfen sich nun jeder eines anschauen und mit dem zuvor gezeigten vergleichen. Stimmen die beiden Abbildungen überein, so bekommt die Findermannschaft einen Punkt. Die Schwimmer müssen in jedem Fall allen anderen Mitgliedern ihrer Mannschaft das Motiv des aufgedeckten Fotos preisgeben, so dass diese sich die genaue Lage für die weiteren Durchgänge merken können. Danach schwimmen sie zu ihrer Mannschaft zurück. Hat eine Mannschaft einen Punkt gewonnen, so erhält sie ein neues Motiv. Die Fotos müssen unbedingt mit einer Folie oder einer Schutzhülle vor Wasser geschützt (am besten eingeschweißt) sein.

Material: eingeschweißte (große) Fotos oder Bilder für ein Memoryspiel

Eignung dieses Spiels für untenstehende Schülerlernziele	BL	RL
Kraulbeinschlag (einschl. Flossen)	+	+
Erlernen verschiedener Armzugmuster mit Luftmatratze oder Schwimmnudel oder Pullbuoy	+	+
Verknüpfung des individuellen Armzuges mit Kraulbeinschlag (einschl. Atmung)	+	+
Erlernen der Beingrätsche	+	+
Verknüpfung der Grätsche mit (PZ/UW) in BL (Brustschwimmen)	+	
Verknüpfung der Grätsche mit (PZ/UW u. ÜW) in RL (leises Rückenschwimmen / Rückenrudern)		+
Ausdauererweiterung o Schnelligkeit +		
+ = gut geeignet o = bedingt geeignet - = nicht geeignet		

Schwimmspiel 8

Rätselschwimmen

Zuvor gebildete Mannschaften konkurrieren in einem Rätselquiz miteinander. Die Startschwimmer schwimmen bis zur gegenüberliegenden Seite und erhalten dort jeweils ein leichtes Rätsel (Sie können zum Beispiel die Frage-Karten bekannter Brettspiele benutzen). Für jedes gelöste Rätsel bekommt die Mannschaft einen Punkt. Vielleicht nutzen sie dieses Spiel ja auch, um eine kleine Übungsphase für ihre anderen Unterrichtsfächer einzubauen?

Material: Rätsel

Eignung dieses Spiels für untenstehende Schülerlernziele	BL	RL
Kraulbeinschlag (einschl. Flossen)	+	+
Erlernen verschiedener Armzugmuster mit Luftmatratze oder Schwimmnudel oder Pullbuoy	+	+
Verknüpfung des individuellen Armzuges mit Kraulbeinschlag (einschl. Atmung)	+	+
Erlernen der Beingrätsche	+	+
Verknüpfung der Grätsche mit (PZ/UW) in BL (Brustschwimmen) Verknüpfung der Grätsche mit (PZ/UW u. ÜW) in RL (leises Rückenschwimmen / Rückenrudern)	+	 +
Ausdauererweiterung o Schnelligkeit +		
+ = gut geeignet o = bedingt geeignet - = nicht geeignet		

Schwimmspiel 9

Vorsicht Barracudas !

Schatztauchen ist eine abenteuerliche Sache. Vor allem dann, wenn die Taucher erst 2/3 der Längsbahn schwimmen müssen, um durch einen Höhleneingang (Reifen oder gespannte Zauberschnur) in eine riesige Grotte zu gelangen, in deren Mitte ein Schatz auf dem Grund liegt (kleine Gummireifen). Aber aufgepasst, in der Grotte leben zwei Barracudas, die noch nicht gefrühstückt haben. Sie versuchen, den Schatztaucher zu erwischen, bevor er die Grotte wieder durch den Eingang verlassen kann. Neben den Schülern, die die Schatztaucher spielen, befinden sich im hinteren Drittel des Beckens zwei (oder mehr) Schüler, die als Barracudas an den Beckenrändern lauern. Um den Tauchern eine faire Chance zu geben, dürfen diese beiden erst dann starten, wenn sie eine 'Sechs' oder eine vorher bestimmte Farbe gewürfelt (Farbwürfel) haben. Jeder wird mal zum Schatztaucher bzw. Barracuda. – Für dieses Spiel brauchen keine Mannschaften gebildet zu werden. Jeder Schatztaucher startet, wann er möchte.

Material: Reifen, Farbwürfel

Eignung dieses Spiels für untenstehende Schülerlernziele	BL	RL
Kraulbeinschlag (einschl. Flossen)	+	-
Erlernen verschiedener Armzugmuster mit Luftmatratze oder Schwimmnudel oder Pullbuoy	-	-
Verknüpfung des individuellen Armzuges mit Kraulbeinschlag (einschl. Atmung)	+	-
Erlernen der Beingrätsche	+	-
Verknüpfung der Grätsche mit (PZ/UW) in BL (Brustschwimmen)	+	
Verknüpfung der Grätsche mit (PZ/UW u. ÜW) in RL (leises Rückenschwimmen / Rückenrudern)		-
Ausdauererweiterung o Schnelligkeit +		
+ = gut geeignet o = bedingt geeignet - = nicht geeignet		

Schwimmspiel 10

Würfelschwimmen

Wenn die Schüler schon einige verschiedene Armzugmuster beherrschen, kann im Schwimmbad um den Schwimmstil gewürfelt werden: Ein Würfel (Seitenlänge 15 - 20 cm) wird auf den Seiten mit verschiedenen Abbildungen von Schwimmern, die 6 Armzugmuster/Körperlagen demonstrieren, beklebt. Das gewürfelte Armzugmuster muss der Würfler dann auch schwimmen (Umkehrstaffel).

Material: Würfel mit Bildern

Eignung dieses Spiels für untenstehende Schülerlernziele	BL	RL
Kraulbeinschlag (einschl. Flossen)		
Erlernen verschiedener Armzugmuster mit Luftmatratze oder Schwimmnudel oder Pullbuoy	+	+
Verknüpfung des individuellen Armzuges mit Kraulbeinschlag (einschl. Atmung)	+	+
Erlernen der Beingrätsche		
Verknüpfung der Grätsche mit (PZ/UW) in BL (Brustschwimmen) Verknüpfung der Grätsche mit (PZ/UW u. ÜW in RL) (leises Rückenschwimmen / Rückenrudern)		
Ausdauererweiterung + Schnelligkeit o		
+ = gut geeignet o = bedingt geeignet - = nicht geeignet		

Schwimmspiel 11

Hell oder dunkel?

Dieses Spiel erfordert schon deutlich mehr Kondition als die vorherigen. An den Ecken des Schwimmbeckens sind vier Teelichter verteilt. Der Startschwimmer der beiden wetteifernden Mannschaften schwimmt im Uhrzeigersinn am Beckenrand entlang (Lehrer verhindert grobe Abkürzungen). Jedesmal, wenn er ein Teelicht passiert hat, zündet ein Mitglied seiner Mannschaft es an. Der Startschwimmer der zweiten Mannschaft startet von der gegenüberliegenden Beckenseite. Wenn er ein brennendes Teelicht passiert, pustet ein Mitglied seiner Mannschaft es aus. Kommen die Startschwimmer an ihre Startposition zurück, startet das nächste Mannschaftsmitglied.

Die Organisationsform „Schwimmen im Viereck“ kann auch in Gruppen durchgeführt werden. Zwei Gruppen starten zeitgleich von gegenüberliegenden Beckenrändern. Holt ein Schwimmer einer Gruppe einen Schwimmer der anderen Gruppe ein, scheidet der Überrundete aus.

Material: 4 Teelichter, Feuerzeuge

Eignung dieses Spiels für untenstehende Schülerlernziele	BL	RL
Kraulbeinschlag (einschl. Flossen)	+	+
Erlernen verschiedener Armzugmuster mit Pullbuoy	0	0
Verknüpfung des individuellen Armzuges mit Kraulbeinschlag (einschl. Atmung)	+	+
Erlernen der Beingrätsche	+	+
Verknüpfung der Grätsche mit (PZ/UW) in BL (Brustschwimmen)	+	
Verknüpfung der Grätsche mit (PZ/UW u. ÜW in RL) (leises Rückenschwimmen / Rückenrudern)		+
Ausdauererweiterung + Schnelligkeit +		
+ = gut geeignet o = bedingt geeignet - = nicht geeignet		

Schwimmspiel 12

Wir schwimmen einkaufen

Auch bei diesem Spiel wird im Viereck geschwommen. Diesmal geht es jedoch darum, soviel wie möglich einzukaufen. Die Handelsware wird wiederum am Beckenrand verteilt. Jedes passierte Teil packt ein Mannschaftsmitglied in eine Plastiktüte. Welche Mannschaft kann mehr ergattern im Schlussverkauf?

Material: Kleinspielzeug (o.ä.), Plastiktüten

Sicherheit: Kein Kind darf eine Plastiktüte über den Kopf ziehen!

Eignung dieses Spiels für untenstehende Schülerlernziele	BL	RL
Kraulbeinschlag (einschl. Flossen)	+	+
Erlernen verschiedener Armzugmuster mit Luftmatratze oder Schwimmnudel oder Pullbuoy	-	-
Verknüpfung des individuellen Armzuges mit Kraulbeinschlag (einschl. Atmung)	+	+
Erlernen der Beingrätsche	+	+
Verknüpfung der Grätsche mit (PZ/UW) in BL (Brustschwimmen)	+	
Verknüpfung der Grätsche mit (PZ/UW u. ÜW) in RL (leises Rückenschwimmen / Rückenrudern)		+
Ausdauererweiterung + Schnelligkeit o		
+ = gut geeignet o = bedingt geeignet - = nicht geeignet		

Schwimmspiel 13

Pfeilwerfen , Ringwerfen, Würfeln

Die gebildeten Mannschaften schwimmen in der Organisationsform „Schwimmen in Dreier-Gruppen“. Am Ende ihrer Aufgabenbahn werfen sie entweder mit einem Pfeil auf eine Wurfscheibe oder mit einem Ring auf einen Kegelkranz oder würfeln ganz einfach. Die Anzahl der erreichten Punkte wird für die Mannschaft zusammengezählt.

Für dieses Spiel werden Schiedsrichter benötigt.

Material: Pfeilwerfen (Dartscheibe + Wurfpfeile mit Gummispitzen in Anzahl der Mannschaften – können die Schüler mitbringen), Ringwerfen (1 bis 3 Kegelkränze + Ringe in Anzahl der Mannschaften), Würfel (Würfel in Anzahl der Mannschaften)

Eignung dieses Spiels für untenstehende Schülerlernziele	BL	RL
Kraulbeinschlag (einschl. Flossen)	+	+
Erlernen verschiedener Armzugmuster mit Luftmatratze oder Schwimmnudel oder Pullbuoy	+	+
Verknüpfung des individuellen Armzuges mit Kraulbeinschlag (einschl. Atmung)	+	+
Erlernen der Beingrätsche	+	+
Verknüpfung der Grätsche mit (PZ/UW) in BL (Brustschwimmen)	+	
Verknüpfung der Grätsche mit (PZ/UW u. ÜW) in RL (leises Rückenschwimmen / Rückenrudern)		+
Ausdauererweiterung o Schnelligkeit o		
+ = gut geeignet o = bedingt geeignet - = nicht geeignet		

Schwimmspiel 14

Pfeilwerfen 2

Auf der gegenüberliegenden Seite befinden sich Dartscheiben in der Anzahl der gebildeten Mannschaften. Zu Beginn des Spiels bekommen alle Mannschaften die Aufgabe, 100 (o.ä.) Bahnen zu schwimmen. Die Anzahl der Bahnen kann durch den Werfer verringert werden. Trifft er zum Beispiel eine 8, so muss die Gruppe nur noch 92 Bahnen schwimmen. Gegen Ende muss die genaue Zahl getroffen werden, um auf den Wert null zu kommen. Würfe mit höheren Nummern, sowie Pfeile, die nicht treffen bzw. nicht in der Scheibe steckenbleiben zählen nicht!

Dieses Spiel benötigt Schiedsrichter.

Material: Dartscheiben (können die Schüler mitbringen), Pfeile mit Gummispitzen – in der Anzahl der gebildeten Mannschaften

Eignung dieses Spiels für untenstehende Schülerlernziele	**BL**	**RL**
Kraulbeinschlag (einschl. Flossen)	+	+
Erlernen verschiedener Armzugmuster mit Luftmatratze oder Schwimmnudel oder Pullbuoy	+	+
Verknüpfung des individuellen Armzuges mit Kraulbeinschlag (einschl. Atmung)	+	+
Erlernen der Beingrätsche	+	+
Verknüpfung der Grätsche mit (PZ/UW) in BL (Brustschwimmen)	+	
Verknüpfung der Grätsche mit (PZ/UW u. ÜW) in RL (leises Rückenschwimmen / Rückenrudern)		+
Ausdauererweiterung o Schnelligkeit o		
+ = gut geeignet o = bedingt geeignet - = nicht geeignet		

Schwimmspiel 15

Pantomime

Zu Beginn wird ein Schüler ausgewählt, der eine pantomimische Aufgabe ausführen soll. Alle anderen Schüler schwimmen bis zum gegenüberliegenden Beckenrand und zurück. Wenn der letzte angekommen ist, hat der schauspielernde Schüler die Aufgabe, innerhalb von wenigen Sekunden eine Sportart, einen Beruf, eine Alltagstätigkeit, ... vorzumachen. Derjenige, der zuerst die Lösung findet, wird der nächste Darsteller. Die anderen schwimmen wieder eine Doppelbahn. Um Zusammenstöße zu vermeiden, darf mit dem Schwimmen der 2. Bahn erst begonnen werden, wenn der letzte Schwimmer angeschlagen hat. – Die Schüler brauchen also nicht in Mannschaften aufgeteilt werden.

Material: eventuell Zettel mit Darstellungsvorschlägen

Eignung dieses Spiels für untenstehende Schülerlernziele	BL	RL
Kraulbeinschlag (einschl. Flossen)	+	+
Erlernen verschiedener Armzugmuster mit Luftmatratze oder Schwimmnudel oder Pullbuoy	+	+
Verknüpfung des individuellen Armzuges mit Kraulbeinschlag (einschl. Atmung)	+	+
Erlernen der Beingrätsche	+	+
Verknüpfung der Grätsche mit (PZ/UW) in BL (Brustschwimmen) Verknüpfung der Grätsche mit (PZ/UW u. ÜW) in RL (leises Rückenschwimmen / Rückenrudern)	+	 +
Ausdauererweiterung + Schnelligkeit -		
+ = gut geeignet o = bedingt geeignet - = nicht geeignet		

Schwimmspiel 16

Kleider-Tausch-Staffel

Je nach Anzahl der besorgten Kleidungsstücke (immer bestehend aus 1 T-Shirt, 1 Hose und 1 Pullover oder 1 Jacke, 1 Mütze oder Kappe) werden Teams gebildet. Ein Mitglied jedes Teams hat die Aufgabe, mit Hilfe seiner Team-Kollegen die nassen Sachen anzuziehen, dann alleine bis zum gegenüberliegenden Beckenrand und zurück zu schwimmen und mit Hilfe der Teamkollegen die Sachen wieder auszuziehen, damit der nächste Schwimmer sie benutzen kann.

Anmerkung: Nur sichere Schwimmer dürfen hierbei das Schwimmerbecken (Beachten bei der Mannschaftsbildung!) durchqueren. Das Schwimmen mit Kleidung ist extrem kräfteraubend und vermittelt den Schülern einen bleibenden Eindruck von einer eventuellen Notsituation.

Material: alte, aber gewaschene Trainingsanzüge, T-Shirts, Judo-Anzüge, Jacken, Pullover, Mützen, Kappen

Eignung dieses Spiels für untenstehende Schülerlernziele	BL	RL
Kraulbeinschlag (einschl. Flossen)	-	-
Erlernen verschiedener Armzugmuster mit Luftmatratze oder Schwimmnudel oder Pullbuoy	-	-
Verknüpfung des individuellen Armzuges mit Kraulbeinschlag (einschl. Atmung)	-	-
Erlernen der Beingrätsche	-	-
Verknüpfung der Grätsche mit (PZ/UW) in BL (Brustschwimmen)	-	
Verknüpfung der Grätsche mit (PZ/UW u. ÜW) in RL (leises Rückenschwimmen / Rückenrudern)		-
Ausdauererweiterung + Schnelligkeit -		
+ = gut geeignet o = bedingt geeignet - = nicht geeignet		

Schwimmspiel 17

Kniffel-Wettkampf

Es werden 3 Mannschaften gebildet. Immer drei Teilnehmer einer Mannschaft starten gleichzeitig als Schwimmgruppe. Sie schwimmen zum gegenüberliegenden Beckenrand. Dort liegen für jede Mannschaft 5 Würfel bereit. Alle Schwimmer würfeln und rufen einem Schiedsrichter zu, in welcher Spalte er das Ergebnis der drei Würfe notieren soll. Der (eventuell 2) Schiedsrichter trägt sie in einen vergrößerten Kniffelspielplan ein. Die 3-er-Gruppe schwimmt danach zurück. Die nächste 3-er-Gruppe des Teams darf erst dann starten, wenn der letzte Schwimmer der vorherigen Gruppe am Beckenrand angeschlagen hat.

Variation: Sollten einzelne Schüler bei der Bildung von 3-er-Gruppen übrigbleiben, können sie vorher abzusprechende Jokeraufgaben übernehmen. Sie dürfen zum Beispiel mit ihrem Wurf eine schon beschriebene Spalte löschen und – mit ihrem hoffentlich besseren Ergebnis – überschreiben.

Material: 15 Würfel, vergrößerter Kniffelspielplan

Eignung dieses Spiels für untenstehende Schülerlernziele	BL	RL
Kraulbeinschlag (einschl. Flossen)	+	+
Erlernen verschiedener Armzugmuster mit Luftmatratze oder Schwimmnudel oder Pullbuoy	+	+
Verknüpfung des individuellen Armzuges mit Kraulbeinschlag (einschl. Atmung)	+	+
Erlernen der Beingrätsche	+	+
Verknüpfung der Grätsche mit (PZ/UW) in BL (Brustschwimmen)	+	
Verknüpfung der Grätsche mit (PZ/UW u. ÜW) in RL (leises Rückenschwimmen / Rückenrudern)		+
Ausdauererweiterung - Schnelligkeit -		
+ = gut geeignet o = bedingt geeignet - = nicht geeignet		

Schwimmspiel 18

Schwimmbahnmarkierungs-Umkehrstaffel

Es werden Mannschaften mit 3 Teilnehmern gebildet. Das Schwimmbecken wird quer durchschwommen. Die Startschwimmer schwimmen bis zur ersten Bahnmarkierung auf dem Beckenboden, kehren zum Startbeckenrand zurück, schwimmen dann zur 2. Bahnmarkierung, dann zum Start zurück, zur 3. Markierung und zurück, zur 4. Markierung und zurück, dann zum gegenüberliegenden Beckenrand. Erst jetzt startet der zweite Schwimmer des Teams und schwimmt die gleiche Strecke. – Welches Team ist zuerst mit all seinen Mitgliedern an der gegenüberliegenden Seite?

Material: eventuell Tauchgegenstände als Orientierungshilfe, wenn die Schwimmbahnmarkierungen fehlen

Eignung dieses Spiels für untenstehende Schülerlernziele	BL	RL
Kraulbeinschlag (einschl. Flossen)	+	o
Erlernen verschiedener Armzugmuster mit Pullbuoy	+	o
Verknüpfung des individuellen Armzuges mit Kraulbeinschlag (einschl. Atmung)	+	o
Erlernen der Beingrätsche	+	o
Verknüpfung der Grätsche mit (PZ/UW) in BL (Brustschwimmen)	+	
Verknüpfung der Grätsche mit (PZ/UW u. ÜW) in RL (leises Rückenschwimmen / Rückenrudern)		o
Ausdauererweiterung + Schnelligkeit o		
+ = gut geeignet o = bedingt geeignet - = nicht geeignet		

Schwimmspiel 19

Pendelstaffel mit Schwimmbrettern und Pullbuoys

Hierbei handelt es sich um die Organisationsform Schwimmen-in-Dreier-Gruppen. Jedes Team hat auf einer Beckenseite Pullbuoys und auf der anderen Seite Schwimmbretter in gleicher Anzahl liegen. Die beiden Haufen von Auftriebskörpern sollen nun auf die jeweils andere Beckenseite gebracht werden. Dazu werden auf dem Hinweg z.B. Pullbuoys mitgenommen. Wenn der Schwimmer anschlägt, startet sein Teamkollege mit einem Schwimmbrett und bringt es zu anderen Seite, usw.

Material: Pullbuoys, Schwimmbretter

Eignung dieses Spiels für untenstehende Schülerlernziele	BL	RL
Kraulbeinschlag (einschl. Flossen) - Bretter und Pullbuoys werden mit gestreckten Armen nach vorne gehalten	+	+
Erlernen verschiedener Armzugmuster mit Luftmatratze oder Schwimmnudel oder Pullbuoy - Einklemmen der Pullbuoys und Bretter zwischen den Oberschenkeln	+	+
Verknüpfung des individuellen Armzuges mit Kraulbeinschlag (einschl. Atmung)	-	-
Erlernen der Beingrätsche	+	+
Verknüpfung der Grätsche mit (PZ/UW) in BL (Brustschwimmen)	-	
Verknüpfung der Grätsche mit (PZ/UW u. ÜW) in RL (leises Rückenschwimmen / Rückenrudern)		-
Ausdauererweiterung + Schnelligkeit o		
+ = gut geeignet o = bedingt geeignet - = nicht geeignet		

Schwimmspiel 20

Kellner-Transportstaffel

Das Spiel wird in der Organisationsform Schwimmen-in-Dreier-Gruppen geschwommen. Die Schwimmer transportieren einen Pullbuoy, der aufrecht auf einem Schwimmbrett transportiert werden soll. Fällt der Pullbuoy um, muss der Schwimmer zum Startort zurückkehren und es erneut versuchen.

Material: Schwimmbretter und Pullbuoys

Eignung dieses Spiels für untenstehende Schülerlernziele	**BL**	**RL**
Kraulbeinschlag (einschl. Flossen)	+	-
Erlernen verschiedener Armzugmuster mit Luftmatratze oder Schwimmnudel oder Pullbuoy	-	-
Verknüpfung des individuellen Armzuges mit Kraulbeinschlag (einschl. Atmung)	-	-
Erlernen der Beingrätsche	+	-
Verknüpfung der Grätsche mit (PZ/UW) in BL (Brustschwimmen)	-	
Verknüpfung der Grätsche mit (PZ/UW u. ÜW) in RL (leises Rückenschwimmen / Rückenrudern)		-
Ausdauererweiterung o Schnelligkeit -		
+ = gut geeignet o = bedingt geeignet - = nicht geeignet		

Schwimmspiel 21

Cleopatra zieht um

Cleopatra hat sich unsterblich in Julius Cäsar verliebt. Leider ist der in Rom unabkömmlich. Cleopatra würde ja nach Rom ziehen, aber sie liebt den gewohnten Anblick ihrer Pyramiden. Letztendlich beschließt sie, ihre Pyramiden in Ägypten einfach abzureißen und in Rom wieder aufzubauen.

Das Spiel wird in der Organisationsform Schwimmen-in-Dreier-Gruppen geschwommen. Auf einer Beckenseite werden von jeder Mannschaft große Pyramiden gebaut (entweder aus Pullbuoys oder aus Schwimmbrettern, ähnlich wie ein Kartenhaus). Dann starten die Startschwimmer von der anderen Beckenseite. Sie schwimmen den Hinweg ohne Material, den Rückweg mit Material. Kommt der Transportschwimmer am Zielbeckenrand an, baut er die Pyramide dort mit seinem Brett oder Pullbuoy wieder auf.

Material: entweder Pullbuoys oder Schwimmbretter

Eignung dieses Spiels für untenstehende Schülerlernziele	BL	RL
Kraulbeinschlag (einschl. Flossen) - Bretter und Pullbuoys werden mit gestreckten Armen nach vorne gehalten	+	+
Erlernen verschiedener Armzugmuster mit Pullbuoy - Pullbuoys und Bretter werden zwischen den Oberschenkeln eingeklemmt	+	+
Verknüpfung des individuellen Armzuges mit Kraulbeinschlag (einschl. Atmung) - Weg ohne Material	+	+
Erlernen der Beingrätsche - Bretter und Pullbuoys werden mit gestreckten Armen nach vorne gehalten	+	+
Verknüpfung der Grätsche mit (PZ/UW) in BL (Brustschwimmen) - Weg ohne Material Verknüpfung der Grätsche mit (PZ/UW u. ÜW) in RL (leises Rückenschwimmen / Rückenrudern) - Weg ohne Material	+	 +
Ausdauererweiterung + Schnelligkeit o		
+ = gut geeignet o = bedingt geeignet - = nicht geeignet		

Schwimmspiel 22

Geld-oder-Liebe-Schwimmen (Begrifferaten)

Drei Schwimmer einer Mannschaft schwimmen zum gegenüberliegenden Beckenrand. Dort finden sie einen (auf einen Zettel geschriebenen) Begriff, den sie pantomimisch darstellen sollen. Er darf erst gelesen werden, wenn auch der letzte Schwimmer der Gruppe angekommen ist. Alle drei Schwimmer gestikulieren gleichzeitig. Die restlichen Mitglieder der Gruppe versuchen, den Begriff zu erraten. Gelingt ihnen dies, kommen die Startschwimmer zurückgeschwommen. Wenn der letzte Schwimmer der Gruppe den Beckenrand erreicht hat, startet die nächste Gruppe.

Anmerkung: Man kann das Spiel auch um Punkte spielen. Dann empfiehlt es sich, für jede Gruppe einen Schiedsrichter bereitzustellen.

Material: Zettel mit Begriffen – Liste mit allen Begriffen für die Lehrkraft

Eignung dieses Spiels für untenstehende Schülerlernziele		**BL**	**RL**
Kraulbeinschlag (einschl. Flossen)		+	+
Erlernen verschiedener Armzugmuster mit Luftmatratze oder Schwimmnudel oder Pullbuoy		+	+
Verknüpfung des individuellen Armzuges mit Kraulbeinschlag (einschl. Atmung)		+	+
Erlernen der Beingrätsche		+	+
Verknüpfung der Grätsche mit (PZ/UW) in BL (Brustschwimmen)		+	
Verknüpfung der Grätsche mit (PZ/UW u. ÜW) in RL (leises Rückenschwimmen / Rückenrudern)			+
Ausdauererweiterung o	Schnelligkeit o		
	+ = gut geeignet	o = bedingt geeignet	- = nicht geeignet

Schwimmspiel 23

Skulpturen-Schwimmen

Es werden Teams à z.B. 6 Schwimmer gebildet. Eine Dreier-Gruppe eines Teams schwimmt zum gegenüberliegenden Beckenrand und bildet zu dritt eine Skulptur (Nachbildung eines Denkmals oder eines Fotoschnappschusses). Die anderen drei Mitglieder des Teams bilden sie auf ihrer Beckenseite nach. Wenn ihnen dies gelungen ist, kommen die Startschwimmer zurück. Wenn der letzte Schwimmer dieser Gruppe am Beckenrand angeschlagen hat, startet die 2. Hälfte des Teams und bildet ihrerseits eine andere Skulptur.

Material: –

Eignung dieses Spiels für untenstehende Schülerlernziele	BL	RL
Kraulbeinschlag (einschl. Flossen)	+	+
Erlernen verschiedener Armzugmuster mit Luftmatratze oder Schwimmnudel oder Pullbuoy	+	+
Verknüpfung des individuellen Armzuges mit Kraulbeinschlag (einschl. Atmung)	+	+
Erlernen der Beingrätsche	+	+
Verknüpfung der Grätsche mit (PZ/UW) in BL (Brustschwimmen)	+	
Verknüpfung der Grätsche mit (PZ/UW u. ÜW) in RL (leises Rückenschwimmen / Rückenrudern)		+
Ausdauererweiterung o Schnelligkeit o		
+ = gut geeignet o = bedingt geeignet - = nicht geeignet		

Schwimmspiel 24

Buntes Aquarium

Bei diesem Spiel startet jeder für sich und schwimmt zur gegenüberliegenden Beckenseite, holt sich einen Korken (oder eine Filmdose), klemmt es unter die Badebekleidung, kehrt damit zurück und sammelt sie auf der Startseite. Für jeden Korken den er sammelt (also jede Doppelbahn, die er schwimmt), darf er später in der Klasse einen Fisch (Kopiervorlage: Fische im Aquarium, siehe Anhang) bunt malen. Wer malt das ganze Bild bunt aus?

Material: Korken oder Filmdosen, Kopien mit Aquarium-Motiv in Schüleranzahl

Eignung dieses Spiels für untenstehende Schülerlernziele		BL	RL
Kraulbeinschlag (einschl. Flossen)		+	+
Erlernen verschiedener Armzugmuster mit Luftmatratze oder Schwimmnudel oder Pullbuoy		+	+
Verknüpfung des individuellen Armzuges mit Kraulbeinschlag (einschl. Atmung)		+	+
Erlernen der Beingrätsche		+	+
Verknüpfung der Grätsche mit (PZ/UW) in BL (Brustschwimmen)		+	
Verknüpfung der Grätsche mit (PZ/UW u. ÜW) in RL (leises Rückenschwimmen / Rückenrudern)			+
Ausdauererweiterung +	Schnelligkeit o		
	+ = gut geeignet	o = bedingt geeignet	- = nicht geeignet

Schwimmspiel 25

Namenszielwerfen

Das Spielfeld wird in zwei Zonen aufgeteilt, eine Wettkampfzone und eine Strafzone. In der größeren Wettkampfzone schwimmen vier Teams gegeneinander. Die vier Startschwimmer schwimmen zur gegenüberliegenden Beckenseite, nehmen einen Ball und versuchen, einen Zettel mit dem Namen eines Mannschaftsmitgliedes einer anderen Mannschaft zu treffen. Gelingt ihnen dies, muss der entsprechende Namensträger in der Strafzone eine zuvor festgelegte Anzahl von Strafbahnen schwimmen. In dieser Zeit steht er seiner Mannschaft natürlich nicht mehr als Schwimmer zur Verfügung.

Die Zettel mit den Namen kleben gut an Fliesen, wenn sie zuvor kurz durch das Wasser gezogen wurden. Nehmen sie aber besser Kopien, da Ausdrucke von Tintenstrahldruckern verschmieren oft. Ein Papierkorb zur Entsorgung sollte gleich bereit stehen. Namenszettel, die 2 bis 3 mal getroffen worden sind, werden von der Wand abgenommen. Schwimmer, deren Namen nicht mehr an der Wand kleben, scheiden aus. So können gute Schwimmer von der gegnerischen Mannschaft erst durch Bahnenschwimmen ermüdet und später sogar ganz aus dem Verkehr gezogen werden.

Es werden Schiedsrichter benötigt.

Material: 4 Bälle, Material zum Trennen der Zonen, Kopien der Namen

Eignung dieses Spiels für untenstehende Schülerlernziele	BL	RL
Kraulbeinschlag (einschl. Flossen)	+	+
Erlernen verschiedener Armzugmuster mit Luftmatratze oder Schwimmnudel oder Pullbuoy	+	+
Verknüpfung des individuellen Armzuges mit Kraulbeinschlag (einschl. Atmung)	+	+
Erlernen der Beingrätsche	+	+
Verknüpfung der Grätsche mit (PZ/UW) in BL (Brustschwimmen) Verknüpfung der Grätsche mit (PZ/UW u. ÜW) in RL (leises Rückenschwimmen / Rückenrudern)	+ 	 +
Ausdauererweiterung + Schnelligkeit +		
+ = gut geeignet o = bedingt geeignet - = nicht geeignet		

Schwimmspiel 26

Schwimmbiathlon

Es werden 5 Mannschaften gebildet. Die 5 Startschwimmer schwimmen eine Runde im Becken und finden an der Startbeckenseite jeweils 3 Wurfbälle und ein abzutreffendes Ziel (bestehend aus z.B. Schwimmbrett (1 Punkt), Pullbuoy (2 Punkte), Verbindungsstück Schwimmnudel (2 Punkte)) vor. Für die Mannschaften werden die Punkte, die ihre Mitglieder erworfen haben, gezählt. Bei unterschiedlich leistungsstarken Schwimmern hat sich folgendes Verfahren bewährt: Vor Beginn des Spiels werden 20 Schwimmrunden (z.B.) pro Mannschaft festgelegt. Noch nicht so ausdauernde Teammitglieder dürfen zuerst bestimmen, wieviele Runden sie schwimmen möchten. Die restlichen Runden werden von den anderen Mitgliedern übernommen. Die Schwimmer entscheiden selbst, wann sie wechseln möchten.

Material: 15 Wurfbälle, 10 Schwimmbetter (immer 2 aneinandergelehnt), 5 Pullbuoys, 5 Verbindungsstücke für Schwimmnudel, o.ä. Es werden Helfer zum Wiederaufbau benötigt.

Eignung dieses Spiels für untenstehende Schülerlernziele	BL	RL
Kraulbeinschlag (einschl. Flossen)	+	+
Erlernen verschiedener Armzugmuster mit Luftmatratze oder Schwimmnudel oder Pullbuoy	+	+
Verknüpfung des individuellen Armzuges mit Kraulbeinschlag (einschl. Atmung)	+	+
Erlernen der Beingrätsche	+	+
Verknüpfung der Grätsche mit (PZ/UW) in BL (Brustschwimmen)	+	
Verknüpfung der Grätsche mit (PZ/UW u. ÜW) in RL (leises Rückenschwimmen / Rückenrudern)		+
Ausdauererweiterung + Schnelligkeit o		
+ = gut geeignet o = bedingt geeignet - = nicht geeignet		

Schwimmspiel 27

Begegnungsschwimmen (nach Müller, Bernd in sportpädagogik: Laufen, Springen, Werfen - Sonderheft)

Für dieses Spiel werden Paare gebildet. Sie stehen sich an zwei Beckenseiten jeweils gegenüber. Auf ein Startsignal schwimmen beide los und treffen sich in der Mitte. Dort klatschen sie sich kurz in die Hände und kehren wieder zum Beckenrand zurück (usw.). Wieviele Klatscher kann man in 2 Minuten schaffen?

Das Spiel bietet eine gute Differenzierungsmöglichkeit, da automatisch die leistungsstärkeren Schwimmer eine weitere Strecke schwimmen als die leistungsschwächeren Schüler. Vor dem Spiel können Sie Ihre Paare schätzen lassen, wieviele Klatscher sie schaffen. In einem zweiten Durchgang können sie aufgrund ihrer Erfahrungen die Schätzungen relativieren. Wer kommt so nah wie möglich an die geschätzte Zahl heran?

Variation: Die Lerngruppenmitglieder werden in 5 Mannschaften aufgeteilt. Jede Mannschaft teilt sich noch einmal und stellt sich an den Beckenrändern gegenüber. Auf Startzeichen schwimmen immer 2 Mitglieder einer Mannschaft aufeinander zu, klatschen ab und kehren zu ihrem jeweiligen Startbeckenrand zurück. Dort klatschen sie den jeweiligen nächsten Folgestarter ab.

Welche Mannschaft hat zuerst 40 (...) Begegnungen im Becken geschafft?

Material: –

Eignung dieses Spiels für untenstehende Schülerlernziele	BL	RL
Kraulbeinschlag (ohne Flossen!)	+	-
Erlernen verschiedener Armzugmuster mit Pullbuoy	+	-
Verknüpfung des individuellen Armzuges mit Kraulbeinschlag (einschl. Atmung)	+	-
Erlernen der Beingrätsche	+	-
Verknüpfung der Grätsche mit (PZ/UW) in BL (Brustschwimmen)	+	
Verknüpfung der Grätsche mit (PZ/UW u. ÜW) in RL (leises Rückenschwimmen / Rückenrudern)		-
Ausdauererweiterung + Schnelligkeit o		
+ = gut geeignet o = bedingt geeignet - = nicht geeignet		

Schwimmspiel 28

Sprintwettkampf (nach Brodtmann, Dieter in sportpädagogik: Laufen, Springen, Werfen - Sonderheft)

Sprintwettkampf
Für dieses Spiel werden Mannschaften a‘ 5 Mitglieder gebildet. Sie stehen diesmal nicht hintereinander, sondern nebeneinander in einer Reihe. Jedes Mitglied der ersten Mannschaft steht also jetzt am Beckenrand bereit zum Start. Die Mitglieder der zweiten Mannschaft stehen ebenso hinter ihnen (usw.). Jedes Mitglied der ersten Mannschaft hat nun eine eigene Bahn, um quer durch das Becken zu schwimmen. Zu Beginn des Spiels wird der *insgesamt schnellste* Schwimmer *aller Mannschaften* auf einer Querbahn und seine benötigte Zeit ermittelt. Zu dieser Zeit wird eine Sekunde hinzugerechnet. Die Aufgabe lautet nun: Wer schafft es in dieser vorgegebenen Zeit, bis zum gegenüberliegenden Beckenrand zu schwimmen? Es ist zu erwarten, dass dies nur wenige Schüler können. Daher werden auf dem Beckenboden 4 dicke Gummireifen positioniert. Je ein Gummiring liegt auf einer Schwimmbahn und zwar in unterschiedlichen Abständen vom Zielbeckenrand (1m, 2m, 3m und 4m). Die Schwimmer der ersten Mannschaft einigen sich nun, wer welche Bahn benutzen will. Ziel ist, in der vorgegebenen Zeit entweder den Zielbeckenrand oder den Zielgummiring der ausgewählten Bahn zu erreichen (auf den Ring stellen). Jedes Mannschaftsmitglied muss seine Sprintfähigkeit also selbst abwägen und sich eine Bahn aussuchen. Für das Erreichen des Zielbeckenrandes gibt es für die Mannschaft 5 Punkte. Für das Erreichen des 1m vom Zielbeckenrand entfernt liegenden Gummiringes 4 Punkte (2m = 3 Pkt., 3m = 2 Pkt., 4m = 1 Pkt.). Wer sein Ziel in seiner Bahn in der vorgegebenen Zeit nicht erreicht, erhält 0 Punkte. Die Punkte der Mannschaft werden zusammengezählt und notiert. Nach der ersten Mannschaft startet die zweite Mannschaft.

Die Lehrkraft benutzt eine Trillerpfeife, um das Ende der vorgegebenen Zeit anzuzeigen. Da nicht alle Schwimmer den

Pfiff hören werden, zeigt sie jedem einzelnen Schwimmer per Handzeichen, ob er sein Ziel in der vorgegebenen Zeit erreicht hat oder nicht. Schwimmer, die in Rückenlage schwimmen, müssen ihre Marke in der Vorgabezeit nur überquert haben, da sie sie ja nicht sehen können.

Es werden mehrere Durchgänge geschwommen. Mit der Zeit werden die Schüler immer müder und es macht Sinn zu taktieren. Da bei jedem Durchgang jede Mannschaft immer alle fünf Bahnen mit einem Starter besetzen muss, müssen die Mitglieder gemeinsam überlegen, wie sie – trotz zu erwartender 0-Punkte-Bahnen – die meisten Punkte für ihre Mannschaft erringen können.

Dieses Spiel erfordert mehrere Schiedsrichterassistenten.

Material: Gummiringe, Trillerpfeifen, Punkteprotokollbogen, Stift

Eignung dieses Spiels für untenstehende Schülerlernziele	BL	RL
Kraulbeinschlag (einschl. Flossen)	+	+
Anwenden verschiedener Armzugmuster mit Schwimmnudel oder Pullbuoy	+	+
Verknüpfung des individuellen Armzuges mit Kraulbeinschlag (einschl. Atmung)	+	+
Erlernen der Beingrätsche	+	+
Verknüpfung der Grätsche mit (PZ/UW) in BL (Brustschwimmen)	+	
Verknüpfung der Grätsche mit (PZ/UW u. ÜW) in RL (leises Rückenschwimmen / Rückenrudern)		+
Ausdauererweiterung o Schnelligkeit +		
+ = gut geeignet o = bedingt geeignet - = nicht geeignet		

Schwimmspiel 29

Vorgabe-Staffel (nach Müller, Bernd in sportpädagogik: Laufen, Springen, Werfen - Sonderheft)

Während des letzten Spieles haben die Schüler gelernt, ihre Sprintfähigkeit einzuschätzen. Für dieses Spiel können Sie den Aufbau beibehalten. Die Lerngruppe wird gebeten, sich so aufzuteilen, dass fünf gleichstarke Gruppen entstehen, deren Mitglieder sich einer der Bahnen zuordnen. Im folgenden Wettkampf sollen alle Mitglieder der Gruppe mindestens 5 Umkehrbahnen schwimmen. Die Umkehrpunkte sind unterschiedlich weit vom Startbeckenrand entfernt (gegenüberliegender Beckenrand, Ring 1m vorher, Ring 2m vorher, ...). Bei der Aufteilung in die Gruppen sollen die Schüler dies durch Selbsteinschätzung berücksichtigen.

Welche Mannschaft schafft es, dass alle ihre Mitglieder zuerst 5 Umkehrbahnen geschwommen haben?

Material: Tauchringe

Eignung dieses Spiels für untenstehende Schülerlernziele	BL	RL
Kraulbeinschlag (einschl. Flossen)	+	-
Anwenden verschiedener Armzugmuster mit Pullbuoy	+	-
Verknüpfung des individuellen Armzuges mit Kraulbeinschlag (einschl. Atmung)	+	-
Erlernen der Beingrätsche	+	-
Verknüpfung der Grätsche mit (PZ/UW) in BL (Brustschwimmen) Verknüpfung der Grätsche mit (PZ/UW u. ÜW) in RL (leises Rückenschwimmen / Rückenrudern)	+	 -
Ausdauererweiterung + Schnelligkeit +		
+ = gut geeignet o = bedingt geeignet - = nicht geeignet		

Schwimmspiel 30

Schwimmstaffel mit Selbsteinschätzung (nach Müller, Bernd in sportpädagogik: Laufen, Springen, Werfen – Sonderheft)

Für dieses Spiel wird die Lerngruppe in fünf Gruppen aufgeteilt. Bei einer – beispielsweise – angenommenen Gruppengröße von 26 Schülern könnte die Aufteilung wie folgt sein:
Gruppe Megastars = 3 Mitglieder
Gruppe Spitzensportler = 4 Mitglieder
Gruppe Supersportler = 5 Mitglieder
Gruppe Allroundsportler = 6 Mitglieder
Gruppe Hobbysportler = 8 Mitglieder

Welche Gruppe hat zuerst 100 Bahnen geschwommen? Das Spiel erfolgt als Umkehrstaffel, d.h. es wird immer hin und zurück geschwommen (= 2 Bahnen). Auflage für die Mannschaften ist, dass die Mitglieder der Megastars mindestens 24 Bahnen, die Mitglieder der Spitzensportler mindestens 20, die Mitglieder der Supersportler mindestens 18, die Mitglieder der Allroundsportler mindestens 15 und die Mitglieder der Hobbysportler mindestens 10 Bahnen schwimmen müssen. Die jeweils noch fehlenden Bahnen der Gruppen müssen die anderen Gruppenmitglieder schwimmen. Es schwimmt immer nur ein Mitglied der Gruppe. Ihre Wechsel bestimmen die Gruppen selbst.

Diese Staffelform ist durch ideale Differenzierung geeignet, wirklich jedes Gruppenmitglied auf Trab zu bringen. Die Gruppengrößen bzw. die Anzahl der zu schwimmenden Bahnen können Sie natürlich den Bedingungen Ihrer Lerngruppe entsprechend verändern!

Material: –

Eignung dieses Spiels für untenstehende Schülerlernziele	BL	RL
Kraulbeinschlag (einschl. Flossen)	+	+
Anwenden verschiedener Armzugmuster mit Pullbuoy	+	+
Verknüpfung des individuellen Armzuges mit Kraulbeinschlag (einschl. Atmung)	+	+
Erlernen der Beingrätsche	+	+
Verknüpfung der Grätsche mit (PZ/UW) in BL (Brustschwimmen)	+	
Verknüpfung der Grätsche mit (PZ/UW u. ÜW) in RL (leises Rückenschwimmen / Rückenrudern)		+
Ausdauererweiterung + Schnelligkeit +		
+ = gut geeignet o = bedingt geeignet - = nicht geeignet		

Schwimmspiel 31

Schikanier-Staffel (nach Müller, Bernd in sportpädagogik: Laufen, Springen, Werfen – Sonderheft)

Es werden 4 bis 5 Mannschaften gebildet. Diese treten in der Organisationsform Umkehrstaffel (Umkehrpunkt gegenüberliegender Beckenrand) gegeneinander an. Welche Mannschaft ist mit all ihren Schwimmern zuerst fertig? Die Siegermannschaft wird für den folgenden Durchgang von den Nächstplazierten „schikaniert". Alle anderen Mannschaften schwimmen ohne Schikaneaufgaben. Diese könnten z.B. sein,

- in der Beckenmitte den Beckenboden mit den Händen zu berühren,
- in der Beckenmitte eine Rolle unter Wasser zu schwimmen,
- in der Beckenmitte durch einen mit einem Gewicht befestigten Reifen zu tauchen,
- am gegenüberliegenden Beckenrand aufgestellte Schwimmbretter mit Bällen zu treffen,
- ...

Die Mannschaft, die den zweiten Wettkampf gewonnen hat, wird erneut von den Nächstplazierten schikaniert.

Material: entprechend den Schikanen

Eignung dieses Spiels für untenstehende Schülerlernziele	BL	RL
Kraulbeinschlag (einschl. Flossen)	+	+
Erlernen verschiedener Armzugmuster mit Schwimmnudel oder Pullbuoy	+	+
Verknüpfung des individuellen Armzuges mit Kraulbeinschlag (einschl. Atmung)	+	+
Erlernen der Beingrätsche	+	+
Verknüpfung der Grätsche mit (PZ/UW) in BL (Brustschwimmen)	+	
Verknüpfung der Grätsche mit (PZ/UW u. ÜW) in RL (leises Rückenschwimmen / Rückenrudern)		+
Ausdauererweiterung + Schnelligkeit +		
+ = gut geeignet o = bedingt geeignet - = nicht geeignet		

Schwimmspiel 32

Bingo-Schwimmen (nach Müller, Bernd in sportpädagogik: Laufen, Springen, Werfen – Sonderheft)

Es werden 3 Mannschaften gebildet, die eine Umkehrstaffel schwimmen sollen. Die Startschwimmer finden am gegenüberliegenden Beckenrand jeweils 36 Filmdosen pro Mannschaft vor. Sie nehmen sich eine Dose, klemmen sie unter der Badebekleidung fest und schwimmen zurück. Der zweite Schwimmer startet. Die wartenden Mannschaftsmitglieder öffen zwischenzeitlich die Dose und entnehmen den eingepackten Nummernzettel (eine Nummer von 1 bis 36). Sie legen den Zettel auf einen laminierten Spielplan (siehe Anhang), der 6 mal 6 Felder – durchnummeriert von 1 bis 36 – besitzt. Die Mannschaft, die zuerst eine komplette Zahlenreihe (waagrecht oder senkrecht oder diagonal) abgelegt hat, ruft „BINGO!!!“ und hat gewonnen.

Material: 108 Filmdosen, Nummernzettel, 3 laminierte Spielpläne. – Die vielfach verwendbaren Filmdosen gibt es umsonst im Fotofachhandel. Im Anhang befindet sich als Kopiervorlage der Spielplan, der auf DIN A3 vergrößert und laminiert werden muss. Wenn Sie diesen Plan auch 3 mal auf DIN A4 vergrößern, erhalten sie einen Schnittbogen für die Nummern, die in die Filmdosen gehören.

Eignung dieses Spiels für untenstehende Schülerlernziele	BL	RL
Kraulbeinschlag (einschl. Flossen)	+	+
Erlernen verschiedener Armzugmuster mit Schwimmnudel oder Pullbuoy	+	+
Verknüpfung des individuellen Armzuges mit Kraulbeinschlag (einschl. Atmung)	+	+
Erlernen der Beingrätsche	+	+
Verknüpfung der Grätsche mit (PZ/UW) in BL (Brustschwimmen)	+	
Verknüpfung der Grätsche mit (PZ/UW u. ÜW) in RL (leises Rückenschwimmen / Rückenrudern)		+
Ausdauererweiterung o Schnelligkeit +		
+ = gut geeignet o = bedingt geeignet - = nicht geeignet		

Schwimmspiel 33

Quartett-Schwimmen

Für dieses Spiel benötigen Sie 4 Skatspiele (Werbegeschenke), die nicht auf Papierbasis hergestellt worden sind und somit wasserfest sind. Es werden 4 Mannschaften gebildet, deren Aufgabe es ist, in einer Umkehrstaffel (es schwimmt also immer nur ein Mannschaftsmitglied) zum gegenüberliegenden Beckenrand zu schwimmen, eine Karte vom Stapel umzudrehen, abzulegen und wieder zur Mannschaft zurückzuschwimmen. Welche Mannschaft hat zuerst ein vollständiges Quartett gezogen?

Das Spiel lässt sich in mehreren Durchgängen spielen.

Material: 4 wasserfeste Skatspiele

Eignung dieses Spiels für untenstehende Schülerlernziele	BL	RL
Kraulbeinschlag (einschl. Flossen)	+	+
Erlernen verschiedener Armzugmuster mit Schwimmnudel oder Pullbuoy	+	+
Verknüpfung des individuellen Armzuges mit Kraulbeinschlag (einschl. Atmung)	+	+
Erlernen der Beingrätsche	+	+
Verknüpfung der Grätsche mit (PZ/UW) in BL (Brustschwimmen)	+	
Verknüpfung der Grätsche mit (PZ/UW u. ÜW) in RL (leises Rückenschwimmen / Rückenrudern)		+
Ausdauererweiterung o Schnelligkeit +		
+ = gut geeignet o = bedingt geeignet - = nicht geeignet		

Schwimmspiel 34

Wer-bin-ich?-Schwimmen

Dies ist ein Spiel für Schüler, die schon schwimmen können und jetzt ihre Ausdauer verbessern möchten. Die Schüler schwimmen in Dreier-Gruppen entweder hin und her oder im ganzen Becken im Kreis herum. Die Geschwindigkeit ist gemächlich. Zwei Schüler denken sich für den 3. Schwimmer entweder eine berühmte Persönlichkeit oder ein Tier oder einen Alltagsgegenstand aus, den er darstellen soll. Sie verraten ihm jedoch nichts. Seine Aufgabe ist es, innerhalb einer vorgegebenen Zeit durch Fragen herauszufinden, wer oder was er ist. Die Fragen müssen jedoch so formuliert sein, dass die Antworter nur mit „ja" oder „nein" antworten müssen. Danach erfolgt ein Wechsel.

Material: –

Eignung dieses Spiels für untenstehende Schülerlernziele		BL	RL
Kraulbeinschlag (einschl. Flossen)		+	+
Anwenden verschiedener Armzugmuster mit Pullbuoy		+	+
Verknüpfung des individuellen Armzuges mit Kraulbeinschlag (einschl. Atmung)		+	+
Anwenden der Beingrätsche		+	+
Verknüpfung der Grätsche mit (PZ/UW) in BL (Brustschwimmen)		+	
Verknüpfung der Grätsche mit (PZ/UW u. ÜW) in RL (leises Rückenschwimmen / Rückenrudern)			+
Ausdauererweiterung +	Schnelligkeit -		
	+ = gut geeignet o = bedingt geeignet - = nicht geeignet		

Schwimmspiel 35

Stadt-Land-Fluss

Das altbekannte Spiel erfolgt in einer Umkehrstaffel. Drei Mannschaften treten gegeneinander an. Ein Unparteiischer gibt einen Buchstaben vor. Die Startschwimmer schwimmen zur gegenüberliegenden Beckenseite, trocknen sich kurz die Hände ab, nehmen einen Filzstift und tragen in eine von ihnen gewählte, freie Spalte den Namen mit dem vorgegebenen Anfangsbuchstaben ein. Wer nichts weiß, kehrt einfach wieder um. Die gesamte Mannschaft kann zusammen Lösungen überlegen. Das Plakat könnte z.B. folgende Spaltenüberschriften haben: Stadt, Land, Fluss, Tier, Pflanze, Musikstar oder -gruppe, Filmstar, Sportart (usw.). Die Spalten müssen so groß sein, dass die Schüler mit einem Stift hineinschreiben können, ohne dass sie ihre Hand mit den feuchten Handballen abstützen.

Wenn die Gruppen zu groß sind, müssen mehrere Schwimmer gleichzeitig schwimmen.

Material: 3 große Plakate (Tapeten), 3 Filzschreiber (permanent), 3 Handtücher

Eignung dieses Spiels für untenstehende Schülerlernziele	**BL**	**RL**
Kraulbeinschlag (einschl. Flossen)	+	+
Erlernen verschiedener Armzugmuster mit Luftmatratze oder Schwimmnudel oder Pullbuoy	+	+
Verknüpfung des individuellen Armzuges mit Kraulbeinschlag (einschl. Atmung)	+	+
Erlernen der Beingrätsche	+	+
Verknüpfung der Grätsche mit (PZ/UW) in BL (Brustschwimmen) Verknüpfung der Grätsche mit (PZ/UW u. ÜW) in RL (leises Rückenschwimmen / Rückenrudern)	+	 +
Ausdauererweiterung o Schnelligkeit +		
+ = gut geeignet o = bedingt geeignet - = nicht geeignet		

Schwimmspiel 36

Zahlenraten

Eine unparteiische Person denkt sich eine Zahl zwischen 0 und 100 aus. Vier Startschwimmer schwimmen für ihre Mannschaften zum gegenüberliegenden Beckenrand und zurück und versuchen dann, die Zahl zu erraten. Der Zahlenausdenker antwortet entweder mit „größer“, „kleiner“ oder „richtig“. Da alle anderen Teammitglieder sich ja ebenfalls an der Startseite befinden, können sie ihren Schwimmern helfen. Hat nämlich ein Schwimmer einer Mannschaft falsch geraten und der nächste Schwimmer ist sofort gestartet, so hatte dieser keine Gelegenheit mehr, Informationen aus den Frageversuchen der gegnerischen Schwimmer zu bekommen. Seine Mannschaft kann ihm jetzt helfen, indem sie den möglichen Zahlenbereich für ihn eingrenzt.

Material: -

Eignung dieses Spiels für untenstehende Schülerlernziele	BL	RL
Kraulbeinschlag (einschl. Flossen)	+	+
Erlernen verschiedener Armzugmuster mit Luftmatratze oder Schwimmnudel oder Pullbuoy	+	+
Verknüpfung des individuellen Armzuges mit Kraulbeinschlag (einschl. Atmung)	+	+
Erlernen der Beingrätsche	+	+
Verknüpfung der Grätsche mit (PZ/UW) in BL (Brustschwimmen)	+	
Verknüpfung der Grätsche mit (PZ/UW u. ÜW) in RL (leises Rückenschwimmen / Rückenrudern)		+
Ausdauererweiterung o Schnelligkeit +		
+ = gut geeignet o = bedingt geeignet - = nicht geeignet		

Schwimmspiel 37

Vier gewinnt

Zwei Mannschaften spielen ein Spiel gegeneinander. Ihre Startschwimmer schwimmen zum gegenüberliegenden Beckenrand und werfen einen Pastikchip mit der Farbe ihrer Mannschaft in den Schlitz der Spieltafel. Gewonnen hat die Mannschaft, die zuerst 4 Spielchips waagrecht, senkrecht oder diagonal in eine Reihe gebracht hat. Wer das Spiel nicht in seiner Klasse zur Verfügung hat, kann es einfach selbst zeichnen und mit einer Folie laminieren. Wasserfeste Stiftspuren lassen sich mit Spiritus wieder entfernen.

Alternative: **Mühle** spielen, **Dame** spielen, **Mensch-ärgere-Dich-nicht** spielen (hier muss allerdings ein eigenes Spielfeld ausgedacht werden, da es sonst zu lange dauert).

Material: Originalspiele (wasserfest gemacht) oder nachempfundene Spiele (laminiert). Je mehr Spiele zur Verfügung stehen, um so mehr Mannschaften können gebildet werden. TIP: Vier-Gewinnt-Spiele werden oft von Banken als Werbegeschenke verteilt.

Eignung dieses Spiels für untenstehende Schülerlernziele	BL	RL
Kraulbeinschlag (einschl. Flossen)	+	+
Erlernen verschiedener Armzugmuster mit Luftmatratze oder Schwimmnudel oder Pullbuoy	+	+
Verknüpfung des individuellen Armzuges mit Kraulbeinschlag (einschl. Atmung)	+	+
Erlernen der Beingrätsche	+	+
Verknüpfung der Grätsche mit (PZ/UW) in BL (Brustschwimmen)	+	
Verknüpfung der Grätsche mit (PZ/UW u. ÜW) in RL (leises Rückenschwimmen / Rückenrudern)		+
Ausdauererweiterung o — Schnelligkeit o		
+ = gut geeignet o = bedingt geeignet - = nicht geeignet		

Schwimmspiel 38

Geschichten legen

Im Fachhandel gibt es sogenannte logische Geschichten zur Sprachförderung als Kopiervorlage. In ihnen werden kleine Bildgeschichten erzählt, die in einer chronologischen Reihenfolge in Einzelbildern dargestellt werden. Diese Einzelbilder werden ausgeschnitten, laminiert und gemischt für jede Mannschaft auf der gegenüberliegenden Beckenseite deponiert. Die Startschwimmer schwimmen hinüber, nehmen sich ein Bild und bringen es zu ihrer Mannschaft. Während schon der nächste Schwimmer unterwegs ist, können sich die anderen Teammitglieder über den eventuellen Inhalt und die chronologische Reihenfolge Gedanken machen. Wer hat die Geschichte zuerst richtig gelegt und kann sie erzählen? Die Auslastung der Teammitglieder kann erhöht werden, indem immer mehrere Schwimmer gemeinsam ein Bild holen sollen. Die kleinen Bilder lassen sich unter der Badekleidung gut einklemmen.

Material: laminierte Einzelbilder einer Bildgeschichte

Eignung dieses Spiels für untenstehende Schülerlernziele		BL	RL
Kraulbeinschlag (einschl. Flossen)		+	+
Erlernen verschiedener Armzugmuster mit Luftmatratze oder Schwimmnudel oder Pullbuoy		+	+
Verknüpfung des individuellen Armzuges mit Kraulbeinschlag (einschl. Atmung)		+	+
Erlernen der Beingrätsche		+	+
Verknüpfung der Grätsche mit (PZ/UW) in BL (Brustschwimmen)		+	
Verknüpfung der Grätsche mit (PZ/UW u. ÜW) in RL (leises Rückenschwimmen / Rückenrudern)			+
Ausdauererweiterung o	Schnelligkeit o		
	+ = gut geeignet	o = bedingt geeignet	- = nicht geeignet

Schwimmspiel 39

Namen-Silben-Salat

Nach der Bildung von Mannschaften schwimmen die Startschwimmer zum gegenüberliegenden Beckenrand. Dort finden sie viele Zettel mit Silben, die umgedreht auf einer Bank oder dem Boden liegen. Diese Silben sind Bestandteile der Namen aller Kinder in der Klasse. Sie drehen eine Silbe um und schwimmen zurück. Nach und nach sind immer mehr Zettel mit Silben umgedreht worden. Bald gelingt es einem Schwimmer aus den Silben den Vornamen eines Teammitgliedes zu bilden. Er befeuchtet die Zettel an der Rückseite und klebt sie an eine Wand, so dass jeder den Namen lesen kann. Welche Mannschaft hat zuerst alle Namen ihrer Mitglieder untereinander an die Wand geklebt?

Material: Zettel mit Namenssilben (können in Freiarbeitszeiten von den Schülern mit Permanentstiften selbst hergestellt werden), Mülltüte für die Entsorgung der nassen Papierzettel

Eignung dieses Spiels für untenstehende Schülerlernziele	BL	RL
Kraulbeinschlag (einschl. Flossen)	+	+
Erlernen verschiedener Armzugmuster mit Luftmatratze oder Schwimmnudel oder Pullbuoy	+	+
Verknüpfung des individuellen Armzuges mit Kraulbeinschlag (einschl. Atmung)	+	+
Erlernen der Beingrätsche	+	+
Verknüpfung der Grätsche mit (PZ/UW) in BL (Brustschwimmen)	+	
Verknüpfung der Grätsche mit (PZ/UW u. ÜW) in RL (leises Rückenschwimmen / Rückenrudern)		+
Ausdauererweiterung o Schnelligkeit +		
+ = gut geeignet o = bedingt geeignet - = nicht geeignet		

Schwimmspiel 40

Buchstaben-Shuffle-Board-Schwimmen

Nach der Bildung von Mannschaften wird den Schülern ein Lösungssatz vorgegeben (z.B. „Sport ist toll“ oder „Schwimmen macht Spaß“). Der Startschwimmer schwimmt zur gegenüberliegenden Beckenseite und findet dort ein ausgelegtes Feld mit Großbuchstaben des Alphabetes vor. Mit einem Tauchring versucht er einen Buchstaben des Lösungssatzes zu treffen. Die Reihenfolge der Buchstaben muss er nicht beachten. Er ruft einem Schiedsrichter den Buchstaben zu, den er für seine Mannschaft getroffen hat. Dieser unterstreicht oder markiert ihn auf einem vorgeschriebenen Zettel für die Mannschaft. Wer nicht die richtigen Buchstaben trifft oder einen trifft, der schon unterstrichen ist, muss ohne neuen Versuch umkehren. Pro 2 Mannschaften wird für dieses Spiel ein Schiedsrichter benötigt.

Material: Großbuchstaben des Alphabetes (am besten laminiert), Zettel mit Lösungssätzen, Stifte

Eignung dieses Spiels für untenstehende Schülerlernziele	BL	RL
Kraulbeinschlag (einschl. Flossen)	+	+
Erlernen verschiedener Armzugmuster mit Luftmatratze oder Schwimmnudel oder Pullbuoy	+	+
Verknüpfung des individuellen Armzuges mit Kraulbeinschlag (einschl. Atmung)	+	+
Erlernen der Beingrätsche	+	+
Verknüpfung der Grätsche mit (PZ/UW) in BL (Brustschwimmen)	+	
Verknüpfung der Grätsche mit (PZ/UW u. ÜW) in RL (leises Rückenschwimmen / Rückenrudern)		+
Ausdauererweiterung o Schnelligkeit +		
+ = gut geeignet o = bedingt geeignet - = nicht geeignet		

6. Offenere Formen des Sportunterrichtes im Schwimmbad

Hier werden Spiele aufgezeigt, an denen alle oder zumindest sehr viele Schüler gleichzeitig teilnehmen können, die allerdings oft auch den Sichtkontakt zum Partner erfordern. Sie bieten in beschränkterem Maße als lernzielorientierte Spiele die Möglichkeit für

- ein angemessenes Üben und/oder,
- eine Technikbeobachtung durch die Lehrer und/oder,
- einen Ausbau der Schwimmstrecke.

Die Spiele sind als eher offene Spiele anzusehen, da sie höchstens durch einige vorgegebene Rahmenbedingungen (Material, Thema des Spiels) die Wahl der Fortbewegungsfertigkeit im Wasser einschränken. Ansonsten soll es den Schülern überlassen bleiben, mit welcher Schwimmtechnik sie die Spielaufgabe lösen! Werden die Spiele im Nichtschwimmerbecken gespielt, müssen die Spielteilnehmer vielfach noch nicht einmal schwimmen können (zum Teil kennen die Schüler einige Spiele auch aus der Wassergewöhnung, siehe Lernzielbereich Fortbewegung im Wasser). Das Spiel kann so oft trotzdem gleichzeitig von Schwimmern und Nichtschwimmern gespielt werden. Es eignet sich somit hervorragend zur Integration von leistungsschwächeren und behinderten Schülern, da keine Bewegungsart vorgeschrieben wird. Dadurch kann unter günstigen räumlichen Verhältnissen eine große Gruppe von Spielern von nur einer Lehrkraft beaufsichtigt werden, während sich die andere Lehrkraft intensiver um Schüler mit speziellen Aufgabenstellungen kümmert. Die Einteilung des Schwimmbeckens in „Aktivitätszonen" ist bei den meisten Spielen eine notwendige Voraussetzung. Das gemeinhin übliche Schwimmen in Bahnen ist für diese Spiele absolut ungeeignet!

Zusätzlich finden sie unter der Beschreibung der Spiele eine Bewertung hinsichtlich der Nutzung der Spiele auch für einen lernzielorientierten Unterricht. Vielleicht möchten Sie nach dem lernzielorientierten Unterricht eine offenere Spielform anwenden, die aber die Möglichkeit der zuvor geübten Fertigkeit nicht ausschließen soll. Dann können Sie sich an dieser Bewertung

bzw. an den Querverweisen in den Unterrichtseinheiten orientieren.
Bei der Bewertung der Rückenlage erhalten viele Spiele nur ein „o". Das liegt daran, dass die Verletzungsgefahr für Rückenschwimmer bei diesen Spielen mit freien Schwimmwegen steigt.

Insgesamt eignen sich die offeneren Spielformen aber eher zum Anwenden bzw. zur Festigung von Schwimmbewegungen als zur gezielten Einführung dieser Fertigkeiten.
Andererseits lassen die offenen Spielformen dafür mehr Raum für Bewegungserfahrungen und -experimente der Schüler!

Offene Spielformen lassen sich sehr gut zwischendurch in eine Schwimmstunde einbauen. Aber auch ganze Unterrichtseinheiten lassen sich durch diese Spiele gestalten. Die Auswahl der Spielthemen orientiert sich an den Schülerinteressen und lässt oft sehr viel Freiraum für Kreativität. Überprüfen Sie für sich selbst, ob sie die Spiele mit ihren Schülern eventuell auch ohne die Vergabe von Spielpunkten spielen können und wollen.

Abb. 29

Nicht jede Unterrichtsstunde muss dem Erlernen des Schwimmens gewidmet sein! Die Erweiterung der Handlungsfähigkeit im Wasser ist mindestens ebenso bedeutsam.

Offene Spielform 1

Sagaland-Schwimmen

Bevor das Spiel erklärt wird, werden von allen Schülern im ganzen Becken über und unter Wasser 20 kleine Bildkärtchen an festen Orten verteilt. Über Wasser (auf Schwimmbrettern oder am Beckenrand liegend) werden die Karten umgedreht. Kärtchen, die unter Wasser liegen sollen, werden mit Wollfäden an Tauchringe geknotet. Alle Schüler sollen nun einzeln im Becken umherschwimmen bzw. -tauchen, sich die Bilder anschauen und sie sich und ihren Fundort merken. Sie machen dies nach Möglichkeit so, dass kein Mitschüler ihnen dabei über die Schulter gucken kann. Nach einer festgelegten Zeit ruft der Spielleiter einen Begriff (oder er erzählt eine Geschichte, in der der Begriff vorkommt) und der Schwimmer, der zuerst das entsprechende Bildkärtchen zeigen kann, bekommt einen Punkt.

Material: 20 Bildkärtchen (laminiert und an einer Ecke gelocht), Wollfäden (oder Gummibänder), Schere, Liste mit Begriffen für die Lehrkraft

Eignung dieses Spiels für untenstehende Schülerlernziele	BL	RL
Kraulbeinschlag (nicht mit Flossen!!!)	+	o
Üben verschiedener Armzugmuster mit Pullbuoys	+	o
Verknüpfung des individuellen Armzuges mit Kraulbeinschlag (einschl. Atmung)	+	o
Üben der Beingrätsche	+	o
Verknüpfung der Grätsche mit (PZ/UW) in BL (Brustschwimmen)	+	
Verknüpfung der Grätsche mit (PZ/UW u. ÜW) in RL (leises Rückenschwimmen / Rückenrudern)		o
Ausdauererweiterung + Schnelligkeit +		
+ = gut geeignet o = bedingt geeignet - = nicht geeignet		

Offene Spielform 2

Buchstabenlotto

In diesem Spiel geht es darum, aus gesammelten Buchstaben einen vorgegebenen Begriff zu erraten.

Zu Beginn befestigen alle Schüler vorgefertigte Buchstaben je an einem Schwimmring. Diese werden flächendeckend auf dem Beckengrund verteilt. Danach werden Mannschaften gebildet. Sie haben die Aufgabe, gemeinsam zu den Stellen zu schwimmen, wo die Buchstaben versenkt sind. Ein Teammitglied taucht den Buchstaben herauf und sagt ihn einem Teammitglied, welches sich am Beckenrand befindet und den Buchstaben notiert. Welche Mannschaft errät zuerst den Begriff? Solange der Begriff nicht erraten ist, bleiben alle Schwimmer im Wasser und schwimmen (Ausdauerförderung).

TIP: Jede Mannschaft taucht nach Zetteln in ihrer Mannschaftsfarbe. Buchstabenzettel, die zu einem anderen – später zu erratenden Begriff – gehören, können durch kleine Symbole am Zettelrand gekennzeichnet werden.

Material: Tauchringe, Zettel mit Buchstaben (laminiert und an einer Ecke gelocht), Wollfäden (oder Gummibänder), Schere

Eignung dieses Spiels für untenstehende Schülerlernziele	BL	RL
Kraulbeinschlag (nicht mit Flossen!!!)	+	o
Üben verschiedener Armzugmuster mit Pullbuoys	+	o
Verknüpfung des individuellen Armzuges mit Kraulbeinschlag (einschl. Atmung)	+	o
Üben der Beingrätsche	+	o
Verknüpfung der Grätsche mit (PZ/UW) in BL (Brustschwimmen)	+	
Verknüpfung der Grätsche mit (PZ/UW u. ÜW) in RL (leises Rückenschwimmen / Rückenrudern)		o
Ausdauererweiterung + Schnelligkeit -		
+ = gut geeignet o = bedingt geeignet - = nicht geeignet		

Offene Spielform 3

Haltet das Becken frei!

Zwei Mannschaften versuchen so schnell wie möglich, alle Bälle mit der ihrer Mannschaft zugeordneten Farbe (aus dem Kugelbad) in den jeweiligen Mannschaftseimer außerhalb des Beckens zu bringen. Schwimmer dürfen im Becken nur schwimmen, ansonsten muss der „Mogler" erneut vom Mannschaftseimer aus starten. Je nach Anzahl der zur Verfügung stehenden Bälle dürfen die Schüler immer nur einen oder auch mehrere Bälle zum Eimer bringen.

Alternative: Das Spiel kann natürlich auch mit vier Mannschaften gespielt werden.

Material: 2 Eimer (oder Wäschekörbe), farbige Bälle (oder Korken, Filmdosen, etc.)

Eignung dieses Spiels für untenstehende Schülerlernziele	BL	RL
Kraulbeinschlag (nicht mit Flossen!!!)	+	o
Üben verschiedener Armzugmuster mit Pullbuoys	+	o
Verknüpfung des individuellen Armzuges mit Kraulbeinschlag (einschl. Atmung)	+	o
Üben der Beingrätsche	o	o
Verknüpfung der Grätsche mit (PZ/UW) in BL (Brustschwimmen)	+	
Verknüpfung der Grätsche mit (PZ/UW u. ÜW) in RL (leises Rückenschwimmen / Rückenrudern)		o
Ausdauererweiterung o / Schnelligkeit +		
+ = gut geeignet o = bedingt geeignet - = nicht geeignet		

Offene Spielform 4

Herr Hai, wieviel Uhr ist es?

Alle Schüler schwimmen im Wasser. Gemeinsam fragen sie den Hai (Mitschüler o. Lehrer): „Herr Hai, wieviel Uhr ist es?“ Er wird meistens mit einer Uhrzeit antworten, nur irgendwann ruft er: „Frühstückszeit!“ Dann retten sich alle Schüler an das zuvor gekennzeichnete Mal. Haie unterscheiden sich kaum von Vampiren: Wer einmal von ihnen gebissen wird, wird einer der ihren.

Als Freimale können zunächst drei Beckenränder dienen, später zwei und letztlich nur noch ein Beckenrand.

Material: –

Eignung dieses Spiels für untenstehende Schülerlernziele	BL	RL
Kraulbeinschlag (nicht mit Flossen!!!)	+	o
Üben verschiedener Armzugmuster mit Pullbuoys	+	o
Verknüpfung des individuellen Armzuges mit Kraulbeinschlag (einschl. Atmung)	+	o
Üben der Beingrätsche (mit Brett)	+	o
Verknüpfung der Grätsche mit (PZ/UW) in BL (Brustschwimmen)	+	
Verknüpfung der Grätsche mit (PZ/UW u. ÜW) in RL (leises Rückenschwimmen / Rückenrudern)		o
Ausdauererweiterung - Schnelligkeit +		
+ = gut geeignet o = bedingt geeignet - = nicht geeignet		

Offene Spielform 5

Fischer, Fischer, wie tief ist das Wasser?

Am Ufer eines Flusses steht eine Gruppe und ruft einem Fischer zu: „Fischer, Fischer, wie tief ist das Wasser?" Er antwortet mit einem bösen Grinsen: „Viele, viele Meter tief."

Gruppe: „Wie kommen wir darüber?" Er: „Hundepaddeln vorwärts!" (oder ähnliche schon bekannte Armzugmuster / Körperlagen oder ...). Der Fischer entpuppt sich als gemeiner Kerl, der die anderen fangen will. Schnell versuchen diese, mit dem Hundepaddeln das andere Ufer zu erreichen. Welche Idee der Fischer hat, bleibt ihm ganz alleine überlassen.

Material: kein Material für das Spiel, eventuell für das LZ

Eignung dieses Spiels für untenstehende Schülerlernziele		BL	RL
Kraulbeinschlag (nicht mit Flossen!!!)		schülerabhängig	
Üben verschiedener Armzugmuster mit Pullbuoys		"	
Verknüpfung des individuellen Armzuges mit Kraulbeinschlag (einschl. Atmung)		"	
Üben der Beingrätsche		"	
Verknüpfung der Grätsche mit (PZ/UW) in BL (Brustschwimmen) Verknüpfung der Grätsche mit (PZ/UW u. ÜW) in RL (leises Rückenschwimmen / Rückenrudern)		" "	
Ausdauererweiterung o	Schnelligkeit +		
	+ = gut geeignet	o = bedingt geeignet	- = nicht geeignet

Offene Spielform 6

Sturm auf hoher See!

Alle Schüler spielen Schiffe, die nach langer Fahrt auf hoher See plötzlich in einen fürchterlichen Sturm geraten. Der Seenotrettungsdienst (Lehrkraft) meldet schwere See mit großen Brechern. Die Schiffe müssen sich schnellstens in den Schutz irgendeines Inselhafens begeben (gekennzeichnet durch Bälle). Die Häfen sind so klein, dass immer nur ein Schiff Schutz finden kann (= 1 Kind pro Ball). Leider gibt es nicht genügend Häfen in dieser Gegend. Wer keinen Hafen findet, versinkt in den Wellen und scheidet somit aus.

(Beliebtes „Rausschmeißerspiel“ am Ende der Stunde).

Material: mehrere Bälle

Eignung dieses Spiels für untenstehende Schülerlernziele	BL	RL
Kraulbeinschlag (nicht mit Flossen!!!)	+	o
Üben verschiedener Armzugmuster mit Pullbuoys	+	o
Verknüpfung des individuellen Armzuges mit Kraulbeinschlag (einschl. Atmung)	+	o
Üben der Beingrätsche	+	o
Verknüpfung der Grätsche mit (PZ/UW) in BL (Brustschwimmen)	+	
Verknüpfung der Grätsche mit (PZ/UW u. ÜW) in RL (leises Rückenschwimmen / Rückenrudern)		o
Ausdauererweiterung o Schnelligkeit o		
+ = gut geeignet o = bedingt geeignet - = nicht geeignet		

Offene Spielform 7

Tag und Nacht

Zwei Schülergruppen befinden sich in der Beckenmitte und stehen in zwei Reihen Rücken an Rücken (Abstand ca. ein Meter). Eine Reihe heißt „Tag", die andere „Nacht". Ruft der Lehrer plötzlich Tag, so muss die „Tag"-Reihe versuchen, die wegschwimmende „Nacht"-Reihe zu erwischen, bevor diese ihren rettenden Beckenrand schwimmend erreicht haben.

Der Lehrer kann aber auch eine spannende Geschichte erzählen, in der die Signalworte vorkommen.

Material: nichts

Eignung dieses Spiels für untenstehende Schülerlernziele	BL	RL
Kraulbeinschlag (nicht mit Flossen!!!)	+	+
Üben verschiedener Armzugmuster mit Pullbuoys	+	+
Verknüpfung des individuellen Armzuges mit Kraulbeinschlag (einschl. Atmung)	+	+
Üben der Beingrätsche	+	+
Verknüpfung der Grätsche mit (PZ/UW) in BL (Brustschwimmen)	+	
Verknüpfung der Grätsche mit (PZ/UW u. ÜW) in RL (leises Rückenschwimmen / Rückenrudern)		+
Ausdauererweiterung - Schnelligkeit +		
+ = gut geeignet o = bedingt geeignet - = nicht geeignet		

Offene Spielform 8

Das Meer und die Fische

Im Meer gibt es viele Fische. Das Meer (gespielt von zunächst nur einem Schüler) ruft sie aus ihren Buchten in die offene See: „Das Meer ruft die Fische.“ Die aufgerufenen Fische schwimmen vergnügt umher. „Das Meer wird unruhiger, es beginnt zu stürmen“ - Die Fische schießen aufgeregt durchs Wasser. „Die Ebbe kommt!!!“ Alle Fische versuchen, sich in die Tiefen ihrer Heimatbucht (= abgesprochene Beckenseite) zu retten. Wen die Ebbe (derjenige, der bislang das Meer spielte) erwischt, wird dem Meer (Ebbe) beim nächsten Durchgang helfen müssen.

Material: nichts

Eignung dieses Spiels für untenstehende Schülerlernziele		BL	RL
Kraulbeinschlag (nicht mit Flossen!!!)		+	o
Üben verschiedener Armzugmuster mit Pullbuoys		+	o
Verknüpfung des individuellen Armzuges mit Kraulbeinschlag (einschl. Atmung)		+	o
Üben der Beingrätsche		+	o
Verknüpfung der Grätsche mit (PZ/UW) in BL (Brustschwimmen) Verknüpfung der Grätsche mit (PZ/UW u. ÜW) in RL (leises Rückenschwimmen / Rückenrudern)		+ 	 o
Ausdauererweiterung o	Schnelligkeit o		
	+ = gut geeignet	o = bedingt geeignet	- = nicht geeignet

Offene Spielform 9

Wer klaut denn da die Fische? (vgl. Haltet den Korb voll)

Die Fischer sind müde vom Fischfang und wollen ihr Netz endlich entleeren. Doch aus dem Netz (Autoschlauch o.ä.) fliegen laufend die Fische im hohen Bogen heraus und fallen wieder ins Meer zurück. Ein junger Seehund macht sich einen Spaß daraus, fortwährend in das Netz zu tauchen, einen Fisch (kleine Bälle aus dem Kugelbad) hinauszuwerfen und dann wieder aus dem Netz zu verschwinden. Die Fischer haben alle Hände voll zu tun, hinter den verlorengegangenen Fischen herzuschwimmen, um sie wieder ins Netz zu werfen. Die Bälle können während des Transportes unter der Schwimmbekleidung eingeklemmt werden.

Material: Autoschlauch, Bälle

Eignung dieses Spiels für untenstehende Schülerlernziele	BL	RL
Kraulbeinschlag (nicht mit Flossen!!!)	+	o
Üben verschiedener Armzugmuster mit Pullbuoys	+	o
Verknüpfung des individuellen Armzuges mit Kraulbeinschlag (einschl. Atmung)	o	o
Üben der Beingrätsche mit dem Schwimmbrett	+	o
Verknüpfung der Grätsche mit (PZ/UW) in BL (Brustschwimmen)	o	
Verknüpfung der Grätsche mit (PZ/UW u. ÜW) in RL (leises Rückenschwimmen / Rückenrudern)		o
Ausdauererweiterung o Schnelligkeit o		
+ = gut geeignet o = bedingt geeignet - = nicht geeignet		

Offene Spielform 10

Wurm her!

Junge Pinguine sind nicht anders als andere junge Tiere. Laufend müssen sie im Spiel erproben, wer der Stärkste oder Schnellste ist. Ein beliebtes Nordpolspiel ist das Wurmfangen. Jeder Pinguin hat einen Wurm (dicker Wollfaden hinten oder an der Seite in die Badehose gesteckt) und jeder Pinguin hat den Wunsch, noch mehr Würmer zu bekommen. Also versucht er, einem anderen Pinguin einen Wurm zu klauen. Doch Vorsicht, vielleicht ist der auch auf Deinen Wurm aus. (In reinen Schwimmergruppen gilt: Wer bei diesem Spiel nicht schwimmt, muss seinen Wurm ins Wasser werfen).

Material: mehrere dicke Wollfäden (nicht mit der Schwimmkleidung verknoten, sondern nur einklemmen

Eignung dieses Spiels für untenstehende Schülerlernziele		BL	RL
Kraulbeinschlag (nicht mit Flossen!!!)		o	o
Üben verschiedener Armzugmuster mit Pullbuoys		o	o
Verknüpfung des individuellen Armzuges mit Kraulbeinschlag (einschl. Atmung)		o	o
Üben der Beingrätsche mit dem Schwimmbrett		o	o
Verknüpfung der Grätsche mit (PZ/UW) in BL (Brustschwimmen)		o	
Verknüpfung der Grätsche mit (PZ/UW u. ÜW) in RL (leises Rückenschwimmen / Rückenrudern)			o
Ausdauererweiterung +	Schnelligkeit o		
	+ = gut geeignet	o = bedingt geeignet	- = nicht geeignet

Offene Spielform 11

Wasserball vor!

Zwei Wasserballmannschaften versuchen, jeweils den Eimer der gegnerischen Mannschaft, der ca. 3 m hinter dem Beckenrand steht, umzuwerfen. Torwürfe sind nur erlaubt, wenn der Werfer mit einer Hand den Beckenrand der gegnerischen Seite berührt. Für reine Schwimmergruppen könnte die Regel eingeführt werden: Wenn ein Schüler sich hinstellt, erfolgt ein Freistoß für die gegnerische Mannschaft. Erholungspausen werden vom Schiedsrichter zugeteilt. Das absichtliche Berühren der anderen Schwimmer ist verboten.

Material: 2 Eimer, 1 Wasserball

Eignung dieses Spiels für untenstehende Schülerlernziele		BL	RL
Kraulbeinschlag (nicht mit Flossen!!!)		o	o
Üben verschiedener Armzugmuster mit Pullbuoys		o	o
Verknüpfung des individuellen Armzuges mit Kraulbeinschlag (einschl. Atmung)		o	o
Üben der Beingrätsche mit dem Schwimmbrett		o	o
Verknüpfung der Grätsche mit (PZ/UW) in BL (Brustschwimmen)		o	
Verknüpfung der Grätsche mit (PZ/UW u. ÜW) in RL (leises Rückenschwimmen / Rückenrudern)			o
Ausdauererweiterung +	Schnelligkeit o		
	+ = gut geeignet o = bedingt geeignet - = nicht geeignet		

Offene Spielform 12

Wer hat Angst vor'm Seeungeheuer?

Altes Spiel, das immer noch gern gespielt wird. Ein Schüler ruft der ihm auf der anderen Beckenseite gegenüberstehenden Gruppe zu: „Wer hat Angst vor'm Seeungeheuer?" Sie antworten: „Niemand." Er: „Wenn es aber kommt?"

–„Dann schwimmen wir!" (z.B. Schwimmen entsprechend einer Lernzielanforderung). Alle Schüler versuchen nun, zum gegenüberliegenden Beckenrand zu gelangen, ohne vom Ungeheuer erwischt zu werden. Etwaige Opfer werden nicht gefressen, sondern helfen im neuen Spiel dem Monster. Wer als letzter übrig bleibt, wird das neue Ungeheuer.

Material: vom Spiel her nichts, eventuell benötigen Sie Material zur Erfüllung des Lernzieles

Eignung dieses Spiels für untenstehende Schülerlernziele	BL	RL
Kraulbeinschlag (nicht mit Flossen!!!)	+	o
Üben verschiedener Armzugmuster mit Pullbuoys	+	o
Verknüpfung des individuellen Armzuges mit Kraulbeinschlag (einschl. Atmung)	+	o
Üben der Beingrätsche mit dem Schwimmbrett	+	o
Verknüpfung der Grätsche mit (PZ/UW) in BL (Brustschwimmen)	+	
Verknüpfung der Grätsche mit (PZ/UW u. ÜW) in RL (leises Rückenschwimmen / Rückenrudern)		o
Ausdauererweiterung o Schnelligkeit +		
+ = gut geeignet o = bedingt geeignet - = nicht geeignet		

Offene Spielform 13

Pfeilwerfen 3

Es werden vier Mannschaften mit den Namen Rot, Gelb, Grün und Blau gebildet. Das Spiel wird in zwei Phasen gespielt.

In der ersten Phase schwimmen die Startschwimmer zum gegenüberliegenden Beckenrand und werfen mit Pfeilen auf eine Wurfscheibe. Die Gesamtpunktzahl wird notiert. Die Startschwimmer schwimmen zurück und der nächste Schwimmer der Mannschaft schwimmt los zum Pfeilwerfen. Sind alle Teammitglieder geschwommen, werden die Punkte addiert.

Die Anzahl der zusammengezählten Punkte von Mannschaft ROT steht für die Anzahl der in Spielphase 2 einzusammelnden Kugelbadbälle (in Farbe der Mannschaft) für Mannschaft GELB. Mannschaft GELB hat die Punkte für Mannschaft GRÜN geworfen, Mannschaft GRÜN für Mannschaft BLAU und Mannschaft BLAU wiederum für Mannschaft ROT. Die entsprechende Anzahl der einzusammelnden Bälle (in Farben der Mannschaften) werden ins Wasser geworfen. Welche Mannschaft hat zuerst ihre Bälle zurück in ihren Mannschaftseimer geworfen oder gebracht. Es soll bei jedem Schwimmen immer nur ein Ball transportiert werden.

Material: Dartscheiben mit Pfeilen mit Gummispitze, Kugelbadbälle in 4 verschiedenen Farben, 4 Eimer (o.ä.) zum Sammeln

Eignung dieses Spiels für untenstehende Schülerlernziele in Spielphase 1	BL	RL
Kraulbeinschlag (nicht mit Flossen!!!)	+	+
Üben verschiedener Armzugmuster mit Pullbuoys	+	+
Verknüpfung des individuellen Armzuges mit Kraulbeinschlag (einschl. Atmung)	+	+
Üben der Beingrätsche	+	+
Verknüpfung der Grätsche mit (PZ/UW) in BL (Brustschwimmen)	+	
Verknüpfung der Grätsche mit (PZ/UW u. ÜW) in RL (leises Rückenschwimmen / Rückenrudern)		+
Ausdauererweiterung o Schnelligkeit -		
+ = gut geeignet o = bedingt geeignet - = nicht geeignet		

Offene Spielform 14

Stadt, Land, Fluss ... 2 (Ausdauerspiel)

Es werden vier Mannschaften gebildet, die jeweils von einer der vier Ecken des Schwimmbeckens starten und eine vorher von der Lehrkraft festgelegte Zeit lang schwimmen. Wenn alle Mannschaftsmitglieder aller Mannschaften nach Ablauf der Zeit wieder an ihren Ecken angekommen sind, bekommen sie einen Buchstaben genannt. Dieser Buchstabe ist der Anfangsbuchstabe für eine Stadt, ein Land, einen Fluss, einen Berg .... , den sie kennen. Ein Schüler schreibt alle Lösungen (mehrere verschiedene Lösungen pro Spalte sind erwünscht!) der Gruppe in die vorgefertigte Tabelle auf ein Plakat. Die Mannschaft hat nur eine vorher von Ihnen festgelegte Zeitspanne zur Verfügung, dann schwimmen alle Mannschaften wieder ihre Runden.

Dieses Spiel ist gut geeignet, die Schüler an die Prüfungen der Jugendschwimmabzeichen in Bronze, Silber oder Gold heranzuführen.

Material: 4 vorgefertigte Plakate mit Tabelle, Klebeband, 4 wasserfeste Stifte – oder 4 Schüler, die nicht am Schwimmunterricht teilnehmen und daher alles notieren können

Eignung dieses Spiels für untenstehende Schülerlernziele	BL	RL
Kraulbeinschlag (nicht mit Flossen!!!)	+	+
Üben verschiedener Armzugmuster mit Pullbuoys	+	+
Verknüpfung des individuellen Armzuges mit Kraulbeinschlag (einschl. Atmung)	+	+
Üben der Beingrätsche	+	+
Verknüpfung der Grätsche mit (PZ/UW) in BL (Brustschwimmen)	+	
Verknüpfung der Grätsche mit (PZ/UW u. ÜW) in RL (leises Rückenschwimmen / Rückenrudern)		+
Ausdauererweiterung + Schnelligkeit -		
+ = gut geeignet o = bedingt geeignet - = nicht geeignet		

Offene Spielform 15

Brennball

Von Vorteil ist es, wenn die Schüler das Spiel schon aus der Turnhalle kennen. Ansonsten gelten folgende Regeln: Es gibt eine Mannschaft der Werfer und eine Mannschaft der Fänger. Ein Werfer wirft einen Pullbuoy so in das im Schwimmbecken markierte Feld der Fänger, dass möglichst kein Fänger diesen sofort erreichen kann. Sofort danach läuft, springt oder schwimmt der Werfer um das viereckige Spielfeld, in dem sich die Fänger befinden. In der Zwischenzeit haben die Fänger die Aufgabe, den Pullbuoy in einen Autoschlauch zu befördern. Die Fänger dürfen den Pullbuoy nur unter Wasser gedrückt weiterbefördern (mit ihm laufen oder ihn unter Wasser übergeben) um ihn dann von unten in den Autoschlauch zu deponieren. Die Mannschaft der Läufer erhält soviele Punkte, wie der Läufer Eckmarkierungen des Fängerfeldes passieren konnte. Später erfolgt ein Wechsel.

Das Spielfeld wird wie folgt markiert: Die Ränder des Nichtschwimmerbeckens stellen die Außenlinien dar. Die Innenmarkierungen, die die Werfer zu umschwimmen/umlaufen haben, werden durch Bojen gekennzeichnet. Als Bojen werden Pullbuoys so mit Seilen an einen schweren Tauchstein oder Tauchring gebunden, dass sie noch auf der Wasseroberläche auftreiben, jedoch nicht wegdriften können. Außer den Bojen, die als Eckmarkierung dienen, können noch weitere als „Punktebojen“ positioniert werden. Der Ziel-Autoschlauch wird ebenfalls mit einem Seil an einem Tauchring oder Tauchstein befestigt, damit er nicht so leicht abdriftet.

Anmerkung: In der Turnhalle wird das Spiel meistens etwas anders gespielt. Die Fänger erobern einen in ihr Spielfeld geworfenen Ball und werfen ihn sich dann schnell gegenseitig zu, bis ein günstig stehender Fänger ihn ins Ziel bringt. Werfen ist aber für den Einsatz im Schwimmbad eine ungünstige Fertigkeit, da die Mitgleider der Läufermannschaft sich im Wasser bei weitem nicht so schnell fortbewegen können wie an Land.

Variation: Anstatt einem Werfer starten zwei oder drei Mannschaftsmitglieder, nachdem der Pullbuoy ins Spielfeld der Fänger geworfen wurde. Gezählt werden alle Punkte, die durch das Passieren von Bojen von allen Läufern geholt werden können. Diese Form beugt dem Auskühlen der Schüler vor.

Material: 5 schwere Tauchringe oder Tauchsteine, 5 Seile, 5 Pullbuoys, 1 Eimer

Eignung dieses Spiels für untenstehende Schülerlernziele	BL	RL
Kraulbeinschlag (nicht mit Flossen!!!)	-	-
Üben verschiedener Armzugmuster mit Pullbuoys	-	-
Verknüpfung des individuellen Armzuges mit Kraulbeinschlag (einschl. Atmung)	+	+
Üben der Beingrätsche	o	o
Verknüpfung der Grätsche mit (PZ/UW) in BL (Brustschwimmen)	+	
Verknüpfung der Grätsche mit (PZ/UW u. ÜW in RL) (leises Rückenschwimmen / Rückenrudern)		+
Ausdauererweiterung - Schnelligkeit +		
+ = gut geeignet o = bedingt geeignet - = nicht geeignet		

Offene Spielform 16

Würfel-Haie

Nach einer erfolgreichen Schatzsuche fahren zwei Schiffe mit den eingesammelten Kostbarkeiten zurück in den Heimathafen. Plötzlich gibt es einen Sturm, in dem ein Schiff schwer beschädigt wird. Schnell entscheiden sich die Schatzsucher, den Schatz des sinkenden Schiffes in das andere Schiff zu bringen. Jeder Schatzsucher (beider Schiffe) nimmt sich einen Teil des Schatzes und bringt ihn schwimmend zum anderen Schiff. Leider ist das Meer an dieser Stelle haifischverseucht und die Aktion sehr gefährlich.

Als Schiffe dienen die beiden Beckenränder der Querseiten. Als Schätze kann man Kugelbadbälle, Korken oder Filmdosen benutzen, die die Schüler beim Schwimmen unter ihre Badekleidung klemmen können. Die Schätze liegen am gegenüberliegenden Beckenrand (= sinkendes Schiff) und müssen in das noch heile Schiff (= Startbeckenrand) gebracht werden. 2 bis 4 Schüler spielen die Haie, die an der Längsseite mit einem Würfel würfeln. Würfelt einer von ihnen eine 6, darf er starten und versucht, einen Schatzschwimmer zu berühren. Gelingt ihm dies, bekommt die Mannschaft der Haie eine – abhängig von der Anzahl der Schatzschwimmer und der Schätze – zuvor festgelegte Punktzahl gutgeschrieben. Berühren die Schatzschwimmer jedoch zuvor den Beckenrand, sind sie sicher und der Haifisch muss erneut würfeln. Die Haifische müssen nicht sofort starten, wenn sie eine 6 gewürfelt haben. Sie können auch einen taktisch günstigen Moment abwarten oder sogar solange warten, bis mehrere Haie eine 6 gewürfelt haben und dann gemeinsam auf die Jagd gehen. Jeder Hai darf aber höchstens einen Schatzsucher abschlagen. Ein Schüler oder die Lehrkraft achtet auf die Einhaltung der Regeln.

Material: viele Schätze, die am Beckenrand entlang verteilt werden (z.B. Kugelbadbälle, Filmdosen oder Korken), ein Würfel

Eignung dieses Spiels für untenstehende Schülerlernziele	BL	RL
Kraulbeinschlag (nicht mit Flossen!!!)	+	o
Üben verschiedener Armzugmuster mit Pullbuoys	+	o
Verknüpfung des individuellen Armzuges mit Kraulbeinschlag (einschl. Atmung)	+	o
Üben der Beingrätsche	+	o
Verknüpfung der Grätsche mit (PZ/UW) in BL (Brustschwimmen) Verknüpfung der Grätsche mit (PZ/UW u. ÜW) in RL (leises Rückenschwimmen / Rückenrudern)	+	o
Ausdauererweiterung o Schnelligkeit +		
+ = gut geeignet o = bedingt geeignet - = nicht geeignet		

Offene Spielform 17

Waljagd (Variation Greenpeace)

Ein altes rostiges Walfangschiff verfolgt zwei Wale, um sie zu erlegen. Die Mitglieder der Greenpeace-Gruppe haben schon ihre Schlauchboote mit Außenbordmotor zu Wasser gelassen und versuchen, dies zu verhindern. Aber die Walfänger geben nicht auf.

Den Walfänger spielt ein Schüler, der auf einer Schwimmmatratze sitzt. Als Harpunen benutzt er kleine Bälle, die er neben sich aus einem Wäschekorb nehmen kann. Er kann sich vom Heimathafen jederzeit neue Bälle holen. Sein Schiff ist ausgestattet mit zwei bis drei Turbinen (Schüler mit Flossen), die es antreiben. Die Wale werden von jeweils zwei Schülern gespielt, die sich während des Schwimmens bzw. Tauchens fortwährend an den Händen festhalten. Sie haben ebenfalls Flossen an. Die Mitglieder von Greenpeace sind die anderen Schüler, die ohne Flossen, aber mit einem Schwimmbrett im Meer schwimmen. Mit diesem Schwimmbrett können sie die Bälle des Walfängers abwehren.

Variation: Die Walfänger erhalten Helfer, die ihnen die abgeworfenen Bälle zurückbringen.

Material: 1 Schwimmmatratze, 1 Korb mit kleinen Bällen, Flossen, Schwimmbretter

Eignung dieses Spiels für untenstehende Schülerlernziele	BL	RL
Kraulbeinschlag (mit Flossen)	+	+
Üben verschiedener Armzugmuster mit Pullbuoys	-	-
Verknüpfung des individuellen Armzuges mit Kraulbeinschlag (einschl. Atmung)	-	-
Üben der Beingrätsche	+	+
Verknüpfung der Grätsche mit (PZ/UW) in BL (Brustschwimmen)	-	
Verknüpfung der Grätsche mit (PZ/UW u. ÜW) in RL (leises Rückenschwimmen / Rückenrudern)		-
Ausdauererweiterung + Schnelligkeit o		
+ = gut geeignet o = bedingt geeignet - = nicht geeignet		

Offene Spielform 18

Ball-über-die-Schnur

Das Spielfeld wird durch eine hohe Leine getrennt. Die Mannschaften haben die Aufgabe, einen großen leichten Wasserball so in das gegnerische Spielfeld abzugeben, dass er die Wasseroberfläche berührt, ohne dass ihn ein gegnerischer Spieler vorher abfangen kann. Wenn das Spiel ausschließlich im tiefen Wasser gespielt wird, empfiehlt sich der Einsatz von Flossen.

Variation: Das Spiel kann auch mit mehreren Bällen gleichzeitig gespielt werden (höhere Bewegungsintensität).

Variation: Es können auch mehrere Spielfelder gebildet werden.

Material: leichte Bälle, Zauberschnur (wenn keine Befestigungsmöglichkeit für die Schnur vorhanden ist, kann man das Spiel auch unter der Spielregel spielen, dass der Ball vorher erst die Decke berührt haben muss)

Eignung dieses Spiels für untenstehende Schülerlernziele	BL	RL
Kraulbeinschlag (mit Flossen) - zum Verbleib an der Wasseroberfläche und zum Erreichen des Balles	+	+
Üben verschiedener Armzugmuster mit Pullbuoys	-	-
Verknüpfung des individuellen Armzuges mit Kraulbeinschlag (einschl. Atmung)	-	-
Üben der Beingrätsche - zum Schwimmen auf der Stelle und zum Erreichen des Balles	+	+
Verknüpfung der Grätsche mit (PZ/UW) in BL (Brustschwimmen) Verknüpfung der Grätsche mit (PZ/UW u. ÜW) in RL (leises Rückenschwimmen / Rückenrudern)	+	 +
Ausdauererweiterung + Schnelligkeit -		
+ = gut geeignet o = bedingt geeignet - = nicht geeignet		

Offene Spielform 19

Baywatch (Bootsrettung – Rettung mit der Wurfleine)

Vom Strand ist eine Gruppe von Schülern mit Ruderbooten auf das offene Meer hinausgefahren. Eine große Welle hat alle Boote kentern lassen. Die Schüler winken und rufen um Hilfe. Sofort fahren Boote der Rettungswacht los, um die Schüler zu retten. Aber auch Wurfleinen vom Strand kommen zum Einsatz.

Die Rettungsboote bestehen aus einer Schwimmmatratze, einem Bootsführer und einem Motor (= 2 Schüler mit Flossen). Der Bootsführer kann immer nur eine Person an Bord holen und sie zum Strand zurückbringen. Die anderen Bay-Watch-Team-Mitglieder werfen Pullbuoys ins Wasser, die an ein Seil geknotet sind. Die Schüler ergreifen die Pullbuoys und lassen sich an den Strand ziehen. Alle Schüler, die noch nicht gerettet sind, sollen sich so lange wie möglich schwimmend über Wasser halten (Ausdauerschulung).

Material: 2 Schwimmmatratzen, Pullbuoys, Seile

Eignung dieses Spiels für untenstehende Schülerlernziele	BL	RL
Kraulbeinschlag (mit Flossen) - bzw. zum Schwimmen auf der Stelle (Opfer)	+	+
Üben verschiedener Armzugmuster mit Pullbuoys	-	-
Verknüpfung des individuellen Armzuges mit Kraulbeinschlag (einschl. Atmung) - auf der Stelle schwimmen	+	+
Üben der Beingrätsche - auf der Stelle schwimmen	+	+
Verknüpfung der Grätsche mit (PZ/UW) in BL (Brustschwimmen) - auf der Stelle	+	
Verknüpfung der Grätsche mit (PZ/UW u. ÜW) in RL (leises Rückenschwimmen / Rückenrudern) - auf der Stelle		+
Ausdauererweiterung + Schnelligkeit -		
+ = gut geeignet o = bedingt geeignet - = nicht geeignet		

Offene Spielform 20

Seepferdchenrennen (Hindernisbahn)

Die Schüler überlegen sich einen Parcours, den sie entlang der Beckenränder des Nichtschwimmerbeckens in Kreisform aufbauen (ca. vier bis fünf Stationen, z.B. über Schwimmnudeln hüpfen, durch Schwimmreifen tauchen, einen Purzelbaum unter Wasser machen, unter Wasser Blasen blubbern lassen, ...). Danach werden Mannschaften mit je 4 bis 5 Mitgliedern gebildet, die als Seepferdchen diesen Parcours im Wettkampf miteinander bewältigen sollen. Nach den Durchgängen treten die jeweils Ersten und die jeweils Zweiten (...) gegeneinander an.

Material: Bau- und Markierungsmaterial

Eignung dieses Spiels für untenstehende Schülerlernziele	BL	RL
Kraulbeinschlag (nicht mit Flossen!!!)	+	+
Üben verschiedener Armzugmuster mit Pullbuoys	o	o
Verknüpfung des individuellen Armzuges mit Kraulbeinschlag (einschl. Atmung)	+	+
Üben der Beingrätsche	+	+
Verknüpfung der Grätsche mit (PZ/UW) in BL (Brustschwimmen)	+	
Verknüpfung der Grätsche mit (PZ/UW u. ÜW) in RL (leises Rückenschwimmen / Rückenrudern)		+
Ausdauererweiterung o — Schnelligkeit o		
+ = gut geeignet o = bedingt geeignet - = nicht geeignet		

Offene Spielform 21

Formel 1

Die Rennstrecke wird als Rundstrecke am Beckenrand entlang geführt und mit Bojen (Pullbuoys, die mit Seilen an schweren Tauchringen oder -steinen befestigt werden) zum Innenraum abgegrenzt. Es werden Mannschaften mit jeweils drei Mitgliedern gebildet. Die Mannschaften haben die Aufgabe, im Wettstreit gegeneinander 20 (30, 40, ...?) Runden zu schwimmen. Es muss aber immer nur ein Mannschaftsmitglied schwimmen. Wenn es ermüdet ist, schwimmt es in die Boxengasse (z.B. Treppe) und wechselt sich mit einem Mannschaftsmitglied ab. Wenn das Spiel im Nichtschwimmerbekken durchgeführt wird, können sowohl Nichtschwimmer, als auch Schwimmer teilnehmen, da die Fortbewegungsart (Schwimmen, Laufen, Springen, Hüpfen, ...) nicht vorgeschrieben ist. Es werden mehrere Schiedsrichter benötigt. Die Schwimmer rufen den Namen oder die Nummer ihrer Mannschaft bei der Überquerung der Ziellinie den zuvor zugeteilten Schiedsrichtern zu. Diese notieren in einer vorbereiteten Liste die Anzahl der Runden.

Material: Bojen (schwere Tauchsteine oder -ringe, Seile, Pullbuoys), vorbereitete Rundenzählliste

Eignung dieses Spiels für untenstehende Schülerlernziele	BL	RL
Kraulbeinschlag (nicht mit Flossen!!!)	+	+
Üben verschiedener Armzugmuster mit Pullbuoys	o	o
Verknüpfung des individuellen Armzuges mit Kraulbeinschlag (einschl. Atmung)	+	+
Üben der Beingrätsche	+	+
Verknüpfung der Grätsche mit (PZ/UW) in BL (Brustschwimmen)	+	
Verknüpfung der Grätsche mit (PZ/UW u. ÜW) in RL (leises Rückenschwimmen / Rückenrudern)		+
Ausdauererweiterung + Schnelligkeit o		
+ = gut geeignet o = bedingt geeignet - = nicht geeignet		

Offene Spielform 22

Burg-Ball

Der Pirat Sir Francis Drake will mit seiner Flotte die Inselfestung „Klippenstolz" einnehmen. Die Flotte versucht, mit ihren Schiffen nah an die Insel heranzufahren und ihre Kanonen abzufeuern. Doch die „Klippenstolzer" haben einen neuen Abwehrschild, mit dem sie ihre Festung verteidigen.

Im Nichtschwimmerbecken wird ein Teil als Burg abgetrennt. Alle Nichtschwimmer und andere freiwillige Schüler erhalten Schwimmbretter zur Abwehr von geworfenen Bällen. Die schwimmenden Piraten (in deutlicher Mehrzahl!) starten von der gegenüberliegenden Beckenseite im Schwimmerbecken (!) und schwimmen mit einem Ball bis zur Trennleine. Von dort versuchen sie, einen Ball in das Feld der Festung Klippenstolz zu werfen. Wird der Ball jedoch zuvor von einem Schwimmbrett berührt, gilt dies nicht als Treffer. Nach jedem Wurf schwimmen die Piraten zurück zum Beckenrand und holen sich einen neuen Ball.

Anmerkung: Piraten, die noch nicht so lange schwimmen können, erhalten ein Munitionsdepot, das näher an der Trennleine liegt. Die Fläche der Festung Klippenstolz hängt von der Anzahl der Verteidiger ab. Sie sollte so groß gewählt sein, dass die Piraten auch eine Chance auf Erfolg haben.

Material: Schwimmbretter, leichte Bälle

Eignung dieses Spiels für untenstehende Schülerlernziele für die Piraten	BL	RL
Kraulbeinschlag (nicht mit Flossen!!!)	+	+
Üben verschiedener Armzugmuster mit Pullbuoys	+	+
Verknüpfung des individuellen Armzuges mit Kraulbeinschlag (einschl. Atmung)	+	+
Üben der Beingrätsche	+	+
Verknüpfung der Grätsche mit (PZ/UW) in BL (Brustschwimmen)	+	
Verknüpfung der Grätsche mit (PZ/UW u. ÜW) in RL (leises Rückenschwimmen / Rückenrudern)		+
Ausdauererweiterung + Schnelligkeit o		
+ = gut geeignet o = bedingt geeignet - = nicht geeignet		

Offene Spielform 23

Taucher-Team-Einsatz

Eine Gruppe von Tauchern der DLRG übt für den Ernstfall. Sie sollen verschiedene Aufgaben erfüllen. Da das Gewässer sehr trübe ist, dürfen sich die Taucher, die sich an den Händen fassen, aus Sicherheitsgründen nicht loslassen.

Die Taucherteams bestehen aus 2-er Gruppen. Leistungsstärkere Schüler versuchen sich in 3-er Gruppen. Aufgaben können sein:

- Auftauchen in einem Quadrat aus zusammengsteckten Schwimmnudeln
- Durchtauchen von Reifen (nicht loslassen dabei!)
- Entlanghangeln an einem unter Wasser gespannten Seil
- Herauftauchen von Gegenständen
- Ausführen einer Bewegungsaufgabe unter Wasser: Rolle vorwärts/rückwärts, tauchen einer vorgebenen Strecke in Rückenlage, ...
- ...

Es bietet sich bei diesem Spiel an, wenn die Taucher Flossen tragen (muss aber nicht sein)

Material: Material für Hindernisse und Markierungen, Tauchmaterial, evtl. Flossen

Eignung dieses Spiels für untenstehende Schülerlernziele	BL	RL
Kraulbeinschlag (mit Flossen)	+	+
Üben verschiedener Armzugmuster mit Pullbuoys	-	-
Verknüpfung des individuellen Armzuges mit Kraulbeinschlag (einschl. Atmung)	-	-
Üben der Beingrätsche	-	-
Verknüpfung der Grätsche mit (PZ/UW) in BL (Brustschwimmen)	-	
Verknüpfung der Grätsche mit (PZ/UW u. ÜW) in RL (leises Rückenschwimmen / Rückenrudern)		-
Ausdauererweiterung o Schnelligkeit -		
+ = gut geeignet o = bedingt geeignet - = nicht geeignet		

Offene Spielform 24

Fangspiel: Hechte im Karpfenteich

Die beiden Hechte Harry und Heino sind ganz schön sauer. Da hat doch einer der vielen Karpfen in ihrem Teich unverschämterweise ihren Lieblingsball geklaut. Na warte, wenn sie den Übeltäter erwischen.

Außer den 2 Schülern, die – mit Flossen – die Hechte spielen, sind alle anderen Schwimmer Karpfen. Sie geben sich untereinander den Ball weiter, der so klein sein muss, dass man ihn gut hinter seinem Rücken verstecken kann. Am Anfang des Spieles wissen die Hechte noch nicht, wer den Ball hat. Die anderen Karpfen verhalten sich klug, wenn sie sich unauffällig den Hechten in den Weg schieben (ohne sie aufhalten zu dürfen!). Aber wehe, wenn ein Karpfen den Ball in seiner Not erst mal zu einem anderen Karpfen geworfen hat. Wenn dieses Spiel im tiefen Wasser gespielt wird, eignet es sich hervorragend zur Förderung der Ausdauer der Schüler.

Material: 2 Paar Flossen, 1 Ball

Eignung dieses Spiels für untenstehende Schülerlernziele (Karpfen im tiefen Wasser)	BL	RL
Kraulbeinschlag (nicht mit Flossen!!!)	+	+
Üben verschiedener Armzugmuster mit Pullbuoys	-	-
Verknüpfung des individuellen Armzuges mit Kraulbeinschlag (einschl. Atmung)	+	+
Üben der Beingrätsche	+	+
Verknüpfung der Grätsche mit (PZ/UW) in BL (Brustschwimmen)	+	
Verknüpfung der Grätsche mit (PZ/UW u. ÜW) in RL (leises Rückenschwimmen / Rückenrudern)		+
Ausdauererweiterung + Schnelligkeit -		
+ = gut geeignet o = bedingt geeignet - = nicht geeignet		

Offene Spielform 25

Flipper hat geklaut

Manchmal macht Flipper ganz schön viel Blödsinn. So hat er doch heute eine kleine Boje vom Steg geklaut. Eigentlich dachte er, es wäre ein Ball. Aber seine Freunde an Land sind ganz aufgeregt. Es ist nämlich in Wirklichkeit eine teure wissenschaftliche Messsonde, die Flipper sich da geschnappt hat. Also nichts wie hinterher. Flipper findet das natürlich toll und versucht, den anderen zu entkommen.

Der Schüler, der Flipper spielt, erhält Flossen. Er hält beim Schwimmen ein kurzes Seil in der Hand, an das ein Pullbuoy geknotet ist. Die verfolgenden Schwimmer müssen mit Schwimmbrett schwimmen (zur Geschwindigkeitsregulation), dürfen sich aber taktisch absprechen.

Material: 1 Paar Flossen, 1 Seil, 1 Pullbuoy, Schwimmbretter

Eignung dieses Spiels für untenstehende Schülerlernziele	BL	RL
Kraulbeinschlag	+	o
Üben verschiedener Armzugmuster mit Pullbuoys	-	-
Verknüpfung des individuellen Armzuges mit Kraulbeinschlag (einschl. Atmung)	-	-
Üben der Beingrätsche	+	o
Verknüpfung der Grätsche mit (PZ/UW) in BL (Brustschwimmen)	-	
Verknüpfung der Grätsche mit (PZ/UW u. ÜW) in RL (leises Rückenschwimmen / Rückenrudern)		-
Ausdauererweiterung + Schnelligkeit +		
+ = gut geeignet o = bedingt geeignet - = nicht geeignet		

Offene Spielform 26

Motorboot-Kunststaffel

Haben Sie schon einmal eine Kunstflugstaffel gesehen? Oder eine Staffel von Polizeimotorrädern, die aus vier Richtungen aufeinander zufahren und sich in der Mitte dann Gott sei Dank doch nicht berühren? Zum diesjährigen Jubiläum der Wasserschutzpolizei haben sich die Kollegen überlegt, etwas ähnliches zu veranstalten. Sie fahren von vier Seiten mit ihren Schnellbooten aufeinander zu.

Die Schüler haben sich auf die vier Ecken des Nichtschwimmerbeckens verteilt. Auf ein Startsignal schwimmen sie aufeinander zu. Sie beobachten die anderen Schwimmer genau und schwimmen so schnell wie möglich, und so nah wie möglich aneinander vorbei. Tauchen ist dabei erlaubt. Berührungen sollen vermieden werden. Jede Staffel kann neue Aufgaben bekommen: Schwimmen in Bauch-, Rücken-, oder Seitenlage, Schwimmen mit Flossen, Delfinsprünge, Schwimmen mit den Füßen voran, Transportieren von Materialien, ...

Anmerkung: Dieses Spiel birgt ein relatives Verletzungsrisiko. Ich halte es jedoch für sehr gering, da eine Lernzielanforderung ja gerade in der Rücksichtnahme aufeinander liegt. Sollten Sie bestimmte Schüler in der Klasse haben, denen Sie die Erfüllung dieses Lernzieles noch nicht zutrauen, geben Sie Ihnen andere Aufgaben, wie z.B. die Aufgabe des Kommentators, des Auswählers der Fortbewegungsart, ...

Material: evtl. Flossen oder Bretter, Transportmaterialien

Eignung dieses Spiels für untenstehende Schülerlernziele	BL	RL
Kraulbeinschlag (nur mit Flossen, wenn ganz umsichtig agiert wird)	+	+
Üben verschiedener Armzugmuster mit Pullbuoys	+	+
Verknüpfung des individuellen Armzuges mit Kraulbeinschlag (einschl. Atmung)	+	+
Üben der Beingrätsche	+	+
Verknüpfung der Grätsche mit (PZ/UW) in BL (Brustschwimmen)	+	
Verknüpfung der Grätsche mit (PZ/UW u. ÜW) in RL (leises Rückenschwimmen / Rückenrudern)		+
Ausdauererweiterung - Schnelligkeit -		
+ = gut geeignet o = bedingt geeignet - = nicht geeignet		

Offene Spielform 27

Die Moräne bewacht den Schatz

In einem alten versunkenen Schiffswrack liegt ein noch nicht gehobener Schatz. Eine Gruppe von Tauchern will ihn bergen. Ihr Problem ist, dass eine alte Moräne den Schatz bewacht.

Ein Schüler spielt die Moräne, die sich (nur im Wrack) ganz in der Nähe des Schatzes aufhalten darf (im zuvor gekennzeichneten Spielfeld des Schiffswrackes). Die Taucher sind außerhalb des Wrackes in Sicherheit. Moränen sind tückisch, manchmal beobachten sie die Taucher nur, ein anderes Mal beißen sie schnell zu. Wer gefangen wird, wird zur Moräne. Bei einem großen Spielfeld (Schiffswrack) können auch mehrere Moränen den Schatz bewachen. Es sollten aber nicht zu viele sein und der Schatz sollte nicht auf einem Haufen liegen, da die Moränen sonst ein viel zu leichtes Spiel haben.

Material: Tauchringe, Markierungsmaterialien, evtl. Trillerpfeife für die Lehrkraft zur Verdeutlichung von Spielunterbrechungen.

Eignung dieses Spiels für untenstehende Schülerlernziele	BL	RL
Kraulbeinschlag (nicht mit Flossen!!!)	+	o
Üben verschiedener Armzugmuster mit Pullbuoys	o	o
Verknüpfung des individuellen Armzuges mit Kraulbeinschlag (einschl. Atmung)	+	o
Üben der Beingrätsche	+	o
Verknüpfung der Grätsche mit (PZ/UW) in BL (Brustschwimmen) Verknüpfung der Grätsche mit (PZ/UW u. ÜW) in RL (leises Rückenschwimmen / Rückenrudern)	+	 o
Ausdauererweiterung o Schnelligkeit +		
+ = gut geeignet o = bedingt geeignet - = nicht geeignet		

Offene Spielform 28

Hungrige Fische

Wenn der Sportangler Wolfgang Kuttowsky morgens die Fische in seinem Teich füttert, ist ihm schon oft etwas Seltsames aufgefallen. Die unterschiedlichen Fischarten schießen blitzschnell auf das Futter zu, suchen sich genau das Futter aus, welches gerade für sie bestimmt ist und bringen es zunächst einmal zurück in ihr Familienversteck. Das geht immer so weiter, bis alle Fischarten ihr Futter dorthin gebracht haben. Erst dann scheinen die Familien in ihren Verstecken alles zu verspeisen.

Die Schüler bilden vier Mannschaften (Forellen, Aale, Zander und Karpfen) und starten von den vier Ecken des Beckens, um immer nur einen Kugelbadball mit ihrer Farbe zurück ins Familienversteck zu holen. Welche Fischfamilie hat ihren Mittagstisch zuerst gedeckt?

Material: Kugelbadbälle in vier Farben

Eignung dieses Spiels für untenstehende Schülerlernziele	BL	RL
Kraulbeinschlag (nicht mit Flossen!!!)	+	o
Üben verschiedener Armzugmuster mit Pullbuoys	+	o
Verknüpfung des individuellen Armzuges mit Kraulbeinschlag (einschl. Atmung)	+	o
Üben der Beingrätsche	+	o
Verknüpfung der Grätsche mit (PZ/UW) in BL (Brustschwimmen) Verknüpfung der Grätsche mit (PZ/UW u. ÜW) in RL (leises Rückenschwimmen / Rückenrudern)	+ o	o
Ausdauererweiterung o Schnelligkeit +		
+ = gut geeignet o = bedingt geeignet - = nicht geeignet		

Offene Spielform 29

Oktopussy 1

Im Meer gibt es eine alte Krake, die laufend auf der Suche nach unvorsichtigen Schwimmern ist. Jedes Opfer wird sofort einverleibt, damit die Krake wächst und ihre Arme länger werden.

Das Spiel ist nichts weiter als das bekannte Kettenfangen, jetzt im Nichtschwimmerbecken ausgeführt. Drei Schüler bilden als Krake eine Kette und versuchen zusammen, noch andere Schüler zu berühren. Jeder Berührte wird Teil der Kette und somit selbst Bestandteil der Krake. Wenn es niemanden mehr zu fangen gibt, hat die Krake keine Lust mehr und geht Duschen (Rausschmeißerspiel).

Material: –

Eignung dieses Spiels für untenstehende Schülerlernziele	BL	RL
Kraulbeinschlag (nicht mit Flossen!!!)	+	0
Üben verschiedener Armzugmuster mit Pullbuoys	-	0
Verknüpfung des individuellen Armzuges mit Kraulbeinschlag (einschl. Atmung)	+	0
Üben der Beingrätsche	+	0
Verknüpfung der Grätsche mit (PZ/UW) in BL (Brustschwimmen) Verknüpfung der Grätsche mit (PZ/UW u. ÜW) in RL (leises Rückenschwimmen / Rückenrudern)	+	0
Ausdauererweiterung o Schnelligkeit +		
+ = gut geeignet o = bedingt geeignet - = nicht geeignet		

Offene Spielform 30

Vier Haie und nur eine Mahlzeit

Im Meer gilt, dass nur die Stärksten oder Schnellsten überleben. Das gilt natürlich auch für die Haie, die schon seit geraumer Zeit hinter einem Fischkutter herschwimmen. Immer wenn die Mannschaft des Schiffes Fischabfälle ins Meer wirft, schwimmen die Haie schnell los und versuchen, als jeweils erster die Mahlzeit zu ergattern.

Die Schüler teilen sich in Vierergruppen auf. Jeweils zwei dieser Gruppen begeben sich auf die gegenüberliegende Beckenseite. In die Mitte zwischen ihnen wird ein Tauchring geworfen, den die Haie erobern sollen. Wer den Ring zuerst in der Hand hat, hat gewonnen.

Material: Tauchringe

Eignung dieses Spiels für untenstehende Schülerlernziele	BL	RL
Kraulbeinschlag (nicht mit Flossen!!!)	+	-
Üben verschiedener Armzugmuster mit Pullbuoys	+	-
Verknüpfung des individuellen Armzuges mit Kraulbeinschlag (einschl. Atmung)	+	-
Üben der Beingrätsche	+	-
Verknüpfung der Grätsche mit (PZ/UW) in BL (Brustschwimmen)	+	
Verknüpfung der Grätsche mit (PZ/UW u. ÜW) in RL (leises Rückenschwimmen / Rückenrudern)		-
Ausdauererweiterung - Schnelligkeit +		
+ = gut geeignet o = bedingt geeignet - = nicht geeignet		

Offene Spielform 31

Musketierball

Eine Prinzessin oder ein König schickt ihre/seine besten 4 Musketiere in den Wettstreit gegeneinander. Wem gelingt es, durch den reißenden Fluss zu schwimmen, um dort am gegenüberliegenden Ufer den wertvollsten Edelstein zu nehmen und ihn wieder zurückzuholen.

Es werden Mannschaften à 5 Mitglieder gebildet. Eine/Einer übernimmt die Aufgabe der Prinzessin oder des Königs. Auf sein Startsignal schwimmen die anderen bis zum gegenüberliegenden Beckenrand und nehmen sich einen Kugelbadball, den sie unter ihre Badekleidung klemmen und wieder zurückbringen. Die Farben der Bälle haben unterschiedliche Wertigkeiten: rot = 4 Punkte, blau = 3 Punkte, gelb = 2 Punkte, grün = 1 Punkt. Der Schwimmer mit der niedrigsten Punktzahl wird König bzw. Prinzessin für das nächste Spiel.

Material: Kugelbadbälle in den Farben Rot, Gelb, Grün und Blau

Eignung dieses Spiels für untenstehende Schülerlernziele	BL	RL
Kraulbeinschlag (auch mit Flossen!!!)	+	o
Üben verschiedener Armzugmuster mit Pullbuoys	+	+
Verknüpfung des individuellen Armzuges mit Kraulbeinschlag (einschl. Atmung)	+	+
Üben der Beingrätsche	+	+
Verknüpfung der Grätsche mit (PZ/UW) in BL (Brustschwimmen)	+	
Verknüpfung der Grätsche mit (PZ/UW u. ÜW) in RL (leises Rückenschwimmen / Rückenrudern)		+
Ausdauererweiterung - Schnelligkeit +		
+ = gut geeignet o = bedingt geeignet - = nicht geeignet		

Offene Spielform 32

Fangen und Foppen

Es werden zwei Mannschaften gebildet, die „Fänger“ und die „Fopper“. Sie stehen sich als Reihen gegenüber. Hinter ihnen ist in ca. 1, 50 m Abstand der Beckenrand (damit die Schüler sich nicht abstoßen können). Einige aus der Mannschaft der „Fopper“ ärgern die Mitglieder der „Fängermannschaft“, indem sie so nah an sie herantreten, wie sie sich trauen und sie auffordern, sie sollten sie doch fangen. Irgendwann wird es einigen gefoppten „Fängern“ dann doch zu bunt und sie versuchen, die „Fopper“ zu erwischen, bevor diese ihren Beckenrand berühren können. „Fopper“, die erwischt wurden, werden zu „Fängern“. Die Rollen werden nach dem Spiel getauscht. Die Fortbewegungsart ist freigestellt, wenn Nichtschwimmer und Schwimmer gemeinsam am Spiel im Nichtschwimmerbecken teilnehmen. Das Spiel eignet sich aber auch für Schwimmer im tiefen Wasser.

Material: -

Eignung dieses Spiels für untenstehende Schülerlernziele	BL	RL
Kraulbeinschlag (ohne Flossen)	+	+
Üben verschiedener Armzugmuster mit Pullbuoys	+	+
Verknüpfung des individuellen Armzuges mit Kraulbeinschlag (einschl. Atmung)	+	+
Üben der Beingrätsche	+	+
Verknüpfung der Grätsche mit (PZ/UW) in BL (Brustschwimmen)	+	
Verknüpfung der Grätsche mit (PZ/UW u. ÜW) in RL (leises Rückenschwimmen / Rückenrudern)		+
Ausdauererweiterung - Schnelligkeit +		
+ = gut geeignet o = bedingt geeignet - = nicht geeignet		

Offene Spielform 33

Versteinerungsfangen

Eine gemeine Zaubernixe ärgert alle Nixen im alten und dunklen Waldtümpel. Jede Nixe, die sie mit ihrem Stab (z.B. Verbindungsstück der Schwimmnudeln) berührt, wird versteinert. Die anderen Nixen können ihre versteinerten Freundinnen jedoch befreien, indem sie durch deren gegräschte Beine tauchen.

Variation: Schwimmer können dieses Spiel auch im tiefen Becken schwimmen. Versteinerte Nixen legen sich dann auftreibend auf den Rücken. Wenn jemand unter ihnen hertaucht, sind sie wieder frei.

Material: Verbindungsstück der Schwimmnudel, evtl. Flossen für die Zaubernixe

Eignung dieses Spiels für untenstehende Schülerlernziele	BL	RL
Kraulbeinschlag	+	o
Üben verschiedener Armzugmuster mit Pullbuoys	+	o
Verknüpfung des individuellen Armzuges mit Kraulbeinschlag (einschl. Atmung)	+	o
Üben der Beingrätsche	+	o
Verknüpfung der Grätsche mit (PZ/UW) in BL (Brustschwimmen)	+	
Verknüpfung der Grätsche mit (PZ/UW u. ÜW) in RL (leises Rückenschwimmen / Rückenrudern)		o
Ausdauererweiterung + Schnelligkeit o		
+ = gut geeignet o = bedingt geeignet - = nicht geeignet		

Offene Spielform 34

Reifen-Ball

Zwei Schüler schwimmen mit Flossen durch das Becken. Sie halten dabei einen auftreibenden Reifen waagrecht (auf der Wasseroberfläche) in den Händen. Alle anderen Schwimmer schwimmen hinterher. Sie haben gemeinsam die Aufgabe, den Ball von unten durch den Reifen zu befördern. Den hohen Geschwindigkeitsvorteil der Flossen können die anderen Schwimmer durch erlaubtes Zuwerfen des Balles (Pass) und taktisches Mannschaftsverhalten leicht ausgleichen. Lässt einer der beiden Reifenhalter den Reifen los, gibt es einen Freiwurf. Ein Mannschaftsmitglied der anderen Mannschaft wirft vom Beckenrand, welcher sich am nächsten zu der Stelle befindet, wo die Regelwidrigkeit geschah und versucht nun, von oben in den Reifen zu werfen. Die Mitglieder der Verfolgermannschaft dürfen weder den Reifen noch die Reifenträger aktiv berühren. Bei richtiger Ausführung sind die Reifenhalter bald erschöpft und möchten ausgewechselt werden.

Variation: Das Spiel kann auch mit zwei Mannschaften gespielt werden. Jede Mannschaft stellt dann zwei Schwimmer, die das mannschaftseigene Tor schwimmend vor den Feinden davon bewegen. Die Regeln bleiben erhalten.

Material: 2 Paar Flossen, 1 Reifen, 1 Ball mit relativ geringem Auftrieb

Eignung dieses Spiels für untenstehende Schülerlernziele	BL	RL
Kraulbeinschlag (mit Flossen) - Reifenhalter	+	+
Üben verschiedener Armzugmuster mit Pullbuoys	+	o
Verknüpfung des individuellen Armzuges mit Kraulbeinschlag (einschl. Atmung)	+	o
Üben der Beingrätsche	+	o
Verknüpfung der Grätsche mit (PZ/UW) in BL (Brustschwimmen) Verknüpfung der Grätsche mit (PZ/UW u. ÜW) in RL (leises Rückenschwimmen / Rückenrudern)	+	o
Ausdauererweiterung + Schnelligkeit Reifenhalter + Verfolger o		
+ = gut geeignet o = bedingt geeignet - = nicht geeignet		

Offene Spielform 35

Ringender Kreis

Alle Schüler bilden im sitztiefen Wasser einen Sitzkreis und halten sich an den Händen. Auf ein Signal hin legen sie sich auf den Rücken und versuchen, mit Hilfe des Kraulbeinschlages soweit wie möglich nach hinten zu schwimmen.

Material: –

Eignung dieses Spiels für untenstehende Schülerlernziele	BL	RL
Kraulbeinschlag (nicht mit Flossen!!!)	-	+
Üben verschiedener Armzugmuster mit Pullbuoys	-	-
Verknüpfung des individuellen Armzuges mit Kraulbeinschlag (einschl. Atmung)	-	-
Üben der Beingrätsche	-	-
Verknüpfung der Grätsche mit (PZ/UW) in BL (Brustschwimmen)	-	
Verknüpfung der Grätsche mit (PZ/UW u. ÜW) in RL (leises Rückenschwimmen / Rückenrudern)		-
Ausdauererweiterung - Schnelligkeit -		
+ = gut geeignet o = bedingt geeignet - = nicht geeignet		

Offene Spielform 36

Feuer - Wasser - Sturmgefahr

Das altbekannte Spiel funktioniert natürlich auch im Schwimmbad. Im Nichtschwimmerbecken wird z.B. das Berühren der Beckenwand gegenüber der Trennleine (aus Sicherheitsgründen!) als Freimal für Feuergefahr, das Berühren einer Einstiegsleiter als Freimal für Wassergefahr und das Hochheben einer Schwimmmatratze (oder eines LKW-Schlauches) als Freimal für Sturmgefahr.

Schwimmer spielen dieses Spiel natürlich auch gerne im tiefen Wasser. Vorstellbare Freimale können sein: Das Heraufttauchen eines Ringes, das Hochheben von Schwimmbrettern, die in der Beckenmitte deponiert sind, das Hineintauchen in ein Schwimmnudelquadrat, ...

Material: Schwimmmatratze, Tauchringe, Schwimmbretter, Schwimmnudeln und Verbindungsstücke, ...

Eignung dieses Spiels für untenstehende Schülerlernziele	BL	RL
Kraulbeinschlag (nicht mit Flossen!!!)	+	o
Üben verschiedener Armzugmuster mit Pullbuoys	+	o
Verknüpfung des individuellen Armzuges mit Kraulbeinschlag (einschl. Atmung)	+	o
Üben der Beingrätsche	+	o
Verknüpfung der Grätsche mit (PZ/UW) in BL (Brustschwimmen)	+	
Verknüpfung der Grätsche mit (PZ/UW u. ÜW) in RL (leises Rückenschwimmen / Rückenrudern)		o
Ausdauererweiterung + Schnelligkeit +		
+ = gut geeignet o = bedingt geeignet - = nicht geeignet		

Offene Spielform 37

Tigerhai - Ball

Zu Beginn werden 3-er-Gruppen gebildet. Alle Mitglieder nehmen sich passende Flossen und legen sie sich schon am Beckenrand bereit. Ein Spieler wird als Tiger bestimmt, der versuchen soll, einen Ball zu berühren, den die beiden anderen Schwimmer sich zuwerfen. Gelingt ihm dies fünf Mal, wird einer der beiden anderen Schwimmer zum Tigerhai. Nur der Tigerhai erhält je nach Schwimmleistungsstand eine, zwei oder gar keine Flossen zur Unterstützung.

Aus Sicherheitsgründen wird dieses Spiel besser nur für Schwimmer im Schwimmerbecken angeboten. Im Nichtschwimmerbecken könnte es sonst eventuell zu Verletzungen durch Kollisionen bei Torwartparaden kommen.

Material: Bälle, Flossen

Eignung dieses Spiels für untenstehende Schülerlernziele	BL	RL
Kraulbeinschlag (nicht mit Flossen!!!)	+	0
Üben verschiedener Armzugmuster mit Pullbuoys	-	-
Verknüpfung des individuellen Armzuges mit Kraulbeinschlag (einschl. Atmung)	+	0
Üben der Beingrätsche	+	0
Verknüpfung der Grätsche mit (PZ/UW) in BL (Brustschwimmen)	+	
Verknüpfung der Grätsche mit (PZ/UW u. ÜW) in RL (leises Rückenschwimmen / Rückenrudern)		0
Ausdauererweiterung o	Schnelligkeit +	
+ = gut geeignet o = bedingt geeignet - = nicht geeignet		

Offene Spielform 38

Deutschlandreise

Reisebusfahrer haben es heutzutage wirklich nicht leicht. Kaum kommt man mal „etwas“ zu spät zum verabredeten Treffpunkt, sind alle Reisewilligen schon nicht mehr dort. Stattdessen laufen sie laut schimpfend über den Platz. Jetzt aber schnell die Fahrgäste einsammeln und dann nichts wie los. Leider suchen 4 Busfahrer die Mitglieder von 4 verschiedenen Reisegruppen.

Die 4 Schüler, die die Busfahrer spielen sollen, werden zunächst hinausgeschickt. Allen anderen Schülern wird jeweils einer der Städtenamen „Berlin“, „Hamburg“, „München“ und „Köln“ zugewiesen. Wenn die Busfahrer wieder hereinkommen, wird ihnen eine Tour in eine dieser Städte zugewiesen. Schnell steigen sie ins Wasser und suchen sich ihre schwimmenden Fahrgäste, die fortwährend den Namen ihres Reiseziels rufen. Gefundene Fahrgäste steigen in den Bus ein (und schwimmen hinter dem Fahrer her). Hat er alle Fahrgäste eingesammelt, schwimmt der Bus so schnell wie möglich zum Reiseziel (= zuvor markierte Schwimmbadecke). Welcher Bus ist vollständig zuerst am Ziel?

Material: eventuell 4 Zettel zur Markierung der Ecken

Eignung dieses Spiels für untenstehende Schülerlernziele	BL	RL
Kraulbeinschlag (auch mit Flossen, aber langsam schwimmen!)	+	+
Üben verschiedener Armzugmuster mit Pullbuoys	+	+
Verknüpfung des individuellen Armzuges mit Kraulbeinschlag (einschl. Atmung)	+	+
Üben der Beingrätsche	+	+
Verknüpfung der Grätsche mit (PZ/UW) in BL (Brustschwimmen)	+	
Verknüpfung der Grätsche mit (PZ/UW u. ÜW) in RL (leises Rückenschwimmen / Rückenrudern)		+
Ausdauererweiterung + Schnelligkeit -		
+ = gut geeignet o = bedingt geeignet - = nicht geeignet		

Offene Spielform 39

Bau den Weg für die Prinzessin

Die Reisegruppe der Prinzessin ist an einem Fluss angekommen. Um sicher hinüberzugelangen, müssen die königlichen Reiter erst eine Reihe von Trittsteinen auf dem Boden des Flusses verankern. Diese Steine sollen so gelegt werden, dass die Prinzessin sicher bis zur anderen Seite gelangen kann.

Die Schüler erhalten eine Reihe von Tauchmaterialien, die sie in Schrittabstand im Nichtschwimmerbecken zu einem Weg legen sollen. Sie schwimmen oder tauchen oder gehen dazu über bereits gelegte Steine bis zu ihrem Arbeitsort und kehren dann zurück. Damit die Schüler nicht auskühlen, sollten höchstens 4 Schüler in einer Gruppe sein. Dieses Spiel lässt sich leider oft nur als Spiel für eine Teil- bzw. Differenzierungsgruppe anbieten, da nicht alle Bäder über so viele Tauchmaterialien verfügen.

Material: jede Menge Tauchmaterial

Eignung dieses Spiels für untenstehende Schülerlernziele	BL	RL
Kraulbeinschlag (einschl. Flossen)	+	+
Üben verschiedener Armzugmuster mit Pullbuoys	-	-
Verknüpfung des individuellen Armzuges mit Kraulbeinschlag (einschl. Atmung)	-	-
Üben der Beingrätsche	+	+
Verknüpfung der Grätsche mit (PZ/UW) in BL (Brustschwimmen)	-	
Verknüpfung der Grätsche mit (PZ/UW u. ÜW) in RL (leises Rückenschwimmen / Rückenrudern)		-
Ausdauererweiterung - Schnelligkeit -		
+ = gut geeignet o = bedingt geeignet - = nicht geeignet		

Offene Spielform 40

Basketballschwimmen (vgl. Ball-vor-Schwimmen)

Die Grundidee des Basketballspiels bleibt beibehalten: Die Mannschaften zielen entweder auf spezielle Wasserbasketballkörbe oder auf Wäschekörbe, die am Beckenrand stehen. Der Ball muss nach 3 Sekunden abgespielt werden. Die Spieler dürfen nur den Ball, nicht aber den Gegenspieler berühren (Foul). Zur besseren Markierung der Mannschaften sind Badekappen sinnvoll. Soll das Spiel im tiefen Wasser gespielt werden, müssen alle Schüler sichere Schwimmer sein, da es erfahrungsgemäß nicht immer ohne Rangeleien abgeht.

Variation: Sollte in Ihrem Bad kein Korb zu finden sein, eignen sich auch zwei aneinandergelehnte Schwimmbretter als ein Ziel.

Material: 2 Wasserbasketballkörbe oder 2 Wäschekörbe oder 4 Schwimmbretter, 1 Ball, Badekappen

Eignung dieses Spiels für untenstehende Schülerlernziele	BL	RL
Kraulbeinschlag (nicht mit Flossen!!!)	0	-
Üben verschiedener Armzugmuster mit Pullbuoys	-	-
Verknüpfung des individuellen Armzuges mit Kraulbeinschlag (einschl. Atmung)	0	0
Üben der Beingrätsche	0	0
Verknüpfung der Grätsche mit (PZ/UW) in BL (Brustschwimmen)	0	
Verknüpfung der Grätsche mit (PZ/UW u. ÜW) in RL (leises Rückenschwimmen / Rückenrudern)		0
Ausdauererweiterung o Schnelligkeit o		
+ = gut geeignet o = bedingt geeignet - = nicht geeignet		

Offene Spielform 41

Agenten im Auftrag Ihrer Majestät (Brückenwächter) - Variation Oktopussy 2

Der britische Geheimdienst beauftragt seine fähigsten Agenten, aus dem Schloss des verrückten Dr. Möbius seine neuesten Forschungsergebnisse zu stehlen, die er auf Microfilmen gespeichert hat. Er experimentiert nämlich mit einer gefährlichen Droge, die durch nur einmalige Berührung eines Menschen mit einem seiner Untertanen einen neuen Untertan für ihn schafft (Vampireffekt). Natürlich hat Dr. Möbius sein Schloss gesichert. Eine Reihe seiner besten geimpften Untertanen bewacht bereits sein Schloss.

Die Agenten versuchen zur anderen Beckenseite zu gelangen, um dort kleine Filmdosen an sich zu nehmen (immer nur eine Filmdose), die sie – unter die Badebekleidung geklemmt – sicher wieder zurück zum Ausgangsbeckenrand bringen sollen. Sie müssen allerdings auf dem Hin- und auf dem Rückweg eine zuvor markierte Zone passieren, die von den Untertanen des Dr. Möbius bewacht wird. Werden sie dabei von ihnen berührt, werden sie selbst zu Untertanen. Ab 8 Untertanen müssen sich diese an den Händen fassen und mindestens 4-er-Ketten bilden.

Material: Filmdosen, Markierungshilfen

Eignung dieses Spiels für untenstehende Schülerlernziele (Agenten)	BL	RL
Kraulbeinschlag (auch mit Flossen, wenn die Untertanen im flachen Wasser stehen)	+	o
Üben verschiedener Armzugmuster mit Pullbuoys	-	-
Verknüpfung des individuellen Armzuges mit Kraulbeinschlag (einschl. Atmung)	+	+
Üben der Beingrätsche	-	-
Verknüpfung der Grätsche mit (PZ/UW) in BL (Brustschwimmen)	+	
Verknüpfung der Grätsche mit (PZ/UW u. ÜW) in RL (leises Rückenschwimmen / Rückenrudern)		+
Ausdauererweiterung - Schnelligkeit +		
+ = gut geeignet o = bedingt geeignet - = nicht geeignet		

Offene Spielform 42

Wer hat keine Schwimmhilfe?

Dieses Spiel funktioniert nach dem Prinzip „Reise nach Jerusalem“. Alle Schüler bewegen sich im Wasser umher, bis ein Signal ertönt (oder eine Musik aufhört). Dann versuchen sie schnell, eine der auf dem Wasser liegenden Schwimmhilfen zu ergattern. Diese Schwimmhilfen sind natürlich immer in Unterzahl vorhanden. Deshalb eignet sich das Spiel auch gut als Abschlussspiel, bei dem ausscheidende Spieler schon mal Duschen gehen dürfen. Das geht noch schneller, wenn immer ganze Gruppen von Schülern gemeinsam eine Schwimmhilfe erreichen sollen. Beispiel: Eine Vierer-Gruppe hält sich an den Händen. Eine Schwimmhilfe gilt als erobert, wenn ein Mitglied der Gruppe die Schwimmhilfe berührt hat.

Material: Auftriebsmaterialien

Eignung dieses Spiels für untenstehende Schülerlernziele (beim Einzelschwimmen)	BL	RL
Kraulbeinschlag (auch mit Flossen)	+	-
Üben verschiedener Armzugmuster mit Pullbuoys	+	o
Verknüpfung des individuellen Armzuges mit Kraulbeinschlag (einschl. Atmung)	+	o
Üben der Beingrätsche	+	o
Verknüpfung der Grätsche mit (PZ/UW) in BL (Brustschwimmen)	+	
Verknüpfung der Grätsche mit (PZ/UW u. ÜW) in RL (leises Rückenschwimmen / Rückenrudern)		o
Ausdauererweiterung + Schnelligkeit o		
+ = gut geeignet o = bedingt geeignet - = nicht geeignet		

Offene Spielform 43

Romeo und Julia - Das geteilte Paar

Zwei Schüler werden ausgewählt, um Romeo und Julia zu spielen. Die anderen Schüler bewegen sich im Wasser hin und her. Sie stellen die geschäftige Betriebsamkeit eines Wochenmarktes dar. Romeo steht auf der einen Seite des Marktplatzes und entdeckt Julia auf der anderen Seite. Er winkt ihr zu und beide wollen sich treffen. Das ist bei der Menschenfülle gar nicht so einfach. Alle Schwimmer dürfen einander nicht berühren. Tauchen ist nicht gestattet. Die Begegnung von Romeo und Julia darf von den anderen zwar erschwert, jedoch nicht grundsätzlich verhindert werden. Da das Spiel davon lebt, dass die Schüler sich gegenseitig beobachten müssen, eignet es sich auch für das Schwimmen in der Rückenlage.

Material: –

Eignung dieses Spiels für untenstehende Schülerlernziele	BL	RL
Kraulbeinschlag (nicht mit Flossen!!!)	+	+
Üben verschiedener Armzugmuster mit Pullbuoys	-	-
Verknüpfung des individuellen Armzuges mit Kraulbeinschlag (einschl. Atmung)	+	+
Üben der Beingrätsche	+	+
Verknüpfung der Grätsche mit (PZ/UW) in BL (Brustschwimmen) Verknüpfung der Grätsche mit (PZ/UW u. ÜW) in RL (leises Rückenschwimmen / Rückenrudern)	+	 +
Ausdauererweiterung + Schnelligkeit o		
+ = gut geeignet o = bedingt geeignet - = nicht geeignet		

Offene Spielform 44

Zitteraal – Fangen mit Freimal (max. 3 Personen am Mal)

Ein elektrischer Zitteraal macht den anderen Fischen das Leben schwer. Sie können sich vor seinen elektrischen Schlägen nur dann in Sicherheit begeben, wenn sie einen der zwei blauen Felsen berühren (Schwimmmatratzen, ...). Allerdings dürfen immer nur drei Fische gleichzeitig die Felsen berühren und jeder Fisch muss nach 10 Sekunden den Felsen wieder loslassen, um auch den anderen Fischen eine Schutzmöglichkeit zu bieten.

Material: 2 Schwimmmatratzen, o.ä.

Eignung dieses Spiels für untenstehende Schülerlernziele	BL	RL
Kraulbeinschlag (nicht mit Flossen!!!)	+	o
Üben verschiedener Armzugmuster mit Pullbuoys	-	-
Verknüpfung des individuellen Armzuges mit Kraulbeinschlag (einschl. Atmung)	+	o
Üben der Beingrätsche	+	o
Verknüpfung der Grätsche mit (PZ/UW) in BL (Brustschwimmen)	+	
Verknüpfung der Grätsche mit (PZ/UW u. ÜW) in RL (leises Rückenschwimmen / Rückenrudern)		o
Ausdauererweiterung + Schnelligkeit o		
+ = gut geeignet o = bedingt geeignet - = nicht geeignet		

Offene Spielform 45

Familie Meier, Müller, Schulze, Schmidt

Schon vor Betreten des Schwimmbades erhält jeder Schüler einen kleinen Zettel, auf dem ein Mitglied (Oma, Opa, Mama, Papa, Tochter, Bruder, Hund, Katze) einer Familie (Meier, Müller, Schulze, Schmidt) steht. Beispiel: Hund Schulze, Opa Schmidt, ... Die Schüler sollen sich ihren Namen merken. Die Menge der Familien bzw. der Familienmitglieder hängt natürlich von der Größe Ihrer Schwimmgruppe ab.

Im Schwimmbecken werden verschiedene Punkte (Beckenränder, Treppen, Schwimmmatratzen, Autoschläuche) als Tagesurlaubsziele (Kino, Zoo, Zirkus, Spielplatz, Wald, ...) vorgestellt. Alle Schüler begeben sich nun auf die Reise und schwimmen im Becken umher. Die Lehrkraft erzählt nun eine Geschichte, in der die Familien die verschiedenen Ausflugsziele ansteuern sollen. Zum Beispiel die Familien Meier, Müller und Schulze besuchen den Zoo, während Familie Schmidt es vorzieht, lieber ins Kino zu gehen. Alle Schüler haben nun die Aufgabe, die anderen Familienmitglieder zu suchen und sich am vorgegebenen Ort zu versammeln. Sie müssen dabei allerdings immer die folgende Reihe bilden: Oma, Opa, Mama, Papa, Tochter, Bruder, Hund, Katze. Zwischendurch kann die Lehrkraft natürlich die Geschichte verändern und zum Beispiel alle Hunde alle Katzen jagen lassen oder alle Großeltern auf einen Seniorenausflug schicken oder alle Kinder Ball spielen lassen, usw.

<u>Anmerkung</u>: Das Spiel eignet sich im tiefen Becken hervorragend zur Ausdauerschulung.

Material: vorbereitete Zettel mit den Namen der Familienmitglieder

Eignung dieses Spiels für untenstehende Schülerlernziele	BL	RL
Kraulbeinschlag (auch mit Flossen)	+	o
Üben verschiedener Armzugmuster mit Pullbuoys	-	-
Verknüpfung des individuellen Armzuges mit Kraulbeinschlag (einschl. Atmung)	+	+
Üben der Beingrätsche	+	+
Verknüpfung der Grätsche mit (PZ/UW) in BL (Brustschwimmen)	+	
Verknüpfung der Grätsche mit (PZ/UW u. ÜW) in RL (leises Rückenschwimmen / Rückenrudern)		+
Ausdauererweiterung + Schnelligkeit - (!)		
+ = gut geeignet o = bedingt geeignet - = nicht geeignet		

Offene Spielform 46

Postboten-Schwimmen

Wenn man als Ferienjob die Arbeit eines Postboten übernimmt, kann man ganz schön was erleben. Vor allem, wenn man den Postzustellungsbezirk nicht kennt.

Vier zuvor ausgewählte Postboten stellen jeweils einer Familie die Post (Kugelbadbälle in einer Farbe, die in einer Plastiktüte transportiert werden) zu. Allerdings schwimmen die Empfänger im Becken hin und her und ihr Name muss erst erfragt werden. Dummerweise heißen die 4 Familien auch noch recht ähnlich: Meierhofen, Neierkofen, Heiermofen und Keiernofen. Jeder, dem die Post richtig zugestellt wurde, darf sich auf den Beckenrand setzen. Welcher Postbote arbeitet am schnellsten?

Material: 4 Plastiktüten und Bälle in vier Farben

Eignung dieses Spiels für untenstehende Schülerlernziele (Postempfänger)	BL	RL
Kraulbeinschlag (nicht mit Flossen!!!)	o	o
Üben verschiedener Armzugmuster mit Pullbuoys	-	-
Verknüpfung des individuellen Armzuges mit Kraulbeinschlag (einschl. Atmung)	+	+
Üben der Beingrätsche	o	o
Verknüpfung der Grätsche mit (PZ/UW) in BL (Brustschwimmen)	+	
Verknüpfung der Grätsche mit (PZ/UW u. ÜW) in RL (leises Rückenschwimmen / Rückenrudern)		+
Ausdauererweiterung + Schnelligkeit -		
+ = gut geeignet o = bedingt geeignet - = nicht geeignet		

Offene Spielform 47

Atom-Spiel

Alle Schüler schwimmen im Becken umher, bis die Lehrkraft eine Zahl ruft. Ruft sie beispielsweise „4“, sollen sich 4 Schüler als Gruppe zusammentun (= ein 4-er Atom) und händehaltend im Kreis schwimmen. Bleiben ein paar Schüler übrig, macht das auch nichts. Das sind „freie Radikale“. Danach lösen sich die Atome wieder auf und warten eine neue Zahl ab.

Variation:

„Geteilt-durch-Schwimmen“

Die Lehrkraft ruft wieder eine (teilbare) Zahl und die Schüler bilden Gruppen in Form der möglichen Teiler.

Material: –

Eignung dieses Spiels für untenstehende Schülerlernziele	BL	RL
Kraulbeinschlag (nicht mit Flossen!!!)	o	o
Üben verschiedener Armzugmuster mit Pullbuoys	+	+
Verknüpfung des individuellen Armzuges mit Kraulbeinschlag (einschl. Atmung)	+	+
Üben der Beingrätsche	+	+
Verknüpfung der Grätsche mit (PZ/UW) in BL (Brustschwimmen)	+	
Verknüpfung der Grätsche mit (PZ/UW u. ÜW) in RL (leises Rückenschwimmen / Rückenrudern)		+
Ausdauererweiterung + Schnelligkeit o		
+ = gut geeignet o = bedingt geeignet - = nicht geeignet		

Offene Spielform 48

Im Hamburger Hafen

Die Schüler bauen einen Parcours für mehrere Schiffe, den diese passieren sollen. Auf jedem Schiff (Schwimmmatratze) sitzt ein Kapitän und einige Schüler spielen den Bootsantrieb. Da gilt es eventuell, Boote durch Gassen zu rangieren, zugeworfene Ladung an Bord zu nehmen, etwas heraufzutauchen, das Schiff um die eigene Achse zu drehen, den Kapitän ein kleines Stück des Weges stehend zu transportieren, Ladung auf bestimmte Ziele zu werfen, usw.

Material: Schwimmmatratzen, Autoschläuche, Baumaterial, Leinen, Schwimmbretter, ...

Eignung dieses Spiels für untenstehende Schülerlernziele (hier Bootsantrieb)	BL	RL
Kraulbeinschlag	+	+
Üben verschiedener Armzugmuster mit Pullbuoys	-	-
Verknüpfung des individuellen Armzuges mit Kraulbeinschlag (einschl. Atmung)	-	-
Üben der Beingrätsche (ohne Flossen)	+	+
Verknüpfung der Grätsche mit (PZ/UW) in BL (Brustschwimmen) Verknüpfung der Grätsche mit (PZ/UW u. ÜW) in RL (leises Rückenschwimmen / Rückenrudern)	-	- -
Ausdauererweiterung o Schnelligkeit -		
+ = gut geeignet o = bedingt geeignet - = nicht geeignet		

Offene Spielform 49

Wasserski

Für dieses Spiel benötigen sie mehrere Seile, an denen sie Pullbuoys oder andere Auftriebskörper befestigen. Den Rest erledigen die Schüler schon von alleine: Immer ein Schüler lässt sich von anderen Schülern, die am Beckenrand stehen und das Seil einholen, durch das Wasser ziehen. Er hält sich dabei an den Pullbuoys fest.

Material: Seile (am besten Nylon-Schnüre mit Karabinerhaken, damit nicht geknotet werden muss), Pullbuoys oder andere Auftriebskörper

Eignung dieses Spiels für untenstehende Schülerlernziele	BL	RL
Kraulbeinschlag (nicht mit Flossen!!!)	-	-
Üben verschiedener Armzugmuster mit Pullbuoys	-	-
Verknüpfung des individuellen Armzuges mit Kraulbeinschlag (einschl. Atmung)	-	-
Üben der Beingrätsche	-	-
Verknüpfung der Grätsche mit (PZ/UW) in BL (Brustschwimmen)	-	
Verknüpfung der Grätsche mit (PZ/UW u. ÜW) in RL (leises Rückenschwimmen / Rückenrudern)		-
Ausdauererweiterung - Schnelligkeit -		
+ = gut geeignet o = bedingt geeignet - = nicht geeignet		

Offene Spielform 50

Tauchgarten mit Seilen

Bei diesem Spiel erhalten die Schüler eine größere Anzahl von Seilen (Nylon-Schnüre mit Karabiner-Haken), die sie unter Wasser befestigen (an Leitern, an den Randspalten des Hubbodens, Seil an Seil). Sie können so (unter günstigen Befestigungsumständen) ein riesiges Spinnennetz unter Wasser bauen und den Raum auch dreidimensional ausnutzen. Es macht Spaß, sich an den Seilen unter Wasser entlangzuhangeln und womöglich dabei noch durch zuvor miteingebaute Reifen zu tauchen. Es lassen sich aber auch mit wenigen gespannten Seilen Spiele durchführen. Wer kann sich am weitesten unter Wasser entlanghangeln, ohne Luft zu holen? Was passiert, wenn sich 2 Tauchteams unter Wasser begegnen? Wer hangelt sich in Rückenlage? Wer hangelt sich so, dass die Füße voran zeigen? ...

Anmerkung: Dieses Spiel eignet sich aus ökonomischen Gründen nur in eigenen Bädern oder dann, wenn nachfolgende Klassen ebenfalls Interesse an dem Tauchgarten haben. Dann sind noch weitere Spiele durchführbar, wie zum Beispiel das Anknoten oder Anklammern von Tauchgegenständen an die Seile (während des Tauchens!), um den Tauchgarten auch zu beflanzen.

Sicherheit: Suchen Sie sich einen guten Platz zur Aufsichtsausübung, der Ihnen einen Überblick über alle Bereiche des Beckenbodens ermöglicht!

Material: Nylon-Seile mit Karabinerhaken, kurze Wollfäden, Tauchgegenstände, Tauchermasken (keine Chlorbrillen!)

Eignung dieses Spiels für untenstehende Schülerlernziele	BL	RL
Kraulbeinschlag (mit Flossen)	+	+
Üben verschiedener Armzugmuster mit Pullbuoys	-	-
Verknüpfung des individuellen Armzuges mit Kraulbeinschlag (einschl. Atmung)	-	-
Üben der Beingrätsche	-	-
Verknüpfung der Grätsche mit (PZ/UW) in BL (Brustschwimmen) - als Tauchzüge	+	
Verknüpfung der Grätsche mit (PZ/UW u. ÜW) in RL (leises Rückenschwimmen / Rückenrudern)		-
Ausdauererweiterung - Schnelligkeit -		
+ = gut geeignet o = bedingt geeignet - = nicht geeignet		

Offene Spielform 51

Surfen (mit Reifen und Matten)

Dieses Spiel funktioniert analog zu dem Spiel „Wasser-Ski“ in Eigenregie der Schüler. Mit Hilfe der Karabiner-Haken werden die Nylonschnüre an Schwimmmatratzen und/oder Autoschläuchen befestigt. Die Schüler hängen sich daran, setzen sich darauf oder stellen sich darauf (Achtung! Niemals in der Nähe vom Beckenrand oder im niedrigen Wasser!!!) und lassen sich von anderen Schülern über das Wasser ziehen.

Material: Schwimmmatratzen, Schwimmreifen, Nylon-Schnüre mit Karabinerhaken

Eignung dieses Spiels für untenstehende Schülerlernziele	BL	RL
Kraulbeinschlag (nicht mit Flossen!!!)	-	-
Üben verschiedener Armzugmuster mit Pullbuoys	-	-
Verknüpfung des individuellen Armzuges mit Kraulbeinschlag (einschl. Atmung)	-	-
Üben der Beingrätsche	-	-
Verknüpfung der Grätsche mit (PZ/UW) in BL (Brustschwimmen) Verknüpfung der Grätsche mit (PZ/UW u. ÜW) in RL (leises Rückenschwimmen / Rückenrudern)	-	- -
Ausdauererweiterung - Schnelligkeit -		
+ = gut geeignet o = bedingt geeignet - = nicht geeignet		

Abb. 30: Surfen in sicherer Bauchlage.

Offene Spielform 52

Inselhüpfen

Wenn Ihr Schwimmbad gut ausgestattet ist, verfügen Sie über mehrere Schwimmmatratzen und/oder Autoschläuche. Diese sollen die Schüler so zu einem Weg hintereinanderlegen, dass sie möglichst ohne hineinzufallen von einem Ufer zum anderen gelangen können.

Anmerkung: Vorsicht in der Nähe der Beckenränder! Bei unsicheren Schwimmern: Nur im mindestens halstiefen Wasser!

Material: mehrere Schwimmmatratzen und/oder Autoschläuche

Eignung dieses Spiels für untenstehende Schülerlernziele	BL	RL
Kraulbeinschlag	-	-
Üben verschiedener Armzugmuster mit Pullbuoys	-	-
Verknüpfung des individuellen Armzuges mit Kraulbeinschlag (einschl. Atmung)	-	-
Üben der Beingrätsche	-	-
Verknüpfung der Grätsche mit (PZ/UW) in BL (Brustschwimmen) Verknüpfung der Grätsche mit (PZ/UW u. ÜW) in RL (leises Rückenschwimmen / Rückenrudern)	-	- -
Ausdauererweiterung - Schnelligkeit -		
+ = gut geeignet o = bedingt geeignet - = nicht geeignet		

Offene Spielform 53

Wackelsteg

Das Spiel gleicht dem Spiel Inselhüpfen. Allerdings sollen die Schüler die Schwimmmatratzen und Autoschläuche zuvor so mit Seilen verschnüren, dass ein Wackelsteg entsteht.

Anmerkung: Vorsicht in der Nähe der Beckenränder! Nur im mindestens halstiefen Wasser!

Material: mehrere Schwimmmatratzen und/oder Autoschläuche, Seile – (leider haben nicht alle Schwimmmatratzen Ösen, die ein Verknoten ermöglichen)

Eignung dieses Spiels für untenstehende Schülerlernziele	BL	RL
Kraulbeinschlag	-	-
Üben verschiedener Armzugmuster mit Pullbuoys	-	-
Verknüpfung des individuellen Armzuges mit Kraulbeinschlag (einschl. Atmung)	-	-
Üben der Beingrätsche	-	-
Verknüpfung der Grätsche mit (PZ/UW) in BL (Brustschwimmen)	-	
Verknüpfung der Grätsche mit (PZ/UW u. ÜW) in RL (leises Rückenschwimmen / Rückenrudern)		-
Ausdauererweiterung - Schnelligkeit -		
+ = gut geeignet o = bedingt geeignet - = nicht geeignet		

Offene Spielform 54

Die Schwammtaucher von Kalymnos

Früher forderte das Schwammtauchen in Griechenland noch den ganzen Menschen. Völlig ohne Sauerstoffgeräte sprangen die Taucher von ihren Booten in die See und tauchten jeder nach seinen Fähigkeiten hinab bis zum Meeresboden, um dort die gesuchten Schwämme abzuschneiden.

Je nach Leistungsfähigkeit werden Viererteams gebildet, die in unterschiedlich tiefem Wasser nach Tauchgegenständen tauchen sollen. Sie schwimmen aneinandergefasst zu viert (als Boot) bis zu einer Tauchstelle. Dort taucht einer von ihnen hinab und holt einen Gegenstand herauf. Danach Taucherwechsel.

Material: Tauchgegenstände

Eignung dieses Spiels für untenstehende Schülerlernziele	BL	RL
Kraulbeinschlag (mit Flossen)	+	+
Üben verschiedener Armzugmuster mit Pullbuoys	-	-
Verknüpfung des individuellen Armzuges mit Kraulbeinschlag (einschl. Atmung)	-	-
Üben der Beingrätsche	-	-
Verknüpfung der Grätsche mit (PZ/UW) in BL (Brustschwimmen) - als Tauchzug	+	
Verknüpfung der Grätsche mit (PZ/UW u. ÜW) in RL (leises Rückenschwimmen / Rückenrudern)		-
Ausdauererweiterung - Schnelligkeit -		
+ = gut geeignet o = bedingt geeignet - = nicht geeignet		

Abb. 31: Auch ein Schwammtaucher braucht mal eine Pause!

Offene Spielform 55

Boote

Schwimmmatratze und Autoschläuche eignen sich hervorragend für Zieh- oder Schiebewettkämpfe, in denen zwei Mannschaften gegeneinander versuchen, die Schwimmmatratze oder die Autoschläuche schwimmend über ihre jeweilige Ziellinie zu ziehen.

Material: Schwimmmatratzen, Autoschläuche, evtl. Markierungsmaterial für die Ziellinien

Eignung dieses Spiels für untenstehende Schülerlernziele	BL	RL
Kraulbeinschlag (auch mit Flossen!!!)	+	+
Üben verschiedener Armzugmuster mit Pullbuoys	-	-
Verknüpfung des individuellen Armzuges mit Kraulbeinschlag (einschl. Atmung)	-	-
Üben der Beingrätsche	+	+
Verknüpfung der Grätsche mit (PZ/UW) in BL (Brustschwimmen)	-	
Verknüpfung der Grätsche mit (PZ/UW u. ÜW) in RL (leises Rückenschwimmen / Rückenrudern)		-
Ausdauererweiterung - Schnelligkeit -		
+ = gut geeignet o = bedingt geeignet - = nicht geeignet		

Offene Spielform 56

Tarzan

In einigen Bädern sind Haken unter dem Sprungturm oder unter der Decke angebracht. Wenn diese stark genug sind, eignen sie sich auch hervorragend für Tarzanschwünge in Form von Zielschwingen (in einem durch Schwimmnudeln markierten Zielgebiet landen, zugeworfene Bälle während des Schwingens wegtreten, über gehaltene Schwimmnudeln schwingen, Quatschsprünge, Kunstsprünge, usw.

Aus Sicherheitsgründen müssen Sie den Kindern das Zurückschwingen verbieten! Das Beachten der notwendigen Wassertiefe versteht sich von selbst.

Material: Tau und sichere Befestigungsmöglichkeit

Eignung dieses Spiels für untenstehende Schülerlernziele	BL	RL
Kraulbeinschlag (nicht mit Flossen!!!)	-	-
Üben verschiedener Armzugmuster mit Pullbuoys	-	-
Verknüpfung des individuellen Armzuges mit Kraulbeinschlag (einschl. Atmung)	-	-
Üben der Beingrätsche	-	-
Verknüpfung der Grätsche mit (PZ/UW) in BL (Brustschwimmen)	-	
Verknüpfung der Grätsche mit (PZ/UW u. ÜW) in RL (leises Rückenschwimmen / Rückenrudern)		-
Ausdauererweiterung - Schnelligkeit -		
+ = gut geeignet o = bedingt geeignet - = nicht geeignet		

Offene Spielform 57

Formationsschwimmen: Heringsschwarm (für Schwimmer)

Haben Sie schon einmal im Fernsehen oder besser noch in der Natur die Eleganz eines Fischschwarmes gesehen, wenn er plötzlich mit all seinen Mitgliedern die Richtung wechselt? So etwas können auch die Schüler darstellen. Diese Formation ist einfach zu schwimmen. Alle beteiligten Schüler bekommen Flossen. Sie folgen im spindelförmigen Schwarm dem Leithering, der die zuvor gemeinsam vereinbarten Figuren einleitet (incl. Tauchen). Interessante choreografische Effekte werden erzielt, wenn plötzlich zu bestimmten zuvor vereinbarten Zeitpunkten innerhalb der Kür die Führungsarbeit von anderen Leitschwimmern übernommen wird. Wie wäre es mit Musik dabei? Wenn es gut aussieht, lässt es sich auch vorführen oder filmen.

Material: Musikanlage, Videokamera?

Eignung dieses Spiels für untenstehende Schülerlernziele	BL	RL
Kraulbeinschlag (mit Flossen!!!)	+	+
Üben verschiedener Armzugmuster mit Pullbuoys	-	-
Verknüpfung des individuellen Armzuges mit Kraulbeinschlag (einschl. Atmung)	-	-
Üben der Beingrätsche	-	-
Verknüpfung der Grätsche mit (PZ/UW) in BL (Brustschwimmen)	-	
Verknüpfung der Grätsche mit (PZ/UW u. ÜW) in RL (leises Rückenschwimmen / Rückenrudern)		-
Ausdauererweiterung + Schnelligkeit -		
+ = gut geeignet o = bedingt geeignet - = nicht geeignet		

Offene Spielform 58

Projekt Formationsschwimmen: Manta (für Schwimmer)

Vier Schüler halten sich beim Schwimmen aneinander fest, so dass sie zusammen einen Manta bilden (Rautenform). Der Schüler an der Spitze der Raute bildet den Kopf des Mantas. Er bleibt völlig inaktiv (wird geschoben), während die anderen 3 Schüler mit Flossen für einen gleichmäßigen Vortrieb sorgen. Mit vorsichtigen Flossenschlägen versuchen sie, beim Schwimmen je nach Leistungsvermögen entweder die Formation aufrechtzuerhalten, zu tauchen, Kurven zu tauchen, oder sogar gemeinsam einen Salto vorwärts oder rückwärts zu tauchen, oder gemeinsam eine Rolle um die Längsachse zu tauchen. Die Schüler sollten durchaus mehr als eine Unterrichtsstunde Zeit bekommen, eine Choreographie zu entwickeln.

Die Schwimmformation des Mantas erfordert ein hohes Maß an Vorerfahrungen der Schüler. Sie müssen z.B. in der Lage sein, auf Zeichen eines Gruppenmitgliedes wieder aufzutauchen, vor allem dann, wenn einer von ihnen keine Luft mehr hat. Aber auch das Steuern der zu schwimmenden Übungen muss durch Zeichen vereinbart sein. Vieles können die Schüler auch in einfacheren Vierer-Kombinationen vorher üben.

Da die Aufgabe so schwierig ist, werden vermutlich Viertklässler am besten mit ihr fertig werden. Es lohnt sich, die Übungen zum Beispiel auf einem Schwimmfest vorzuführen. Zumindest sollten aber Fotos gemacht werden oder besser noch ein Video gefilmt werden.

Material: Flossen, Videokamera?

Eignung dieses Spiels für untenstehende Schülerlernziele	BL	RL
Kraulbeinschlag (mit Flossen!!!)	+	+
Üben verschiedener Armzugmuster mit Pullbuoys	-	-
Verknüpfung des individuellen Armzuges mit Kraulbeinschlag (einschl. Atmung)	-	-
Üben der Beingrätsche	-	-
Verknüpfung der Grätsche mit (PZ/UW) in BL (Brustschwimmen) Verknüpfung der Grätsche mit (PZ/UW u. ÜW) in RL (leises Rückenschwimmen / Rückenrudern)	-	 -
Ausdauererweiterung + Schnelligkeit -		
+ = gut geeignet o = bedingt geeignet - = nicht geeignet		

Offene Spielform 59

Formationsschwimmen: Fallschirm-Synchron-Springen (für Schwimmer)

Auch Fallschirmsynchonspringer üben ihre Sprünge zunächst auf Mutter Erde, bevor sie sie in der Luft ausführen. Meistens machen sie dies auf Rollbrettern in der Turnhalle. Aber es spricht auch nichts dagegen, eine Kür im Schwimmbad zu probieren.

Mögliche Übungsteile können sein: Bildung von Paaren, 3-er-Gruppen, 4-er-Gruppen, drehende Kreise, drehende Einzelmitglieder, Schwimm- und Tauchfiguren. Der Beginn der Kür ist ein Sprung aus dem Flugzeug (Sprungturm oder Beckenränder).

Material: Videokamera? Musikanlage?

Eignung dieses Spiels für untenstehende Schülerlernziele	BL	RL
Kraulbeinschlag (nicht mit Flossen!!!)	+	+
Üben verschiedener Armzugmuster mit Pullbuoys	-	-
Verknüpfung des individuellen Armzuges mit Kraulbeinschlag (einschl. Atmung)	o	o
Üben der Beingrätsche	+	+
Verknüpfung der Grätsche mit (PZ/UW) in BL (Brustschwimmen)	+	
Verknüpfung der Grätsche mit (PZ/UW u. ÜW) in RL (leises Rückenschwimmen / Rückenrudern)		+
Ausdauererweiterung + Schnelligkeit -		
+ = gut geeignet o = bedingt geeignet - = nicht geeignet		

Offene Spielform 60

Suchender im Labyrinth

Ein Spiel für Schwimmer im tiefen Wasser: Alle bis auf einen Schüler haben Flossen an. Dieser Schüler muss versuchen, einen Weg durch das Labyrinth zu finden, das seine Mitschüler für ihn bauen. Diese bilden zwei Reihen, die immer parallel zueinander schwimmen und so eine Gasse bilden. In diese Gasse schwimmt der einzelne Schüler hinten hinein (hinten = letztes Paar der Gasse in Schwimmrichtung). Die Elemente des Labyrinthes dürfen viele Kurven schwimmen, um dem Suchenden das Finden des Ausgangs zu erschweren. Reißen die Ketten dabei ab, so dass der Suchende ohne Berührung eines Kettenteiles nach außen gelangen kann, ist der Suchende frei. Er darf allerdings nicht tauchen. Die Schwimmgasse darf nicht zu eng werden.

Anmerkung: geeignet für Schüler ab der 4. Klasse, die schon Erfahrungen im Formationsschwimmen (s.o.) gesammelt haben.

Material: –

Eignung dieses Spiels für untenstehende Schülerlernziele	BL	RL
Kraulbeinschlag	+	+
Üben verschiedener Armzugmuster mit Pullbuoys	-	-
Verknüpfung des individuellen Armzuges mit Kraulbeinschlag (einschl. Atmung)	+	+
Üben der Beingrätsche	+	+
Verknüpfung der Grätsche mit (PZ/UW) in BL (Brustschwimmen)	+	
Verknüpfung der Grätsche mit (PZ/UW u. ÜW) in RL (leises Rückenschwimmen / Rückenrudern)		+
Ausdauererweiterung + Schnelligkeit -		
+ = gut geeignet o = bedingt geeignet - = nicht geeignet		

Offene Spielform 61

Freies Thema: Zirkus

Als Hausaufgabe nach der letzten Schwimmstunde sollen die Schüler sich Gedanken machen, wie das Thema Zirkus im Schwimmbad interpretiert werden könnte. Sie erhalten die nächsten beiden Schwimmstunden Zeit, sich in thematischen Arbeitsgruppen zusammenzufinden und eine Choreografie zu erarbeiten. In der dritten Stunde wird der Zirkus seine erste Aufführung haben.

Anmerkung: Geeignet für Schüler der Klasse 4. Menschenpyramiden dürfen nicht zu hoch aus dem Wasser ragen und nicht in der Nähe der Beckenränder gebaut werden.

Material:?

Eignung dieses Spiels für untenstehende Schülerlernziele - abhängig von den Schülerwünschen	BL	RL
Kraulbeinschlag	?	?
Üben verschiedener Armzugmuster mit Pullbuoys	?	?
Verknüpfung des individuellen Armzuges mit Kraulbeinschlag (einschl. Atmung)	?	?
Üben der Beingrätsche	?	?
Verknüpfung der Grätsche mit (PZ/UW) in BL (Brustschwimmen) Verknüpfung der Grätsche mit (PZ/UW u. ÜW) in RL (leises Rückenschwimmen / Rückenrudern)	?	?
Ausdauererweiterung ? Schnelligkeit ?		
+ = gut geeignet o = bedingt geeignet - = nicht geeignet		

Offene Spielform 62

Freies Thema: Apollo-Kapsel-Bergung

Als Hausaufgabe nach der vorherigen Schwimmstunde sollen die Schüler sich Gedanken machen, wie das Thema Apollo-Kapsel-Bergung im Schwimmbad interpretiert werden könnte. Sie erhalten in dieser Schwimmstunde Zeit, sich in thematischen Arbeitsgruppen zusammenzufinden und ein Szenario zu erarbeiten.

Anmerkung: Auch geeignet für eine Teilgruppe (Differenzierung). Vor allem Jungen mögen dieses Thema, während viele Mädchen das Formationsschwimmen gerne mögen.

Material: ?

Eignung dieses Spiels für untenstehende Schülerlernziele - abhängig von den Schülerwünschen	BL	RL
Kraulbeinschlag (nicht mit Flossen!!!)	?	?
Üben verschiedener Armzugmuster mit Pullbuoys	?	?
Verknüpfung des individuellen Armzuges mit Kraulbeinschlag (einschl. Atmung)	?	?
Üben der Beingrätsche	?	?
Verknüpfung der Grätsche mit (PZ/UW) in BL (Brustschwimmen) Verknüpfung der Grätsche mit (PZ/UW u. ÜW) in RL (leises Rückenschwimmen / Rückenrudern)	?	 ?
Ausdauererweiterung ? Schnelligkeit ?		
+ = gut geeignet o = bedingt geeignet - = nicht geeignet		

Um den Schülern einen Überblick über den Fortschritt ihrer Leistungen zu geben, sollten zwischen den Unterrichtsstunden immer mal wieder Wettkampftage eingelegt werden. An solchen Tagen sollen die Schüler versuchen, mit ihrem bisherigen Schwimmstil weitestmögliche Strecken zurückzulegen. Dies können Einzelwettkämpfe oder Mannschaftswettkämpfe sein. Besonders beliebt ist das Gruppenausdauerschwimmen, in dem entweder die Gesamtgruppe allein, oder zwei Mannschaften gegeneinander versuchen, so viele Bahnen wie möglich in einer Staffel zurückzulegen.

Das Wichtigste an diesen Spielen ist aber, dass sie das – zusätzlich notwendige – Üben auf der langen Bahn freudvoll auflockern.

Ein straff durchorganisiertes Trainings-Programm würde vielen Schülern vielleicht zu schnell den Spaß am Schwimmen nehmen. Das wissen übrigens auch die meisten Schwimmvereine, die Schwimmkurse immer häufiger spiel- und spaßorientiert anbieten.

7. Lernen behinderte Kinder auch das Schwimmen?

Alle Kinder – einschließlich der behinderten – , die die Wassergewöhnung und Wasserbewältigung so abgeschlossen haben, wie in Kapitel 5.1 beschrieben, haben grundsätzlich die Chance, das Schwimmen zu erlernen. Gerade der Individuelle Schwimmstil eignet sich hierzu natürlich noch besser als ein olympischer Schwimmstil. Die Schüler müssen sich nicht mehr an der Norm eines vorgegebenen Schwimmstils orientieren, sondern finden mit Hilfe ihrer Lehrer heraus, was ihnen am einfachsten fällt und am schnellsten zu den wichtigen Erfolgserlebnissen führt. Der Individuelle Schwimmstil hat seine Wurzeln im Schwimmen mit behinderten Menschen und wurde von Fachleuten schon vor Jahren in der Literatur gefordert, wenn auch nicht immer inhaltlich ausgefüllt. Es gibt also keinen Grund, warum zum Beispiel ein geistigbehindertes oder leicht körperbehindertes Kind nach dieser Methode nicht das Schwimmen lernt, wenn es die eingangs erwähnten Lernvoraussetzungen erfüllt.

Schwieriger wird der Fall bei schwerstkörperbehinderten Kindern. Zunächst sollten sich die Pädagogen grundsätzlich fragen, ob das Erlernen des Schwimmens das Kind tatsächlich in seiner Entwicklung weiterbringt und ob das Schwimmen für das Kind von Lebensbedeutsamkeit ist. Eventuell ist das Erleben des Wassers im Rahmen der Anforderungen einer Wassergewöhnung und Wasserbewältigung schon bedeutsam genug! Nicht das Machbare zählt hier, sondern der Nutzen für das Kind! Grundlage ist eine genügende geistige und auch seelische Anpassung der Kinder an das Element Wasser (McMILLAN, 1978).

Auf jeden Fall muss eine individuelle Betreuung auf besonderer Vertrauensbasis erfolgen. Allein die Vorstellung, dass Sie als körperbehinderter Nichtschwimmer sich so auf eine andere Person verlassen müssten, macht das „Ausgeliefertsein“ in einer solchen Situation deutlich.

Die Phasen der Wassergewöhnung und -bewältigung bleiben indes grundsätzlich die gleichen. Das Durchlaufen der Phasen ist jedoch langsamer und wegen der oben genannten Umstände auch deutlich behutsamer.

Von Beginn an sollte zunächst nur die Zielvorstellung gelten, dass das körperbehinderte Kind Wasser als ein Element kennenlernt, in dem es sich hervorragend entspannen lässt. Lässt die anfänglich normale Verunsicherung der Schüler nicht nach und sie bleiben auch nach mehreren Unterrichtsstunden immer noch ängstlich oder verkrampft, wenn sie das Schwimmbecken betreten, müssen sich die Lehrkräfte überlegen, ob sie durch Änderungen der Erwartungshaltung der Lehrkräfte, Eltern oder auch des Schülers oder personelle Veränderungen bei der Betreuung des Schülers die Situation für den Schüler entspannen können. Einen interessanten Ansatz bietet hier eventuell das SNOEZELEN im Schwimmbad, bei dem es – verkürzt gesagt – um eine Entspannung und Stimulierung durch taktile, vestibuläre, visuelle und auditive Reize in einem speziell präparierten Schwimmbad geht. Leider ist dies oft den speziellen Einrichtungen der Schule für Körperbehinderte vorbehalten, die oft über ein eigenes Schwimmbad verfügen (WREDE, 1998). Ebenso bedeutsam sind ohne räumliche Vorgaben die Erfahrungen, die schwerstbehinderte Schüler beim Wasser-Shiatsu und beim Bewegtwerden im Wasser machen können.

Erst wenn die schwerkörperbehinderten Schüler das Wasser als Element wirklich gerne annehmen, sollte die Zielvorstellung in Richtung Schwimmenlernen gehen. Voraussetzung bleibt aber auf jeden Fall, dass die Schüler durch die Übungen die Freude am Aufenthalt im Wasser nicht verlieren. Das Erlernen eines olympischen Schwimmstils bleibt ihnen allerdings für immer verwehrt. Sie müssen – nachdem sie die Phasen einer sonderpädagogisch orientierten Wassergewöhnung und -bewältigung durchlaufen haben – zusammen mit der betreuenden Lehrkraft intensive Erfahrungen mit ihrem *Körperauftrieb,* dem *Körperlagewechsel* und den zu evaluierenden *Möglichkeiten eines individuellen Vortriebs* machen. Erst dann können auch schwerkörperbehinderte Schüler einen Individuellen Schwimmstil erlernen.

Die besondere Bedeutung des Auftriebs bei hochgradig körperbehinderten Schülern

Zur Verdeutlichung werden die Lernziele für den Unterricht mit schwerkörperbehinderten Kindern den Lernzielen gegenübergestellt, die Sie nach der Lektüre dieses Buches ja schon kennen.

Lernziele nach der im Buch beschriebenen Methode	**zum Vergleich: Lernziele für schwer körperbehinderte Schüler (in Anlehnung an McMillan)**
Lernbereich Teilkörperschwebe:	**Lernbereich Teilkörperschwebe:**
Lernziel: Die Schüler stützeln im flachen Wasser. Pullbuoys können als Hilfsmittel eingesetzt werden. Lernziel: Sie nehmen selbständig die Bauch- und Rückenlage ein, indem sie zur Körperdrehung um die Längsachse (vertikale Rotation) ihren ganzen Körper einsetzen und sich zur Unterstützung auch noch am Beckenboden abstützen können.	Auf Grund der hochgradigen Funktionseinschränkungen der Motorik ist dieser wichtige methodische Zwischenschritt oft nicht bzw. nicht im vollen Umfang möglich.
Lernziel: Sie legen den Kopf in Rückenlage auf die Treppenstufen oder den Beckenrand und erleben durch bewusstes Ein- und Ausatmen die Änderung ihrer Auftriebsbilanz.	Lernziel: Sie legen den Kopf in Rückenlage in die Hände der betreuenden Person.
Lernbereich Ganzkörperschwebe:	**Lernbereich Ganzkörperschwebe:**
Lernziel: Die Schüler erleben mit Hilfe der Lehrkraft die Auftriebswirkung in Brust- und Rückenlage im brusttiefen Wasser. Die Hilfestellungen der Lehrkraft beim Stützen des Schülers werden dabei graduell von ihr zurückgenommen.	Lernziel: Die Schüler erleben mit Hilfe der Lehrkraft die Auftriebswirkung in Rückenlage (RL) und wenn möglich in Bauchlage (BL) im brusttiefen Wasser. Die Hilfestellungen der Lehrkraft beim Stützen des Schülers werden dabei graduell von ihr zurückgenommen. Die Übungsphase ist u.U. sehr lang.

<table>
<tr>
<td>
<u>sehr wichtiges Lernziel:</u> Die Schüler üben das schnelle Wiederfinden einer sicheren Standposition (zunächst mit Hilfe der Lehrkraft). Die Ausführung kann erfolgen durch:

BAUCHLAGE (BL)
• Arme und Beine werden gleichzeitig unter den Körper gezogen (=Päckchenstellung),
• wenn das nicht möglich ist (Koordination), sollen die Schüler zunächst nur die Beine unter den Körper ziehen,
• wenn das auch nicht möglich ist, sollen die Schüler durch Kopfsteuerung (Kopf in den Nacken) die Beine auf den Boden sacken lassen und mit ihren Armen diese Bewegung unterstützen.

RÜCKENLAGE (RL)
• Die Fersen werden in Richtung Po gezogen, der Kopf in Richtung Brust aus dem Wasser gehoben.

<u>Lernziel:</u> Die Schüler nehmen die Auftriebsposition selbständig ein. Zur anfänglichen Unterstützung ist ihre Anfangs- und Endstellung zunächst noch der Beckenrand bzw. ein Auftriebskörper (Schwimmsprosse, Schwimmmatratze,...).
</td>
<td>
<u>Lernziel:</u> Die Schüler erlernen die vertikale Rotation. Diese umfasst den Bewegungsübergang aus der Waagerechten in die Senkrechte, also aus dem Stand in die Bauchlage oder Rückenlage und wieder zurück. Die Schüler sollen lernen, diese Bewegung so zu kontrollieren, dass sie die Bewegungsausführung jederzeit abstoppen können und wieder eine sichere Ruhelage einnehmen können. Unter Umständen muss die Ausführung im tiefen Wasser erfolgen, wenn der Schwimmer seine Beine nicht leicht anwinkeln kann und der Beckenboden die Rotation sonst stoppen würde.
• Der Schüler nimmt zum Verlassen der Rückenauftriebslage den Kopf aus dem Wasser und führt das Kinn in Richtung Brust. Entsprechend dem Umfang seiner motorischen Möglichkeiten beugt er seine Hüfte und nimmt -wenn möglich- die Arme zur Unterstützung der Kopfbewegung hinzu.
• Zum Verlassen der Bauchauftriebslage nimmt er den Kopf in den Nacken und unterstützt die Bewegung soweit möglich durch Beugung der Hüfte und mit seinen Armen.
• Die Fähigkeit, die Arme und/ oder die Beine von der Körpermittellinie nach außen zu spreizen, führt darüber hinaus zu einer Stabilisierung der Körperlagen.
</td>
</tr>
</table>

Lernziel: Die Schüler nehmen ihre Auftriebsposition völlig selbständig aus dem Stand ein und finden selbständig wieder in die Standposition.	• Die Körperlagenwechsel dauern erheblich länger als z.B. das Wiederfinden einer sicheren Standposition bei nichtkörperbehinderten Schwimmern. *motorische Lernvoraussetzungen:* -Die Schüler müssen den Auftrieb wahrnehmen können und zumindest einfache Gleichgewichtsreaktionsleistungen erbringen können. -Die Schüler müssen ihren Kopf kontrollieren können. -Die Schüler sollten in den Hüftgelenken beweglich sein (wenigstens zur Andeutung der Päckchenstellung) -Die Schulter- und Armmuskulatur sowie die Rücken- und Bauchmuskulatur sollte zur Unterstützung der Bewegung in ausreichendem Maß funktionsfähig sein. Die unterstützende Hilfe der Lehrkraft wird von ihr graduell zurückgenommen.
Lernziel: Die Schüler wechseln aus einer Bauchauftriebs- in eine Rückenauftriebsposition. Sie benutzen für die Drehung ihre Arme und/oder ihre Beine, um sich vom Wasser abzudrücken. Die Rückenlage sollen sie bewusst als Möglichkeit zur Atmung benutzen.	Lernziel: Die Schüler erlernen die laterale Rotation. Diese umfasst die Drehung um die Längsachse aus der Rückenlage in die Bauchlage und zurück. Die Schüler sollen • die Bewegung mit dem Kopf einleiten (zur Seite legen) und • soweit wie möglich ihre Arme und Hände zum Abdrücken vom Wasser benutzen und wenn möglich

	• ein Bein oder einen Arm aus dem Wasser heben, um so durch die Verringerung der Auftriebsfläche die Rollbewegung einzuleiten oder wenn möglich • ein Bein und/oder einen Arm unter der Wasseroberfläche zur gegenüberliegenden Körperseite führen, um so durch Änderung der Schwerpunktverhältnisse unter Wasser eine Rollbewegung einzuleiten, • wenn möglich durch Arm- und/oder Beinbewegungen die Rollbewegung abstoppen. Das kann durch eine Gegenbewegung oder eine Lagenstabilisierung (s.o.) erreicht werden. (Achtung: Zum Einleiten der Rollbewegung muss die Lage immer destabilisiert werden, d.h. die Arme und Beine orientieren sich so nah wie möglich an der Körpermittellinie. Zum Ende der Rollphase muss sie wieder stabilisiert werden, d.h. die Arme und Beine werden wieder soweit wie möglich von der Körpermittellinie entfernt. Falls über die Extremitäten keine Lagesymmetrie erreicht werden kann, kann der Ausgleich über eine antagonistische Körperhaltung gesucht werden.) Die unterstützende Hilfe der Lehrkraft wird graduell zurückgenommen.

	<u>Lernziel</u>: Die Schüler erlernen die kombinierte Rotation. Sie umfasst die Bewegungsabläufe, in denen die vertikalen und die lateralen Bewegungsabläufe miteinander verbunden werden können. Beispiel einer "Kür": Ausgangsposition RL ->vertikale Rotation in BL ->laterale Rotation in RL ->laterale Rotation in BL ->vertikale Rotation in RL **Nach der Feststellung durch die betreuende Bezugsperson, welche Gliedmaßen der körperbehinderte Schüler einsetzen kann, ist es sinnvoll, wenn die Bezugsperson sich selbst einmal in die Lage des Schülers versetzt und mit den Möglichkeiten des Schülers die beschriebenen Körperlagenwechsel selbst ausprobiert.**

Vom sicheren Auftreiben zum zielgerichteten Vortrieb

Hat ein körperbehinderter Schüler gelernt,

- angstfrei und ohne Hilfe der Lehrkraft mit seinem Körper im Wasser aufzutreiben und
- seine Körperlagen zu wechseln, indem er von einer liegenden Position in eine senkrechte Position und von einer Bauchlage in eine Rückenlage gelangen kann,

wird er vermutlich (innerhalb seiner individuellen Möglichkeiten) schon von sich aus zwischendurch die Wirkung ausprobiert haben, die er mit dem Einsatz seiner Arme und Beine hervorrufen kann.

Womit bewegt sich ein Schwimmer im Wasser fort?

Die Frage ist einfach zu beantworten: Arme und Beine sind die Vortriebsquellen. Voraussetzung hierfür sind jedoch die intakten Funktionsgruppen von Nerven, Muskeln, Bändern, Knochen und Gelenken.

Da durch die Auftriebswirkung des Wassers der Körper nicht mehr so schwer ist wie an Land (vgl. Land = 70 kg / Wasser = 6,5 kg) und die Muskulatur der Stützmotorik nahezu vollständig entlastet ist, kann die Muskulatur zum Vortrieb genutzt werden. Schon mit kleineren Bewegungen lässt sich eine – wenn auch langsame – Fortbewegung erzeugen. Für körperbehinderte Schüler ist insbesondere die sich daraus ergebende Steuerung der Bewegungsrichtung von großem Interesse.

Wie bewegt sich ein Schwimmer im Wasser fort? – grundsätzliche Möglichkeiten der Vortriebserzeugung im Wasser

Vor dem Hintergrund der genannten grundsätzlichen Möglichkeiten der Vortriebserzeugung im Wasser muss die Lehrkraft die individuellen Möglichkeiten des Schülers ermitteln und abwägen, wie dieser Schüler seinen Vortrieb erzeugen kann.

Möglichkeit 1: *Der Schwimmer stößt sich vom Wasser ab. Das heißt, er sucht den Abdruckwiderstand des Wassers und nutzt ihn. Dies geschieht in einer Zug- und Druckphase. Es sind zur Ökonomisierung der Bewegung folgende Gesichtspunkte zu beachten:*

Die aufgeführten Beispiele stehen stellvertretend für einen möglichen Arm- und Beineinsatz eines körperbehinderten Schülers. Exemplarisch sollen an dem gewählten Beispiel die Gesetzmäßigkeiten dargestellt werden, die auch für andere vergleichbare Bewegungsmuster der Arme oder Beine Gültigkeit besitzen. Die Beispiele zeigen ökonomisch sinnvolle Bewegungsausführungen, die von körperbehinderten Schwimmern unter Umständen nicht in der beschriebenen Qualität oder sogar gar nicht umgesetzt werden können. Die Darstellung erfolgt trotzdem, um der Lehrkraft mögliche Zielrichtungen für korrigierende Bewegungsangebote anzubieten.

Beispiel a: – Kraulähnlicher Armzug:

- Der Schüler schwimmt mit gestreckten Armen. Ein Vortrieb ist möglich, jedoch relativ unökonomisch: Ein Beispiel für die schlechte Kraftumsetzung ist ein Schaufelraddampfer. Seine Lastarme sind gestreckt und vor allen Dingen sehr weit vom Drehpunkt entfernt. Die Schaufelblätter laufen nicht parallel zur Fortbewegungsrichtung. Folgerichtig ist trotz hohen Energieeinsatzes die Vortriebsausbeute gering.
- Der Schwimmer soll seinen Lastarm verkürzen, d.h. er soll nicht mit gestreckten Armen schwimmen. Dadurch wird die angreifende Last (das ist die Belastung der Muskulatur, die durch die Schwimmbewegung entsteht) dichter an den Drehpunkt (Schultergelenk) gebracht. Die Belastung wird so verringert. Bei gleicher Belastung könnte der Schwimmer im Ausgleich dazu die Bewegungsfrequenz erhöhen. Kann der gebeugte Arm parallel zur Fortbewegungsrichtung geführt werden, vergrößert sich der Wirkungsgrad der eingesetzten Kraft noch einmal.
- Idealfall: Der Schwimmer sucht den Abdruckwiderstand nicht nur in einer Ebene. Ein guter Kraulschwimmer versetzt seine Bewegung auch leicht seitwärts und schwimmt so eine Art „S-Linie“.

Beispiel b: – Hundepaddeln mit nur einem Arm:

- Auch hier gilt, den Arm wenn möglich in der Zugphase zu beugen, ihn wenn möglich in der Druckphase parallel zur Fortbewegungsrichtung zu führen („das Wasser nach hinten zu schieben“) und im Idealfall den Abdruckwiderstand nicht nur in einer Ebene (=direktes Zurückführen des Armes in Fortbewegungsrichtung) zu suchen. Vielleicht kann der Schwimmer mit seinem Arm eine Art „S-Linie“ ziehen. Das würde ihm ermöglichen, zusätzliches Wasser zum Abdruck zu finden. – Anders als beim Kraularmzug hat der Schwimmer eines einarmigen Hundepaddelarmzuges nun noch die Schwierigkeit, seinen Arm möglichst ökonomisch wieder nach vorne in die Startposition zu bringen. Hierbei soll er ihn möglichst so bewegen, dass er eine geringe Angriffsfläche für den Frontalwasserwiderstand bietet („Stechen nach vorne, parallel zur

Wasseroberfläche"). Die Ausführung eines „Hundepaddelarmzuges" gelingt auch dann, wenn die Bewegung nicht im vollen Umfang durchgeführt werden kann (z.B. nur mit Unterarmen und Händen). Entscheidend ist das ökonomisch günstige „Wieder-nach-vorne-Bringen" der Arme.

Möglichkeit 2: *Durch das schnelle Zusammenführen von Gliedmaßen erzielt der Schwimmer eine Schubwirkung (vgl. Frosch oder Qualle)*

Beispiel a: – Brustarmzug (Voraussetzung: der Schwimmer kann beide Arme gleichmäßig einsetzen):

Nach Ende der Zugphase bringt der Brustschwimmer seine Unterarme schnell zusammen. Dies erzeugt eine Schubwirkung, die die Vortriebswirkung der vorherigen Zugphase sogar noch erhöhen kann.

Beispiel b: – Schwunggrätsche:

Nach dem Anwinkeln der Beine und dem Ausstellen der Unterschenkel und Füße werden diese in einem schnellen Schwung wieder zusammengeführt.

Möglichkeit 3: *Der Schwimmer erzeugt durch Drehbewegungen der Unterarme und Hände um ihre Längsachse einen schiffsschraubenähnlichen Vortrieb.*

Diese Technik ähnelt ein wenig dem Wriggen beim Bootsfahren. Der Fahrer bewegt hierzu das einzige Ruder, welches am Heck befestigt ist, in der Art einer unendlichen liegenden Acht. Die Technik eignet sich beim Schwimmen in Rückenlage bei relativ an den Körper anliegenden Armen und erzeugt einen erstaunlichen Vortrieb.

Möglichkeit 4: *Eventuell lassen sich die o.g. Fortbewegungsmöglichkeiten kombinieren.*

Wichtig für alle Vortriebsbemühungen bleibt eine möglichst flache Körperlage im Wasser, durch die der größte Widerstand – der Wasserwiderstand – herabgesetzt wird. Dadurch wird die Wirkung der Vortriebsbewegungen optimiert.

Basale Grundfragen an die Biomechanik eines körperbehinderten Schwimmers

Grundsätzlich gilt auch hier für *jeden* (auch den nicht körperbehinderten) Schwimmer:

Wasserwiderstand herabsetzen!
Abdruckwiderstand suchen!
Beides miteinander verbinden!

Vor dem Hintergrund der zuvor dargestellten grundsätzlichen Möglichkeiten einer Vortriebserzeugung müssen sich die Lehrkräfte daher folgende Fragen stellen:

a. *Kann der Schwimmer seine Körperlage so beeinflussen, dass der Wasserwiderstand größtmöglich herabgesetzt wird?*

– Welche Körperpartien kann der Schüler hierzu kontrollieren (im Sinne von Anspannung und Entspannung)?

– Wie lange gelingt es ihm, diese Lage konstant aufrechtzuerhalten? – Kann er auch noch andere möglichst strömungsgünstige Körperlagen einnehmen?

b. *Dienen die Schwimmbewegungen einem ökonomischen Vortrieb?*

– In welchem Umfang kann der Schwimmer seine Vortriebsorgane einsetzen? Wie weit reicht die Eigenkontrolle der Neuro-Muskulatur (Spannung / Entspannung) und die Eigenkontrolle der Gelenke (Aktionsradien der Gelenke: Schulter, Arm, Hand, Finger, Hüfte, Knie, Fuß). Es ist für die Lehrkräfte unabdingbar, diese motorischen Lernvoraussetzungen zu erkunden.

– Kann der Schüler nach Feststellung der motorischen Lernvoraussetzungen seine Vortriebsorgane (oder Teile davon) so einsetzen, dass er sich damit vom Wasser abdrücken kann?

– Kann der Schüler nach Feststellung der motorischen Lernvoraussetzungen seine Vortriebsorgane (oder Teile davon) so einsetzen, dass er sie in der vorbereitenden Phase (ökonomisch) wieder in die Ausgangsstellung bringen kann?

- Können ökonomisch nicht sinnvolle Bewegungen durch Gegenbewegungen so ausgeglichen werden, dass sich eine ausgeglichene Vortriebsbilanz im Sinne von „actio gleich reactio“ ergibt?

Beispiel (actio gleich reactio):

Ein Schwimmer kann nur einen Arm zum Schwimmen einsetzen. Die Folge ist, dass er fortlaufend im Kreis schwimmt, da die Energie nur auf einer Körperseite umgesetzt wird (vgl. Rudern mit nur einem Ruder). Gelingt es ihm, seinen Arm unter Wasser über die Körpermittellinie bis zur armlosen Seite zu führen und auch auf dieser Seite für eine Energieumsetzung zu sorgen, wird er vermutlich bald eine konstant gerade Schwimmrichtung einhalten können.
Sollte ein einarmiger Schwimmer nicht in der Lage sein, durch Überkreuzung der Körpermittellinie für eine ausgeglichene Vortriebsbilanz zu sorgen, kann er – wenn möglich – auch durch den reaktiven Einsatz eines Beines für einen Ausgleich sorgen. Dieses Beispiel steht auch stellvertretend für die häufig anzutreffenden Fälle, in denen die Gliedmaßen nicht gleich stark für den Vortrieb herangezogen werden können.

Nach der Feststellung durch die betreuende Bezugsperson, welche Gliedmaßen der körperbehinderte Schüler einsetzen kann, ist es sinnvoll, wenn die Bezugsperson sich selbst einmal in die Lage des Schülers versetzt und probiert, aus einer Auftriebsposition mit den Möglichkeiten des Schülers einen Vortrieb zu erzeugen. Praktische Selbstversuche bringen viel mehr als das theoretische Hinterfragen von Möglichkeiten.

8. Wie geht es weiter? – Ausblick auf mögliche Schwerpunkte und Projekte

Schwimmabzeichen

Sicherlich werden schon Ihre Schüler von sich aus daran denken, ein Schwimmabzeichen zu machen. Die Deutsche Lebensrettungsgesellschaft sieht folgende Prüfungen für ihre Abzeichen vor (verkürzte Darstellung):

Frühschwimmer („Seepferdchen“)
- Sprung vom Beckenrand und 25 m Schwimmen (Absprung muss deutlich erfolgen und der Körper muss vollständig unter Wasser sein; Wassertiefe = tiefer als Körpergröße)
- Heraufholen eines Gegenstandes mit Händen aus schultertiefem Wasser

Deutsches Jugendschwimmabzeichen in BRONZE
- Sprung vom Beckenrand und mindestens 200 m Schwimmen in höchstens 15 Minuten
- 1 x ca. 2 Meter Tieftauchen und Heraufholen eines Gegenstandes
- Sprung aus 1 Meter Höhe oder Startsprung
- Kenntnis von Baderegeln

Deutsches Jugendschwimmabzeichen in SILBER
- Startsprung und 400 Meter Schwimmen in höchstens 25 Minuten, davon 300 Meter in Bauch- und 100 Meter in Rückenlage
- 2 x Tieftauchen von der Wasseroberfläche mit Heraufholen je eines Gegenstandes
- 10 Meter Streckentauchen
- Sprung aus 3 Meter Höhe
- Kenntnis von Baderegeln und Selbstrettung

Deutsches Jugendschwimmabzeichen in GOLD im Alter von 9 Jahren
(erst hier werden zum ersten Mal olympische Schwimmstile verlangt!)

- Schwimmen von 600 Metern in höchstens 24 Minuten
- 50 Meter Brustschwimmen in höchstens 70 Sekunden
- 25 Meter Kraulschwimmen
- 50 Meter Rückenschwimmen mit Grätschschwung ohne Armtätigkeit oder 50 Meter Rückenkraulschwimmen
- 15 Meter Streckentauchen
- Tieftauchen von der Wasseroberfläche und Heraufholen von 3 kleinen Tauchringen aus einer Wassertiefe von ca. 2 Metern innerhalb von 3 Minuten bei höchstens 3 Tauchversuchen
- Sprung aus 3 Metern Höhe
- 50 Meter Transportschwimmen: Schieben oder Ziehen
- Kenntnis von Baderegeln und Hilfe bei Bade-, Boots- und Eisunfällen (Selbstrettung und einfache Fremdrettung)

Als unterrichtende Person sind Sie ebenso abnahmeberechtigt wie ein Bademeister oder ein Prüfer der DLRG. Die Zeugnisvordrucke erhalten Sie im Fachhandel.

Ein weiteres Schwimmabzeichen ist der Junior-Retter. Diese Prüfung nehmen Prüfer der DLRG ab und Lehrkräfte, die im Rahmen einer Lehrerfortbildung die Abnahmeberechtigung erworben haben. Aber auch wenn Sie diese Abnahmeberechtigung nicht besitzen, können Sie mit Ihren Schülern für die Prüfung üben!

Junior-Retter

- 100 Meter Schwimmen ohne Unterbrechung (davon je 25 Meter Kraul, Rückenkraul, Brust- und Rückenschwimmen mit Beingrätsche)
- 25 Meter Schleppen eines Partners mit Achselgriff
- Selbstrettungsübung (mit leichter Kleidung): Fußwärts ins Wasser springen, eine Schwebelage einnehmen und 4 Mi-

nuten Auftreiben an der Wasseroberfläche mit Paddelbewegungen der Hände. Danach 6 Minuten langsames Schwimmen und dabei mindestens 4 mal die Körperlage wechseln. Anschließend die Kleidung im tiefen Wasser ausziehen.

- Fremdrettung (ohne Pause in angegebener Reihenfolge): 15 Meter in Bauchlage zu einem Partner schwimmen. Auf halber Strecke 2 kleine Tauchringe aus ca. 2 Meter Tiefe heraufholen. Weiter bis zum Partner schwimmen und ihn im Achselgriff 15 Meter bis an den Beckenrand abschleppen.
- Nachweis der Kenntnisse „Maßnahmen zur Selbstrettung“, „Grundverhalten für die Fremdrettung“, „elementare Erste Hilfe“

Das richtige Verhalten im Schwimmbad und Kenntnisse zur Selbst- und Fremdrettung sind elementare Kenntnisse, die nicht nur für die Schüler selbst lebenswichtig werden können. Bitte erläutern Sie den Schülern auch die Notwendigkeit der Arbeit der DLRG und empfehlen den Schülern eine Mitgliedschaft. Die Jugendorganisation der DLRG vermittelt nicht nur Kenntnisse und Fertigkeiten, sondern organisiert zudem auch Freizeitaktivitäten.

Schwimmprojekte:

Wetten, dass wir den Bodensee durchschwimmen?
(in Anlehnung an den Landkartenlauf nach Storf, Volker in: sportpädagogik – Laufen, Springen, Werfen im Schulsport (Sonderheft))

Wie wäre es mit einem ganz besonderen Schwimmfest für (fast) die ganze Schule. Vermutlich haben Sie schon oft in der Zeitung von sogenannten Sponsorenläufen gelesen, in denen die Eltern, Freunde, Verwandte und Bekannte den Schülern einen zuvor vereinbarten Geldbetrag geben, wenn sie eine Runde im Stadion (400 m) oder 1 km auf dem Trimmpfad laufen. Das zusammenkommende Geld spenden die Schüler dann meistens für einen guten Zweck.

Die teilnehmenden Schüler könnten das für ein Schwimmfest auch anders formulieren: Wetten, dass unsere Schule es schafft, während eines Vormittages den Bodensee zu durchqueren? Hört sich das unglaubwürdig an? Gemeint ist, dass alle Bahnen, die von den teilnehmenden Schülern geschwommen werden, zusammengezählt werden. Sie meinen, dass das auch dann noch nicht zu schaffen ist? Nehmen wir einmal an, Ihre Schule ist vierzügig und je Klasse mit 25 Schülern besetzt. Nehmen wir weiter an, dass die Ersten Schuljahre nicht an der Veranstaltung teilnehmen (oder nur die Schüler, die auch schon schwimmen können). Dann nehmen immer noch 300 Schüler an dem Schwimmfest teil. Um einmal durch den Bodensee (Friedrichshafen, Deutschland – Romanshorn, Schweiz: 14 km) zu schwimmen, muss jeder Schüler weniger als 50 Meter schwimmen! Das ist doch wohl im Bereich des Möglichen.

...übrigens Helgoland ist nur 50 km vom Festland entfernt, das macht bei der angenommenen Schülerzahl gerade mal 167 Meter!

...übrigens die Strecken *Calais – Dover* oder *Südspanien – Marokko* sind auch sehr beliebt. Vielleicht möchten Ihre Schüler aber auch rheinabwärts schwimmen von ? bis ?

Beim Organisieren eines solchen Schwimmfestes muss folgendes bedacht werden:

- Ohne Elternhilfe geht es nicht.
- Die Bahnen sollten durch Leinen getrennt sein.
- Jeder Schüler schwimmt auf dem Hin- wie auf dem Rückweg immer ganz rechts. Es geht nicht um die Geschwindigkeit. Deshalb sollten Überholvorgänge nur dann stattfinden, wenn Sichtkontakt mit dem entgegenkommenden Schwimmer hergestellt werden kann (geht am besten beim Brustschwimmen).
- Die Bahnen sollten nach Geschwindigkeitsaspekten gekennzeichnet sein. Es gibt je eine Bahn für sehr schnelle, schnelle, normal schnelle und schon ermüdete Schwimmer.
- Auf einer 25-Meter-Bahn schwimmen max. 15 Kinder.

- Sie melden sich bei den Kontrolleuren (2 pro Bahn) an, wenn sie starten und ab, wenn sie eine Pause machen. Dazu verwenden sie die Nummer, die jedem Schüler von seinem Klassenlehrer gegeben und mit wasserfestem Stift auf beide Oberarme geschrieben worden ist. Sie rufen diese Nummer den Kontrolleuren zu, wenn sie wieder am Startbeckenrand angelangt sind (Doppelbahn = 50 Meter). In einer vorbereiteten Liste machen die Kontrolleure einen Strich pro Doppelbahn.
- Sobald ein Schüler sich abgemeldet hat, kann ein bereits wartender Schüler nachrücken (nachdem er sich angemeldet hat).
- Um Staus zu vermeiden, darf jeder Schüler auch auf anderen Bahnen schwimmen (An- und Abmelden!)
- Im Schwimmbad sollte zur Motivation eine Landkarte hängen, auf der die Zwischenstände (= bis dato zurückgelegte Schwimmkilometer) markiert werden können. Eine vorbereitete Entfernungsskala erleichtert das Eintragen.
- Laufende Musik motiviert die Schwimmer. Vielleicht gibt es ein Rahmenprogramm für gerade nicht schwimmende Schüler?
- Gesunde Ernährung wird den Schwimmern von den Eltern angeboten. Im Rahmen eines Gesamtprojektes kann dies aber auch eine Arbeitsgemeinschaft von Schülern am Tag zuvor vorbereitet haben.
- Es sollten Fotos gemacht und ein Bericht für die Presse geschrieben werden.

Veranstaltung eines Triathlons

Wie wäre es mit einem Triathlon? Entweder wird er organisiert als Einzeltriathlon, in dem jeder Teilnehmer nacheinander alle Disziplinen (Schwimmen, Radfahren und Laufen) bewältigt. Oder Sie organisieren den Wettkampf als Staffeltriathlon. Dann entscheiden sich die Schüler von Beginn an, welche Disziplin sie für ihre Mannschaft übernehmen möchten. Gerade diese Form sorgt für gute Stimmung. Schon die Teambildung macht den Schülern viel Spaß (witzige Namensgebungen für die Teams) und einige von ihnen beginnen sogar schon vor dem Wettkampf mit einem Training. Die Distanzen können eventuell von den Schülern – je nach ihrem Interesse und ihrem Leistungsstand – selbst gewählt werden. Geeignete Distanzen sind:

Disziplin	mögliche Distanz 1	mögliche Distanz 2	mögliche Distanz 3
Schwimmen	50 m	200 m	400 m
Radfahren	4 km	8 km	12 km
Laufen	1 km	2 km	3 km

Die Distanzen stellen nur Orientierungswerte dar. Aus organisatorischen Gründen benutzen Sie ihre örtlichen Gegebenheiten. So kann z.B. eine Laufstrecke rund um die Schule oder die Runden im Stadion gelegt werden, die dann entsprechend oft gelaufen werden soll.

Bei der Organisation gilt es zu bedenken:

Kennen Sie jemanden, der gerne organisiert (Schülereinteilung, Listenbildung, Ablaufpläne, Schülerkennzeichnungen, ...)?

Haben Sie ein Schwimmbad für einen Vormittag zur Verfügung?

Haben Sie an Wechselzonen gedacht (Umkleideflächen insbesondere am Übergang vom Schwimmen zum Radfahren)?

Haben Sie eine Radstrecke, die vom Schwimmbad ausgehend den öffentlichen Straßenverkehr nicht berührt (vermutlich kurze Strecke, die mehrfach durchfahren werden muss)? Alternativ können Sie auch eine Mountainbikestrecke anbieten, die vom Fußgängerverkehr nicht beeinträchtigt ist.

Haben Sie eine Laufstrecke, die die gleichen Bedingungen erfüllt?

Haben Sie genügend Raum im Zielbereich, um die Schülermengen unterzubringen (Sportplatz)?

Haben Sie genügend Helfer, die als Streckenposten, Schiedsrichter, Verpflegungspersonal helfen können (Schüler, Eltern, Lehrkräfte)?

Haben Sie genügend Verpflegung? Auch hier empfiehlt sich wieder ein begleitendes Projekt zum Thema gesunde Ernährung.

Sind alle Fahrräder und Fahrer (Helmpflicht!) verkehrstauglich? (Unterrichtsreihe vorher?)

Sie können die Veranstaltung auch ganz variabel anbieten:

1. Staffelbildung ist ebenso erlaubt, wie Einzelwettkampf.

2. Sowohl Staffelmitglieder, als auch Einzelmitglieder bestimmen ihre Distanzen selbst: mögliches Beispiel: Die Mannschaft „Turboschnecken" besteht aus den Mitgliedern Axel und Gaby. Axel will 200 m Schwimmen und 4 km Laufen. Gaby fährt zwischendurch 8 km mit dem Rad. Die Gesamtzeit wird nach dem Eintreffen von Axel nach seinem Lauf genommen.

3. Mannschaftswertungen sind ebenfalls erlaubt: Die Mannschaft „Playstation-Sportler" besteht aus den Mitgliedern Monika, Janina, Andre und Juri. Sie haben sich gemeinsam auf folgende Distanzen geeinigt: Schwimmen 200 m, Radfahren 15 km und Laufen 3 km. Sie führen den Wettkampf als Mannschaft durch. Das bedeutet, dass sie erst dann mit dem Radfahren beginnen dürfen, wenn alle Mitglieder mit dem Schwimmen fertig sind (analog Wechsel Radfahren und Laufen). Die Uhr wird erst dann gestoppt, wenn das letzte Mitglied die Ziellinie überschritten hat. Einzelleistungen zählen bei dieser Wettkampfart nichts und die Rücksichtnahme und Motivation der Mannschaftsmitglieder alles. – Bei einem Schulfest ist dies übrigens auch eine geeignete Variante für die Bildung von Eltern- und Schülerteams (miteinander oder gegeneinander).

Der Vorteil eines so variabel ausgerichteten Triathlon-Tages ist die Nichtvergleichbarkeit der Leistungen untereinander. Auch Schüler, die nicht gerne Sport treiben, haben die Möglichkeit, daran teilzunehmen (entweder durch Auswahl von zu bewältigenden Distanzen oder durch notwendige und ebenso wichtige Teilnahme am Organisations-Team: Streckenposten, Verpflegung, Schiedsrichter, Zeitmessung, Musik im Zielbereich, Urkundengestaltung, ...). Was übrig bleibt, ist der Spaß an einem gelungenen Sportfest und der Stolz über die erbrachte Leistung.

P.S.: Wenn Sie Probleme mit der Führung der Radstrecke haben (zu gefährlich, wegen Kollisionsgefahr mit Fußgängern oder Autos, zu wenig Räder, ...), können Sie das Radfahren natürlich auch weglassen und stattdessen einen Duathlon mit den Disziplinen Schwimmen und Laufen anbieten.

Teilnahme an einem 24-Stunden-Schwimmen

Die DLRG oder örtliche Schwimmvereine bieten über die Presse 24-Stunden-Veranstaltungen an, in denen die Teilnehmer versuchen, innerhalb von 24 Stunden soviele Meter wie möglich zu schwimmen. Eine Wertung kann sowohl als Mannschafts- als auch als Einzelwertung erfolgen. Kennzeichnend ist die besondere Atmosphäre in der Nacht, wenn die Halle abgedunkelt worden ist und nur die Unterwasserscheinwerfer für die Beleuchtung sorgen, wenn Ausdauerschwimmer während des Schwimmens in Rückenlage von Teammitgliedern mit Bananenstückchen gefüttert werden, wenn die Athleten mit einem Wecker neben sich mal eine Stunde auf der Bank schlafen, wenn die Veranstaltung mit guter Musik unterlegt ist, wenn für eine gute Verpflegung gesorgt ist, wenn ... . Der Vorteil ist, dass die Organisation fest in der Hand der Veranstalter liegt und dass die Kinder nicht die gesamte Zeit in der Halle bleiben müssen. Sie können ja zuvor bestimmte Zeiten vereinbaren, in denen die Eltern ihre Schüler zur Halle bringen und sie danach wieder abholen. Meistens finden die Veranstaltungen am Wochenende statt, so dass kein Unterricht ausfallen muss. – Auch in diesem Fall ist es besonders schön, wenn die Lehrkräfte oder interessierte Eltern zum Gesamtschwimmergebnis ihrer Schule/Klasse beitragen könnten.

Abb. 32

... und tschüss!

9. Literatur

Anfängerschwimmen

ADER, A.: Schwimmen: Lernen, Spielen, Trainieren für die Gesundheit, Freizeit, Lebenszeit, Werne 1997

DAVIES, S.: Schwimmen lernen: leicht – schnell – gründlich, Bielefeld 1995

DIEDERLEY, H. / GALLINAT, H.J.: Spielen(d) Schwimmen lernen, Kiel 1994 – Landesinstitut Schleswig Holstein für Praxis und Theorie der Schule (IPTS)

DURLACH, F.J.: Erlebniswelt Wasser: Spielen – Gestalten – Schwimmen, Schorndorf 1998

GILDENHARD, N.: Vielseitiges Anfängerschwimmen in Schule und Verein, Schorndorf 1986

GRAUMANN, D. / PFLESSER, W.: Zielgerichtete Wassergewöhnung, Celle 1994

HEINRICH, W.: Spielerische Wassergewöhnung im Anfängerschwimmunterricht, Schorndorf 1995

LEWIN, K.: Schwimmen kinderleicht, Frankfurt / Berlin 1994

RHEKER, U.: Alle ins Wasser: spielend schwimmen – schwimmend spielen, Aachen 1999

Sportschwimmen

COUNSILMAN, J.E.: Handbuch des Sport-Schwimmens, Bockenem 1980

MEINEL, K.: Bewegungslehre, Berlin 1977

REISCHLE, P. / UNGER, P.: Schwimmen, Frankfurt 1998

WILLIMCZIK, K. / ROTH, K.: Bewegungslehre, Reinbek 1983

WILKE, K. / DANIEL, K.: Schwimmen: Lernen – Üben – Trainieren, Wiebelsheim 1996

Spiele im Wasser

BUCHER, W.: 1001 Spiel- und Übungsformen im Schwimmen, Schorndorf 1998

DÖBLER, E. / DÖBLER, H.: Kleine Spiele, Berlin 1998 (21. überarbeitete Auflage)

RHEKER, U.: Spieledatei „Spiel mit ...“, Aachen 1999 – (CD-ROM)

SPORTPÄDAGOGIK (Zeitschrift für Sport, Spiel und Bewegungserziehung): Sonderheft Laufen, Springen und Werfen im Schulsport, Seelze

VIA-1000-Spiel- und Übungsformen, Schorndorf 1998 – (CD-ROM)

Schwimmen mit behinderten Schülern

CHEREK, R.: Wasser als ordnendes Element bei verhaltensauffälligen Kindern (z.B. Wahrnehmungsstörungen oder Hyperkinetisches Syndrom), in: Praxis der Psychomotorik 2/95, S. 105-109

INNENMOSER, J.: Schwimmspaß für Behinderte, Bockenem 1983

INNENMOSER, J.: Schwimmen mit Behinderten, in: KOZEL, J. / SCHMITZ, J. / WILKE, K.: Gesund durch Schwimmen, Schorndorf 1998

LAUSE, R.: Geistigbehinderte erleben das Wasser, Dortmund 1997 (2. Auflage)

LAUSE, R.: Geistigbehinderte erlernen das Schwimmen, Dortmund 1994 (2. Auflage)

LAUSE, R.: Vielfältige Bewegungserziehung im Wasser, in: Sowa, M. (Hrsg): „Das reißt uns vom Hocker!“, Dortmund 2000

LORENZEN, H.: Behinderte schwimmen. Zur Biomechanik des Schwimmens bei körperlichen, geistigen und seelischen Schäden, Wuppertal 1971

McMILLAN, J.: The role of water in rehabilitation, in (Zeitschrift) Fysiotherapeuten 2/78 S. 43-46, 2/78 S. 87-90, 6/78 S. 236-240

SCHOO, M.: Unterwegs mit Robinson Crusoe, in: Praxis der Psychomotorik 3/96, S. 163-166

WEBER-WITT, H.: Erlebnis Wasser. Therapeutische Übungen und Schwimmen, Berlin 1993

WREDE, H.: SNOEZELEN im Schwimmbad – Planung und Überlegungen für ein Erlebnisschwimmbad der besonderen Art, in: Praxis der Psychomotorik 4/98, S. 259-261

Schwimmen und Gesundheit

KOZEL, J. / SCHMITZ, J. / WILKE, K.: Gesund durch Schwimmen, Schorndorf 1998

LANDESINSTITUT FÜR SCHULE UND WEITERBILDUNG UND DIE TRÄGER DER GESETZLICHEN SCHÜLERUNFALLVERSICHERUNG: Mehr Sicherheit im Schulsport (4) – Sportbereich Schwimmen, Soest 1993

PFÖRRINGER, W.: Sport – Trauma und Belastung, Erlangen 1985

PROKOP, L. / JELLINGER, R. / SUCKERT, R.: Sportschäden, Stuttgart 1980

10. Anhang

Materialliste Schwimmunterricht

Folgendes Material sollte im Schwimmbad vorhanden sein:	**Preisstand 1999/2000**
unbedingt notwendig:	
• Schwimmbretter	• ca. 13 bis 15 DM (pro Stück)
• Pullbuoys	• ca. 10 bis 14 DM (pro Stück)
• Schwimmnudeln	• ca. 8 bis 12 DM (pro Stück)
• Verbindungsstücke zu den Nudeln	• ca. 6 bis 8 DM (pro Stück)
• schwere Tauchmaterialien (Ringe, Steine)	• ca. 40 bis 60 DM (pro Stück)
• leichte Tauchmaterialien (Ringe, Stäbe)	• ca. 7 bis 8 DM (pro Stück)
• Bälle	• Werbegeschenke oder ca. 10 DM
• Eimer mit Henkel	• aus dem Haushaltssortiment
• versetzbare Trennleine mit Saugnäpfen (zum Errichten von Differenzierungszonen)	• ca. 300 DM
erwünscht:	
• Schwimmmatratzen (AIREX)	• ca. 350 - 400 DM
• Auto- oder LKW-Schläuche (Ventile abgeklebt)	• ca. 50 - 230 DM (nach Größe)
• Kugelbadbälle	• ca. 180 - 200 DM (500 Stück)
• Reifen	• ca. 18 - 20 DM
• Schwimmsprosse (mit Auftriebskörpern)	• ca. 40 - 50 DM
• kurze Seile (Sprungseillänge)	• ca. 4 - 6 DM
• lange Seile mit Karabinerhaken	• vgl. Bau- und Gartenbedarf
• Zauberschnur	• ca. 20 - 25 DM
Das sollten die Schüler mitbringen können:	
• Flossen !!! (für Nichtschwimmer unabdingbar)	• ca. 20 - 30 DM
Das sollte zu Ihrem Fundus an Unterrichtsmaterialien gehören:	
• Korken	• evtl. kostenfrei im Weinrestaurant
• Filmdosen	• kostenfrei im Fotofachgeschäft
• Zugang zu einem Laminiergerät (der Aufwand rentiert sich sehr schnell, wenn Sie öfter Schwimmunterricht geben)	• 100 bis 200 DM

Elterninformation für den Schwimmunterricht

Liebe Eltern,

in diesem Schuljahr haben Ihre Kinder wieder Schwimmunterricht. Große Schülergruppen und widrige organisatorische Umstände machen es notwendig, dass neben allen inhaltlichen Schwerpunkten zum Erlernen des Schwimmens auch der Aspekt der Sicherheit während des Schulschwimmens besonders deutlich hervorgehoben werden muss.

Untersuchungen der letzten Jahre haben die Unfälle, die von Schülern verschuldet wurden, für Lehrkräfte analysiert. In ihrem zusammenfassenden Urteil stellen sie fest, dass diese Unfälle vermeidbar gewesen wären, wenn sich die Schüler an bestimmten Sicherheitsregeln hätten orientieren können.

Daher gelten für unseren Schwimmunterricht ab sofort folgende Schülersicherheitsregeln:

1.
Alle Schüler bringen warme Kleidung (Mantel, Mütze, Schal) für die kalte Jahreszeit mit in Schule und ziehen diese auch an, wenn sie zum Schwimmbad gehen.

2.
Jeder Schüler bringt die zuvor vereinbarten Utensilien für den Schwimmunterricht mit in die Schule. Vor der Abfahrt / dem Gang zum Schwimmbad überprüft er seine Sachen und klärt gegebenenfalls, wer ihm etwas leihen wird.

3.
Erst wenn alle Kinder umgezogen sind, geht die Gruppe in den Duschraum.

4.
Alle Schüler benutzen vor dem Duschen die Toilette.

5.
Erst wenn alle Kinder geduscht haben, gehen sie ***gemeinsam mit der Lehrkraft*** *um das Becken zu einem zuvor besprochenen Versammlungsort. Erst dort findet die zuvor besprochene Gruppenaufteilung statt.*

6.
Niemand läuft im Schwimmbad!

7.
Niemand geht oder springt ohne Erlaubnis ins Wasser!

8.
Streit und nicht diszipliniertes Verhalten ist nicht erlaubt!

9.
Falls ein Kind während des Unterrichtes auf die Toilette muss, meldet es sich ab und meldet sich danach erst wieder bei der Lehrkraft an, bevor es sich wieder ins Wasser begibt! Das Kind geht auf direktem Weg zur Toilette und kommt auf demselben Weg zurück!

Immer, wenn ein Schüler seine Lerngruppe verlässt – egal aus welchen Gründen- muss er sich abmelden und bei der Wiederkehr erneut anmelden!

10.
Niemand darf den Schwimmhallenbereich nach dem Abzählen mehr betreten!

Die Regeln wurden heute in der Schule mit Ihren Kindern besprochen. Eine absichtliche Nichtbeachtung der Regeln hat einen sofortigen – mindestens kurzzeitigen – Ausschluss vom Schwimmunterricht zur Folge. Bitte erläutern auch Sie Ihren Kindern den Nutzen der Regeln.

Viele Grüße

Toll, was Du schon alles kannst! (Wassergewöhnung und -bewältigung)

Du hast keine Angst, mit uns in das Schwimmbad zu fahren. Du findest Dich dort zurecht und kennst unsere Sicherheitsregeln!

Raum für Anmerkungen:

Du hast schon viel am und im Wasser gespielt. Du weißt jetzt genau, wie es sich anfühlt, wie warm es ist und hast auch keine Angst mehr vor Wasserspritzern!

Raum für Anmerkungen:

Du traust Dich, im Wasser zu toben. Du verlässt den Beckenrand und gehst, läufst und springst durch das Wasser!

Raum für Anmerkungen:

Du kannst Dich schon gut auf Deine Atmung konzentrieren. Wenn Du so weiter machst, bist Du bald so gut wie der Taucher!

Raum für Anmerkungen:

Du hast gemerkt, wie das Wasser Dich tragen kann. Nicht mal ein großes Flußpferd geht einfach so unter.

Raum für Anmerkungen:

Du kannst ganz toll gleiten. Es sieht bald genauso aus wie bei einem Hai!

Raum für Anmerkungen:

Du bist ein wunderbarer Springer im Wasser. Kannst Du auch durch einen Reifen springen wie ein Delfin?

Raum für Anmerkungen:

Dich hält nichts mehr an der Wasseroberfläche. Du tauchst tiefer und tiefer. Guck mal. Genau wie der Wal!

Raum für Anmerkungen:

So, ... und jetzt lernst Du das Schwimmen!

Buntes Aquarium (Schwimmspiel 24)

Entscheidungsbogen: Schreibe Deinen Namen unter die 3 Armzugmuster, die Dir besonders gut gelungen sind.

Abb. 12 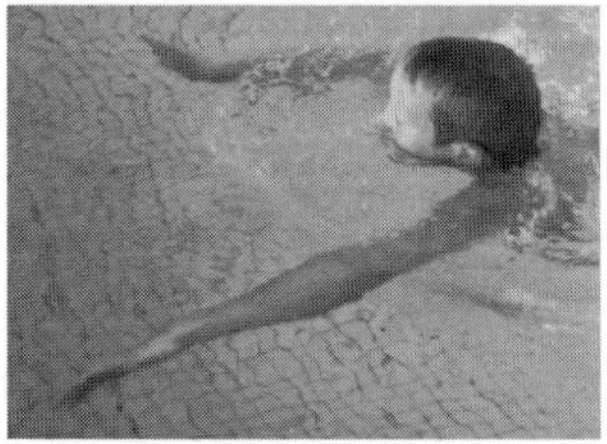	Abb. 13 	Abb. 14 
Abb. 15 	Abb. 16 	Abb. 17 

Kopiervorlage BINGO-SPIELPLAN

1	2	3	4	5	6
7	8	9	10	11	12
13	14	15	16	17	18
19	20	21	22	23	24
25	26	27	28	29	30
31	32	33	34	35	36